Le chemin de la vie est écrit. Et... L'être s'écrit

Gladys Pierard

Copyright © Gladys Pierard, 2016

Révision et correction : Luisa Capogreco
Mise en page et couverture : Raphaël Labrecque
Photos de la page couverture : Unsplash.com / Dominik Schröder

ISBN : 978-2-9815962-1-5 (PDF)
ISBN : 978-2-9815962-0-8 (Imprimé)

Tous droits de traduction et d'adaptation réservés. Toute reproduction d'un extrait de ce livre, par quelque procédé que ce soit, est strictement interdite sans l'autorisation écrite de l'éditeur. Toute reproduction ou exploitation d'un extrait du fichier EPUB ou PDF de ce livre autre qu'un téléchargement légal constitue une infraction au droit d'auteur et est passible de poursuites pénales ou civiles pouvant entraîner des pénalités ou le paiement de dommages et intérêts.

Imprimé au Canada
1re impression, mai 2016

Table des matières

Préface	8 - 15
La quête	16 - 33
La base	34 - 37
L'éducation de l'énergie humaine	38 - 39
Sur mesure	40 - 47
Ne pas bouger pour sentir	48 - 53

La première porte : la grande réparation en atelier

Un premier pont pour la survie	54 - 61
La recette du shopping	62 - 67
La recette des valeurs et mesures	68 - 75
La recette de l'échange	76 - 83

La deuxième porte : le grand mécanisme de l'écoute

Un deuxième pont à écouter	84 - 91
Ça va péter dans les culottes	92 - 99
Enfin à l'écoute !	100 - 105
Acteurs	106 - 113

La troisième porte : la grande direction intérieure à sentir en nous

Un troisième pont à inspirer et à expirer dans le nouveau temps de nos dimensions	114 - 121
L'illusion	122 - 129
L'oxygène respiré	130 - 137
Atomique = émotionnel	138 - 145
La capsule sautée	146 - 153

La quatrième porte : l'équilibre dynamique du cœur

Un quatrième pont pour les êtres	154 - 171
Contact avec son être	172 - 185
Axel du changement	186 - 189
Les recettes n'ont pas toujours bon goût	190 - 193
L'interférence	194 - 197

La cinquième porte : se voir et se reconnaitre en quelqu'un

Le cinquième pont du miroir	198 - 207
Le rendez-vous dans octave	208 - 217
Unir des pensées	218 - 229

Le Nouveau Monde   230 - 234

Un peu d'imagination	235 - 241
Lieux de vie	242 - 247
Les liens d'énergie par la distance	248 - 251
La distance	252 - 257
Le lien du temps	258 - 273
Le paysage cosmique	274 - 281
La vue cosmique	282 - 285
La situation de votre EIUS	286 - 295
Les nouveaux cœurs de tête	296 - 299
La direction des langues	300 - 307

Les pronoms « nous » et « vous » ont été utilisés dans le cadre du présent ouvrage, car vous êtes l'unité et nous sommes l'ensemble de la circulation de l'énergie. Nous formons des recettes à travers le temps sous diverses formes de recherches. L'auxilium : la source, l'aide, l'antidote (remède) = la pensée partagée.

Par ailleurs, l'utilisation de la forme masculine a pour unique but l'allègement du texte, ce livre s'adressant autant aux femmes qu'aux hommes.

Préface

Dans ce livre, j'aborde de façon spécifique les aspects de l'énergie et les étapes que nous franchissons progressivement afin de comprendre la vie à partir de la force qui émane de notre être. Une partie de ces concepts est née de mes perceptions de notre monde à travers différentes expériences sensorielles que la vie m'a fait traverser depuis l'enfance jusqu'à aujourd'hui.

Je suis née à Liège et j'ai vécu mon enfance dans une petite commune du nom d'Aywaille, en Belgique, région rurale riche en histoire et où le temps veille à la transformer. Cadette de trois filles d'une famille de quatre enfants, j'ai eu beaucoup de mal à comprendre et à m'intégrer au monde actuel.

J'ai passé une enfance heureuse au gré de certains combats où les choses s'entremêlaient constamment dans mon esprit qui se moquait de toutes les histoires rationnelles qui n'avaient pour moi aucun sens à la lumière de mes propres perceptions de la vie.

L'histoire demeure une histoire, dépendamment de la personne qui la raconte et de quelle façon elle est perçue et observée par celui qui la relate, en plus de savoir sur quelles valeurs et mesures se situe son intérêt. Mon intérêt à moi a toujours été positionné sur mes perceptions, lesquelles redessinent l'histoire en moi et à travers les liens de la vie.

Dans mon monde tactile, je n'arrêtais pas de regarder mes mains et je devais comprendre qu'elles étaient miennes aujourd'hui. J'avais ce corps, là, maintenant, qui était associé à cette matière d'énergie présente en moi. Je n'en revenais pas de cette émotion de surprise consciente qui m'envahissait littéralement avec une telle profondeur.

Parallèlement à cet épisode marquant de mon enfance, j'étais une petite fille remplie de joie et qui accumulait les bêtises. J'aimais beaucoup les couleurs vives et les vêtements étincelants qui illuminaient mon cœur.

Gladys Pierard

www.studioperception.org

Au cours de mon enfance, j'ai eu la chance de passer tout mon temps libre dans les bois des Ardennes où je gambadais librement dans une nature éblouissante qui ne cesse de communiquer et où je me sentais à l'abri et libre de faire ce que bon me semblait.

Au cours de mon enfance, ma façon d'être différente fit assez rapidement surface dans le regard de mes parents lorsqu'ils me comparaient à mes deux sœurs ainées et à mon petit frère. «Mais sur quelle planète vit donc Gladys?» Je lisais spontanément les cartes et je parlais de choses que d'autres ne percevaient pas, mais qui étaient pourtant près de nous.

Au fil du temps, j'ai commencé à comprendre ce que recelait ce regard que mes parents posaient sur moi. Intérieurement, je saisis à l'âge de 6 ans une nouvelle réalité du monde qui se déroulait dans mes perceptions tactiles, sonores, visuelles, temporelles, odorantes, et même gustatives.

Ce monde prit rapidement de plus en plus de place dans ma vie; une réelle cacophonie de sens. Très jeune, je comprenais déjà que rien ne briserait ce lien qui unissait ma chair et mes sens, et que mon esprit devait faire avec!

La vision du temps et les symboles des mots qui jaillissaient en moi devenaient de plus en plus omniprésents dans ma vie par une synchronisation remarquable qui me faisait parfois peur, car tout était en lien avec la réalité de l'existence. Je restais souvent de longs moments plongée dans un monde qui me faisait voir ses couleurs cristallines et toute sa densité dans des champs temporels.

Des visions hallucinantes et des modes de vies qui communiquaient sans cesse; je sentais et comprenais que ces univers invisibles qui m'entouraient comprenaient ma difficulté à saisir la globalité de ces systèmes.

Un questionnement incessant revenait dans ma tête, comme une musique lassante qui joue en boucle. Pour quelle raison me faire sentir, voir et entendre tout cela de manière si forte? Que voulait exprimer mon monde au monde actuel? Et pourquoi la perception du temps prenait-elle une si grande place parmi mes sens? Je n'arrivais pas à me défaire de cette matière de questionnements qui allait me chercher au plus profond de mon être d'une envie de comprendre et de partager ce monde que nous animons tous et qui allait me permettre de voir clair pour enfin parvenir à l'écrire.

En 2003, dans un élan de conquête de ma vie, je suis venue m'installer au Québec. J'avais 23 ans. Je suis coiffeuse styliste, un métier qui permet de nombreuses rencontres, circonstances qui allaient me permettre de donner un sens à mes sens.

Pourquoi suis-je à ce point différente ? Le suis-je réellement ? Et vous, l'êtes-vous ?

Le but de ce livre est de trouver une façon d'ouvrir les portes des perceptions de chacun. Il s'agit d'un combat de titans entre les temps des mentalités, sources de charge d'énergie puissante qui cherche de nouvelles perceptions à réécrire les choses en soi-même. Une volonté absolue de partager l'univers de l'être que je définis par mon univers synesthésique. La synesthésie signifie l'union des sens (tactil, visuel, auditif, temporel, gustatif et odorant). Cette énergie de l'être subtil que l'on considère uniquement dans un cadre spirituel, mais qui englobe la vie dans son entièreté et qui parcourt un réseau de réactions dans un bain d'électromagnétisme dans lequel nous nageons tous. Des forces rafraichissantes et des formes déroutantes vous démontrent chaque jour que vous êtes à la recherche du vrai bon sens. Chaque interprétation est fondée par mes propres recherches de vie et un certain soutien que j'ai pu trouver à travers les liens des gens que j'avais jadis croisés.

Il serait judicieux de vous prévenir que dans vos choix, il existe différentes interprétations de vous-même. Ce guide d'éducation de l'énergie humaine se base avant tout sur les mots du temps et leur décadence du cœur dans les créations personnelles et collectives de notre propre perception des choses. Chaque page est un mécanisme et une révolution rafraichissante pour l'être en devenir.

Tout doit être écrit, ou devra se réécrire ! Cela se fait à travers nos différentes transformations humaines, surtout par nos liens. Le lien voit, sent, entend, perçoit, comprend, touche, goute, ressent, etc. Il ne pourrait qu'y avoir de nouvelles versions à votre situation actuelle, car la pierre des temps est déjà présente. On marche sur elle et on la porte en soi à travers nos pensées et sentiments.

La matière temporelle sera expliquée. Pour plusieurs d'entre vous, elle sera comprise et ressentie à travers vos rencontres et vos expériences de vie. Une aventure au plus profond de vous-même où l'ouverture des portes se fera et où se déroulera la construction des nouveaux ponts, en prévision de la recherche de vos concepts intérieurs par des recettes et des formes simples pour assembler les points de chaque type d'énergie qui vous entoure. Vous comprendrez également ce qui se crée intérieurement en vous, pour une idée nouvelle qui ne fera qu'évoluer à travers les générations avec amusement et simplicité. Une superposition de couches d'énergies qui se trouvent en vous et que l'on partage, et qui se forment au fil du temps et par vos perceptions intellectuelles.

En vous se cache une volonté multiple de vous présenter votre univers dans une idée nouvelle qui ne fera qu'évoluer à travers les générations avec l'amusement et la simplicité de votre cœur d'enfant. Un jeu de réaction et de stimulation dans le mental où l'intuition trouvera son chemin à travers un paysage de perception cosmique.

Le chemin à parcourir est long jusqu'à l'ensemble de la collectivité, car il n'est pas toujours très simple d'expliquer ce que vous ressentez en vous. J'ai tenté d'écrire au mieux un nouveau monde à travers la perception cosmique de ma vie.

Quand cette quête de l'énergie a-t-elle débuté ? Bien avant notre naissance, beaucoup de choses se sont déjà dessinées en nous et autour de nous. Mais d'où peut bien provenir l'origine de chaque énergie qui nous définit dans la matière ? Si ce n'est qu'une ouverture plus grande de notre univers en lien avec d'autres univers qui se développent tout comme nous et où l'énergie nous fait partager et voyager d'un monde à l'autre pour des raisons précises et mathématiques. Il existe d'autres grandes possibilités qui ne sont simplement pas acceptées de tous à l'intérieur de nous-même. C'est en fait un manque de preuve ou un manque de connaissances existant déjà sur terre dans l'histoire des peuples et où l'archéologie nous dévoile certains secrets un peu mystérieux à propos de leur provenance et de leur croyance. Des questionnements nouveaux sur notre rôle et notre développement que la science tarde à nous dévoiler. Je vous invite à consulter la référence historique à ce sujet qui se trouve dans mon site Web : *www.studioperception.org*

Une fois l'esprit ouvert, on peut comprendre que l'énergie humaine est un outil essentiel à comprendre dans sa vraie nature pour sa survie en lien avec les autres. Je vous invite à partir à la découverte de qui vous êtes et de qui vous étiez, et de ce que vous pourriez devenir. Y aurait-il des formes simples de l'énergie humaine auxquelles nous pourrions nous identifier par rapport à notre situation ? Le temps passé de l'énergie est-il une forme d'énergie qui vit toujours dans le présent ? Quelles seraient les nouvelles façons nous permettant de créer de nouvelles réalités en dehors de nos connaissances actuelles ? Vos sens inconscients (intuition) pourraient-ils vous donner une direction précise ? Comment cela se produirait à même votre propre énergie ? Les liens entre les êtres sur terre constitueraient-ils le moyen essentiel de faire passer le courant de l'énergie ? Existe-t-il autre chose qui pourrait susciter notre curiosité à même notre être intérieur qui serait en mesure de communiquer avec nos intuitions ? La découverte de l'éclosion de vos liens dans les formes d'énergie s'apprendra à partir de ce moment. Vous allez y participer consciemment… ou presque.

En fait, vous y participez depuis votre naissance en parcourant les sentiers de la vie où les routes et les chemins se déploient devant vous, sans vraiment voir où vous êtes et pourquoi. Graduellement, vous courez à travers la foule des villes et vous sillonnez les villages à toute vitesse dans des bolides qui ne sont en fait que votre corps en quête de la bonne direction à suivre. Votre radar est dirigé à l'aide de la source qui est en vous. Sans que vous en ayez conscience, ce programme vous guide à chaque déplacement vers des voies bien précises. Vous voyez ou sentez un ou plusieurs reflets de vous-même à travers les personnes que vous rencontrerez. Cela vous attirera ou vous repoussera. Tout dépendra de la force et de la mesure dont votre énergie aura besoin pour être en confiance intérieurement avec l'autre, qui se calculent par votre énergie de façon presque instantanée. D'un monde à l'autre, dans votre univers créatif collectif de croyance définie par des mots, ou plutôt par des sens qui résonnent dans des vagues de mouvements de valeurs qui vous tiennent à cœur.

Le monde vous associera par ces étincelles de valeurs qui vous permettront de vous connecter avec les autres sur différents aspects de la vie. Des étincelles compatibles qui, avec le temps des synchronisations de l'énergie, fusionneront vos destinées dans un champ d'énergie temporelle bien adapté à votre propre chemin et vos réactions face à toutes ces rencontres. Une recherche partagée du vrai monde dans des liens forts des valeurs et qui vibrent au plus profond de vous par l'absorption de l'énergie dans le temps.

L'association sera chimique et électrique, aveuglée par la chaleur des mouvements du cœur et de la connaissance. Les êtres seront en symbiose et fusionneront avec leurs liens émotionnels et mentaux, culturels, ou encore physiques. L'utilisation du langage offrira des connexions de reconnaissance par l'analyse de la sonorité dans un échange régulier de votre inconscience.

L'analyse synchronisée des êtres se matérialisera dans la recherche du bonheur, mais cela pourrait ouvrir bien d'autres volets concernant les relations appartenant au passé qui doivent se transformer simplement en vivant de beaux échanges, tout en continuant à sentir en vous les liens à bannir et ceux à consolider dans votre existence par rapport à vous-même.

Le mouvement du cœur est un langage à connaitre sur terre que vous bannissez en général. Par amour inversé, tout cela reste un langage du cœur à comprendre, et ce, même dans l'inversion des sens.

Chaque geste et chaque pensée sont véhiculés et ressentis dans les moindres particules du monde qui réagira fréquemment à travers vous pour rééquilibrer les éléments absorbés. Une modification importante est à effectuer quant à vos principes d'interprétation. Cette dernière peut vous charger ou vous décharger (une forme d'énergie en croissance ou en décroissance, ou tension jusqu'à rupture). Le fait de savoir sentir la bonne formule en vous crée le mouvement de votre réalité. Observez le rythme et les mouvements de vos pensées associées qui s'enclenchent vers des décisions. Arpentez les lieux, observez les formes et les couleurs qui interagissent avec votre monde intérieur. Apprenez à vivre avec vous-même et en lien avec les autres pour bénéficier d'échanges équitables et profitables. L'équilibre est dans votre être qui recherche la compréhension des mouvements de l'énergie et qui désire trouver sa place parmi ces vagues d'énergie provoquées par l'ensemble des pensées partagées. Les acteurs du changement vous appellent en vous à chaque fois pour une nouvelle scène ou un nouveau rôle à jouer. Écoutez la vie vous transformer; elle vous soulèvera pour vous désorienter dans vos choix. Une vision nouvelle est créée quand les gens s'aiment dans l'équilibre de leur monde intérieur par la vérité du cœur. Chaque pensée ne pourra être imposée car nous sommes tous différents et reliés à divers stimuli d'absorption de notre être. Chaque personne qui travaille dans la construction de ponts pour l'équilibre de l'ensemble mérite sa propre source. Par contre, si vous jouez trop de cartes pour vous-même, eh bien, elles tomberont… Bâtissez des sources sans harmonie et buvez alors sans eau.

La quête

La quête, c'est vous-même. Savoir être est bénéfique pour la terre et, par conséquent, pour vous. Savoir attendre l'être en vous et à travers les autres, c'est sentir la vie renaitre et lui donner un nouveau soutien dans les mouvements du cœur. La source du manuel à propos de votre être commence par les bases les plus belles.

Nourrissez votre être avec le principe de la compréhension en certaines sources pas très communes qui sera un trésor nouveau et partagé sur terre. Le partage dans l'élan des mouvements du cœur universel sans contact physique émet une chaleur bénéfique pour les libres mouvements de l'énergie. Écoutez profondément les circonstances des distances que nous avons les uns des autres. Savoir prendre un recul énorme et s'accorder une liberté créative. Laissez vos idées irriguer vos organes. Ensuite, réveillez-vous et changez-les. Ceux-ci aideront votre corps à surmonter son mal avec votre force d'esprit et les mouvements d'énergie connectés à la nature des lieux qui vous entourent, dans l'étude des bienfaits des plantes et des remèdes bénéfiques que nous procure la terre.

Tous les sens de la vie ont leur importance dans les liens de l'énergie du monde. Ressentez la chaleur de votre énergie et suivez-la dans l'histoire de la vie sur terre. Elle pourrait vous révéler la vérité de votre être et vous permettre de vous diriger dans votre futur. Apprenez que votre conscience existe et qu'elle a besoin d'évoluer pour le développement de la vie en collectivité. La conscience du monde se révèle en vous, et le chemin que vous empruntez détermine les aspects bénéfiques de votre énergie.

Bon apprentissage !

Commençons par trois éléments principaux qui constituent les armes de votre existence.

La première : la source (famille, amis)

Absorption de l'énergie depuis votre naissance jusqu'à maintenant = programme de développement de vos formes et directions. Votre corps et son histoire des temps en couleurs et en sentiments. Votre vision par laquelle vous observez tout en détail pour associer votre nature et ses doux parfums qui effleurent vos sens. Écoutez simplement votre corps.

La deuxième : l'aide (entraide)

Absorption psychique de l'équilibre du mental et de l'émotion (culture et croyances) par la ligne directe du cœur et ses mouvements. Votre cœur et tout ce qu'il contient avec vos forces et toute sa puissance. Vous rencontrerez certaines faiblesses et des doutes, et parfois même de la tristesse dans des périodes de désarroi. Un drôle de mélange généreux d'un grand terrain fertile où peuvent jaillir l'amour et la douceur d'une nouvelle vision ressentie ou un sens du gout perçu différemment.

La troisième : l'antidote (remède)

Absorption collective des échanges : conscience et inconscience.

Chaque jour de votre existence, votre conscience et votre inconscience sont en apprentissage et en développement. Prenez le bon chemin de la conscience et n'oubliez pas que le hasard est un leurre. Cet ami de la conscience travaille dans le système de votre inconscient où le hasard, à ce moment-là, n'existe plus, car un sentiment de reconnaissance est lié par la même source de fréquence en vous. Qui ne veut pas comprendre ces sentiers reliés à la conscience qui nous attendent tous ? Prenez le temps de regarder dans votre conscience de valeurs et de doutes envers ces mêmes aspects. Cédez la place à l'inconscience; elle travaille pour vous aider à étudier votre être et ses besoins.

Au cours de la lecture de ce livre, trois éléments principaux vous parleront constamment sous différentes formes. Revenez de temps en temps dans la quête de votre être, car en vous est écrite la vérité de la vie éternelle, de votre volonté et de votre désir par les voies de l'énergie naturellement absorbée. Apprenez à diriger vos absorptions.

Une répétition des trois éléments de base pourrait déclencher l'ouverture mécanique de certains systèmes en vous. Je vous propose de provoquer les charges en vous faisant une répétition de 4 à 5 fois des trois éléments quand vous devrez retracer l'équilibre de votre réelle nature. L'être que vous aimez en vous et que vous noircissez par moments avec vos idées qui ne voudront pas comprendre la conscience collective du monde qui vous a influencé dans vos choix. Accepter le noir, c'est accepter la lumière pour équilibrer les recherches en votre être.

Expliquez-vous votre propre état d'esprit et balayez vos coins sombres par la lumière qui est l'inversion simple de la situation écrite en vous. Ne vous accablez pas !

Vous prendrez la période temporelle qu'il vous faut pour apprendre l'orientation de votre vie actuelle et afin de regarder la vie qui s'électrifie autour de vous par les réseaux de câbles déployés. Vous pourrez comprendre que vous disposez de câbles et de fils électromagnétiques qui recherchent un mouvement et des connexions puissantes. Vous observerez le temps en vous des mouvements d'idées qui aiment s'associer pour sentir les liens. Vous poursuivrez le temps qu'il faut avec vous-même et le monde qui se trouve entre vos deux oreilles.

Par ailleurs, vous tendrez l'oreille vers vous pour la première fois depuis longtemps pour ainsi comprendre la création de vos énergies associatives ou encore en rupture ou sous tension. Le temps n'oublie pas et l'histoire nous informe. Si vous consacrez des efforts envers vous-même en lien avec les autres, votre bon sens grandira et rayonnera plus librement autour de vous. L'illusion dans votre âme sera omniprésente, parfois même obsédante.

Par les influences autour de vous, qui se questionne encore sur l'énergie de l'Homme à propos de laquelle de nombreuses preuves scientifiques existent de nos jours ? L'énergie humaine subsiste-t-elle vraiment ? À ce propos, je vous réfère à mon site Web : *www.studioperception.org*

Pourrions-nous comprendre vraiment les formules de nos connaissances linguistiques et leur valeur (force) de charge électromagnétique qui arrêtent le temps dans la matière et que l'on fait circuler autour de nous et en nous ? Chaque autorité, chaque loi humaine, chaque religion et chaque croyance sont des principes de la pensée associés à des sentiments et ils génèrent une forme qui développe des liens provoquant des manifestations de connections entre les êtres. Ces dernières demeurent fragiles et puissantes pour l'évolution de nos vies dans cette masse d'énergie que nous partageons mutuellement.

Pour guider l'ouverture de notre esprit, philosophes et artistes évoquent et dessinent nos énergies qui s'écrivent à travers le temps et au gré de nos relations en mouvement. Les trois éléments d'absorption sont déjà là, autour de vous et en vous, pour diriger vos peurs omniprésentes dans votre ancienne vie qui commencent à prendre une nouvelle forme dans vos écritures. Votre tasse est pleine ; vos journées sont lourdes et éreintantes en vous.

Cela est normal. Ne vous inquiétez pas et ne paniquez pas. Elle doit encore un peu se remplir pour enfin découvrir votre Nouveau Monde entre vos deux oreilles. Bien souvent, l'être a besoin d'aller plus loin en lui pour refaire surface dans de nouvelles idées créatives.

Prendre le temps de réparer vos trois éléments fondamentaux d'absorption, sera un premier passage vers vous pour votre recherche personnelle de l'énergie et vos perpétuelles transformations. Votre monde intérieur en dépend et nous dépendons tous de ce monde intérieur lié à cette matière d'énergie. Vous le savez trop bien, mais peut-être pas à quel point il est important, car vous ne voulez pas encore sentir en vous ce monde si vaste qui alimente globalement de grandes libertés.

Je me permets ici de faire référence à une grande découverte sur l'énergie de l'eau et nos formes. Nous sommes constitués d'eau et notre énergie est peu modifiée dans les formes de cette eau que l'on respire et que l'on a en nous :

Masaru Emoto : professeur et chercheur japonais devenu célèbre pour ses découvertes sur la cristallisation de l'eau.

Maintenant, observons les nom et prénom de ce célèbre professeur.

Masaru Emoto = mesure d'émotion.

Pour une recherche sur le Web, tapez seulement ses nom et prénom, et découvrez vous-même les preuves de l'énergie dans la matière. À ce sujet, vous pouvez également consulter mon site Web : www.studioperception.org.

Cette matière si fragile et si forte qui voyage en vous, peut créer des vagues de liens très solides dans le temps. La source, l'aide, l'antidote (remède) émergeront et la distribueront autour de vous, et vous pourrez également en bénéficier.

Votre image intérieure doit se libérer et retrouver son calme et son équilibre avec des explications simples. Si vous le désirez, vous pouvez cesser votre lecture et faire comme il vous chante. Car vous êtes le maitre de toutes vos décisions. Mais en êtes-vous vraiment certain ?

Il serait simple d'interrompre votre lecture, mais il n'est pas évident de se sentir continuellement et de capter l'énergie des autres qui envahit votre espace. Il faudra apprendre à stopper consciemment certaines absorptions d'énergie autour de vous, si votre espace n'est plus apte à gérer les formes qui se dessinent.

Alors, comment interrompre les absorptions indésirables ?

Il faut comprendre, en premier lieu, que les absorptions indésirables peuvent venir de vous, à même votre propre source, ou de vos proches. Le monde extérieur a une influence sur vous, avec tout ce qu'il expose. Une aide peut vous parvenir de bien des façons différentes et qui, d'une certaine façon, vous soutiendra dans vos prises de décisions quelle que soit la façon. Vous pouvez par ailleurs écouter votre spontanéité ou votre jugement, car dans votre propre conscience ou inconscience se trouve l'antidote (remède) pouvant s'avérer le meilleur choix.

- Cessez la communication avec toute source indésirable. Si vous ne pouvez le faire, créez une carapace et protégez votre être par la conscience des énergies d'absorption.
- Exprimez-vous pour vous libérer, par l'écriture, les échanges, le dessin, ou toute forme d'expression qui vous aidera dans votre processus de libération (sports, études, création, etc.).
- Changer de lieu de travail ou de vie peut grandement vous aider, si vous êtes contraint par une absorption indésirable.
- Modifiez ce que vous ressentez par une analyse de vos interprétations dans des absorptions indésirables.

Revenez sur la route de votre vie et comprenez pourquoi votre énergie apprécie tant l'absorption. En effet, votre énergie aime absorber les éléments environnants pour retracer des liens dans les temps de certaines vies passées pour rééquilibrer les échanges. De nombreux rapports dans les temps pourraient se confondre dans vos perceptions du temps. Pour comprendre, vous pouvez vous référer aux temps du langage et de leur source, de leur aide et de leur antidote (remède). Ces temps se transforment en différents liens, entre autres :

- *Les liens des pensées partagées par les sens et les mots.*
- *Les liens de la compréhension intellectuelle par la connaissance partagée.*
- *Les liens de la même émotion partagée et ressentie.*
- *Les liens du même vécu ou objectif de vie.*

- Les liens d'anciennes relations de vie.

- Les liens qui actionnent un travail autour de vous pour le bien de l'ensemble.

Le temps englobe les mots et leur sens dans nos développements personnels d'interprétation. Au cours de la présente lecture, vous découvrirez des termes issus de la langue latine, qui est la base et le berceau du développement de notre énergie dans les langues française et anglaise connectées à nos sens. Vous découvrirez, au fond de vos vieux tiroirs et dans vos nouvelles ou vieilles demeures, vos liens avec le temps dans les relations familiales et amicales, de même que dans votre situation professionnelle et dans vos relations intimes.

Vous rêverez ou redécouvrirez sous une autre forme des ex-princes et ex-princesses de votre monde intérieur avec qui, jadis, vous aviez tissé des liens. Ce sont des gens extraordinaires que la vie a voulu placer sur votre chemin. Ils vous ont permis d'apprendre l'importance de vos liens et les mécanismes en vous qui concrétisent vos relations humaines dans les temps de l'énergie. Les liens et les échanges n'oublient rien et chercheront toujours à retrouver un équilibre dans les rapports humains par les fluides de l'énergie du mouvement du cœur. Ils peuvent automatiquement se faire ressentir à travers le temps dans le présent par l'énergie des charges électromagnétiques des noyaux atomiques de nos atomes (voir le lien à ce sujet en consultant mon site Web www.studioperception.org). Cela est défini par certains comme étant un trouble psychologique, mais également déterminé par d'autres aujourd'hui comme un réel besoin d'aide et d'entraide de l'absorption psychique de l'énergie.

L'énergie n'accomplit rien pour rien. Elle a besoin de l'ensemble de nos créations et de notre conscience collective sur celle-ci, ce qui favorise la compréhension de nos actes et le respect de la vie autour de nous.

La richesse des hommes et des femmes attirant l'attention sur la beauté et le pouvoir de disposer d'une illusion remplie d'impressions qui seront traduites avec le temps pour l'ensemble, et non plus uniquement pour une minorité.

La nature jouera avec des associations pour nous permettre d'éliminer des valeurs qui doivent se raccorder avec nos sens de compréhension du cœur, et non pas avec des idées populaires de masse. Soyez l'être qui ne pourra être sans les autres une vérité sans fin. Un chemin bien long emprunté, dites-vous bien, et non sans difficultés occasionnelles, avec évidemment l'éclat du bonheur qui vous fait profiter de la vie différemment. Les éclats de colère s'agitent en vous pour vivre l'existence dans vos sens que vous ressentez autrement et qui pourraient vous montrer de nouvelles facettes de votre vie.

La vie a bon gout. Mais savez-vous vraiment la savourer et la considérer telle qu'elle est écrite dans la nature de notre être ?

Vous avez la possibilité de choisir en vous vos idées et croyances, car la nature s'arrangera pour entendre la seule chose qu'elle veut voir et écouter les étincelles du mouvement du cœur et de la force de l'être et sa volonté d'aller toujours plus loin vers cette évolution de liens dans ses capacités de communication sensorielle. Vous interrelierez peu à peu vos connaissances et vous comprendrez que chaque connexion se fait en fonction de l'équilibre. Il ne s'agit pas d'un jugement de masse ni d'une croyance, mais d'un besoin de charge d'équilibre dans la découverte d'un monde réactionnel de l'énergie qui doit se réécrire dans les mouvements du cœur. Enfin, vous retrouverez petit à petit les mémoires du temps dans l'énergie, et vos rapports changeront assurément au fur et à mesure que la vie évoluera.

Il ne sera pas toujours évident pour vous de réaliser qu'il y a en votre être une énergie en quête d'équilibre qui devra conquérir son propre monde mental pour un équilibre équitable de l'échange énergétique qui est en vous. Travaillez fort, n'abandonnez pas votre être profond et apprenez à vous reposer s'il le faut. Ne planez pas trop longtemps, sauf si vous sentez que c'est nécessaire. Faites ce que vous dicte votre être sur les impulsions de cette puissante énergie qui vous façonne pour de nouvelles fonctions à écrire ou à réécrire. Gardez en tête de rester tous les jours vous-même ; la personne que vous voulez être dans l'équilibre de vos formes, non pas celles que l'on vous imposera. Vous serez unique.

Pour commencer à écrire ce que votre être vous dictera à travers vos recherches de croissance du bon sens, vous devez comprendre que l'éternité existe sur le plan énergétique par des circuits atomiques que seules vos charges d'énergies reconnaitront dans ces échanges. (L'atome est constitué d'électrons qui communiquent dans l'énergie une information à comprendre ou à ressentir.)

La science vous invitera à comprendre, et votre cœur servira de moniteur à vos envies et à vos besoins d'apprendre.

Explication moderne pour une meilleure vision de l'énergie qui s'emmagasine en vous

En premier lieu, vous possédez en vous des millions de petits cristaux, dont ceux de la magnétite, qui font circuler l'énergie dans votre corps.

Je vous réfère à mon site Web (www.studioperception.org) pour prendre connaissance de l'article d'un chercheur américain, le professeur J. Kirshwink, qui explique le nombre considérable de cristaux de magnétite présent dans une gamme de tissus du cerveau humain.

Nous comprendrons les connections de nos absorptions d'énergie par l'utilisation de nos appareils électroniques, cellulaires et ordinateurs, qui possèdent comme nous des cristaux de communication et d'interaction.

Les minéraux : diamant, cuivre, argent, or, magnétite, etc.

Les minéraux dans le corps humain sont vitaux et incroyablement variés, comme la terre qui possède tout ce qu'il faut pour diriger favorablement l'énergie de son équilibre.

Pour ceux qui stockent l'information et les transfèrent perpétuellement, chaque changement apporte une expérience et une possibilité d'apprendre autre chose. Les atomes et les minéraux se parlent et recherchent à chaque fois une issue pour l'équilibre, comme notre corps qui possède ces cristaux qui jouent un rôle important dans notre survie et l'évolution de nos échanges.

Ces cristaux sont semblables aux composantes de nos ordinateurs ou cellulaires. Ils sont programmés selon une base et nous générons nous-même, dans nos croyances et culture, l'information qui guidera nos forces et nos décisions.

Aujourd'hui, votre recherche d'énergie vous semble beaucoup plus claire et libre dans votre esprit.

Pour les langues française et anglaise, nous nous baserons sur le latin et nous définirons l'énergie par « **EIUS** ». L'EIUS porte sur le féminin et le masculin, et indique ce qui suit dans une analyse :

Énergie : mouvement, forme.
Information : trois éléments d'absorption, initialisation.
Union : temps présent, passé et futur (univers).
Sens : voir, entendre, sentir, toucher, gouter, comprendre, analyser, soumettre, soustraire, additionner, diviser, juger, ajuster, construire, détruire, décider, etc.

Voilà où se situent les trois éléments de l'absorption de l'énergie atomique, et où on découvrira nos pierres, notre eau et notre gaz des temps dans notre esprit. Je fais référence au concept atomique pour définir l'atome qui constitue votre énergie, votre initialisation, votre temps et vos sens.

La science vous invitera à plonger dans le bain des mouvements du cœur qui vous servira de moniteur pour vos envies et besoins d'apprendre et de survivre.

Une partie de la réalité collective vous rattrapera toujours avec ses obstacles du monde de la pensée qui a besoin de vous dans sa créativité visant la nouveauté.

Vous absorbez la vie autour de vous et elle ne reflète pas du tout le monde que vous voudriez partager. Il vous appartient de changer par des actions concrètes. Action = antidote (remède).

Dans l'observation de vos absorptions d'énergies, votre bureau central de sensibilité, vous serez poussé par un besoin d'étincelles vers de nouveaux concepts de comportements pour effectuer une modification à vos absorptions d'énergie qui apprécient l'équilibre dans le temps de vie et des énergies sur terre.

Le seul chemin à emprunter dans la compréhension est la connaissance et la sagesse qui vivent déjà en chacun de vous ou qui pourront prendre naissance sans sa source (famille et amis), c'est-à-dire dans les liens partagés. Cet être qui a une histoire dans ces masses atomiques et qui tente d'améliorer ses possibilités énergétiques par ses capacités de développement pour une empathie universelle dans vos échanges. C'est une source de puissance à adopter, car elle trouvera à chaque fois une façon de combler le besoin d'équilibre de la vie. De nouveaux horizons dans vos âme et conscience d'aimer la vie sous toutes ses formes de transformation.

Les tunnels ou tubes de l'obscurité existent dans votre énergie et travaillent à l'équilibre de vos choix et directions de foi en ce qui est bon ou non de penser en fonction des formes. Vous brimez vos pensées au lieu de travailler dans l'action qui, quant à elle, vous arrêtera plus facilement. Il est temps de faire une pause.

Vous traverserez l'ensemble de cette substance d'énergie qui vous mettra en transe ou en arrêt. Le vide invisible qui est rempli plus que vous ne pouvez l'imaginer, aussi bien en vous qu'en dehors de vous. Mais vous apprendrez encore plus fort en observant ce que vous voyez dans votre force et dans celle que vous ne voyez pas et que vous sentirez éventuellement agir dans certaines circonstances existentielles. Vous pourriez trouver cela un peu éreintant au début. Toutefois, cela contribuera à vous faire entrer dans une phase de transformation dans la puissance atomique de votre énergie. Peu après, vos forces se révéleront, et elles :

- se réaliseront ;
- se chercheront ;
- imposeront des blocages ;
- actionneront les bombes atomiques de vos émotions ;
- soulageront et éclaireront la forme de vos pensées.

Vous êtes l'énergie de création (tabarnak ! = tabernacle).

Vous entrez toujours en communion avec ce qui vous active, et cela encore pour aller vers vous-même à travers les liens qui vous unissent aux autres.

L'amour-amitié existe-t-il vraiment ? Oui, bien entendu ! Développez-le et créez les meilleurs liens des temps. Il vous rappellera votre conduite et le respect que vous voulez semer autour de vous pour un échange simple et naturel des relations. Pas d'attente et pas de demande. Pas de contact physique. Juste des mains qui se tiennent et qui s'aident, et une conscience confortable dans la liberté de l'amitié.

Créateur, soyez maitre de votre volonté. Recherchez cette charge d'énergie qui pourrait vous bouleverser et qui vous fait encore vous questionner à propos de votre parcours. La vie vous appelle. L'intensité des décibels augmente toujours dans la musique populaire. Le cri du cœur fait partie de la conscience humaine qui vous appellera à travers ces rythmes et toute cette symphonie qui ne demande qu'à soulever l'énergie de votre être.

Cela se réalisera et se chante déjà aujourd'hui. Vous serez envahi et trahi par ce que vous avez cru savoir. La toute-puissance vous l'expliquera encore à travers des sensations du corps et de l'esprit. Vous allez voir en vous pour la première fois. La musique sera forte et elle résonnera de plus en plus dans vos soirées enflammées où vous vous sentirez transporté dans vos délires dimensionnels de créateur.

Là encore, une énergie apaisante vous parle, vous aide et vous réconforte dans la transformation de vos formes de pensées. Vous ouvrez enfin votre oasis de plaisir !

Qui vous enflamme et qui vous fait du bien ?

Écoutez-vous ! Prenez le temps d'être vous.

Rapprochez-vous de votre être qui n'est pas que paraitre. Il est un tout dans un tout, dans la croissance des besoins émotionnels.

La vie vous fournit les outils et les armes d'une conscience collective.

Une énergie à analyser seul par moments, ou en groupe pour de nouvelles idées de vie à écrire. On n'est plus seul quand on commence à bien regarder autour de soi dans nos questionnements quotidiens. Nos charges de désir de tout contrôler, comme dans un moule de société où les idées sont présentées en tant que mouvement à suivre. Une ligne souple qui demande à prendre forme juste par un petit coup de pinceau à être modifié.

La pensée vous connecte sur la toile du monde qui se dessine devant vous sur le Web des vagues d'informations. Encore une charge très puissante. Comment ne pas envier les gens à qui tout réussit cette illusion d'images et de vidéos ? L'envie de quoi, au juste ? L'envie d'aimer, d'être aimé ! L'envie de s'aimer soi-même. L'envie de cette charge pleine de vie remplie de sens à vivre !

Je ne jouerais pas des mots et des sens; ils jouent de toute façon déjà avec vous. Cette énergie puissante qui vous porte dans l'envie de se comprendre dans la possession d'idées bloquées. Vos valeurs apparaissent par le vrai contact de l'être dans ces échanges synchronisés par la nature et ses besoins. Un rêve, une illusion qui, doucement, vous réveille toutes les nuits d'une envie de dormir. L'esprit ne veut plus sommeiller au rythme de l'envie. Cette dernière se vit en nous à travers les mouvements de l'énergie partagés. Sentir que vous devez vous-même réaliser à travers vos rôles ce que vous dessinez, par vos choix inconscients et conscients de votre vraie nature. La vie vous présentera avec force et contradiction les programmes à suivre.

Vous irez parcourir votre vie actuelle avec vos choix de pensées et vos rêves qui sont la source de l'énergie qui ne fait qu'attiser votre envie de vivre autre chose. Vous souhaiterez également comprendre autrement les choses, de traduire les langues pour trouver un sens, de danser sous les arbres et de flotter un jour librement au vent. L'énergie est encore apprentissage; elle attendra et écoutera encore à partir de votre être.

Votre curiosité à l'égard de vos nouvelles facultés d'avoir des informations bien réelles par vos sens vous semblera beaucoup plus excitante que de comprendre par la science. Vous êtes la science. Elle vit en vous et se transforme tous les jours.

Dans le monde qui vous entoure, tout est analogue et vous reflétez des systèmes analogiques à travers vos sens qui se partagent dans une matière invisible. À ce moment-là, êtes-vous vraiment en contrôle ou en absorption d'un reflet analogique populaire ? Un travail quotidien de vouloir comprendre toutes vos situations de vie qui vous mèneront à prendre automatiquement des décisions.

En vous peut se déclencher une guerre perpétuellement dans des mouvements de difficulté décisionnelle. Il sera alors temps d'actionner un « stop » dans votre énergie et de faire une pause pour évaluer vos décisions.

Le vrai sera toujours là pour ceux qui voudraient le trouver et comprendre la grande puissance de vos états d'esprit.

L'état d'esprit est une base en recherche perpétuelle d'idées, surtout en soif d'énergie bénéfique. Une charge qui part à la découverte de nouveaux horizons et qui voyage à travers des perceptions de l'esprit. Un immense univers de masse d'énergie que certains d'entre vous verront de plus en plus au fil du temps dans l'évolution des êtres de la vue cosmique. Je vous réfère à cet effet à la section synesthésie en consultant mon site Web : *www.studioperception.org*

Ceux-là même commenceront à l'exprimer verbalement et, encore une fois, grâce à des obligations internes de votre propre nature, la vérité se comprendra dans les temps. Vous êtes en mutation et l'être en vous veut grandir dans une nouvelle conscience collective de l'énergie humaine.

Les gens ne verront pas avec les yeux, mais pourront tout de même sentir en eux une charge importante de vie se modifier constamment. Ceux-là travailleront et écouteront judicieusement les choix qui se manifesteront en eux. La connaissance actuelle vous plongera dans ce nouvel air de compréhension.

Votre point de naissance vous aidera à comprendre d'où vient votre énergie et quelle influence on a les uns sur les autres à travers les générations et vos transformations dans vos relations.

La complaisance de l'énergie existe bien dans vos schémas de connaissance de votre énergie puissante qui peut s'avérer destructive. La complaisance… Quels mots, quelle force accompagnent vos sens et vos idées d'un confort et d'une union enrichissante de votre éducation ?

Le temps de la complaisance, c'est le temps où les formes reprendront forme dans l'énergie ou la création des êtres se frottant ensemble dans un but de conception pour la création de nouveaux êtres.

Vous pourriez avoir juste envie de vous frotter pour le bien-être de l'échange d'énergie et le réconfort que cela apporte dans des périodes difficiles de la vie ou un échange libre de l'amour sans retenue.

Encore une fois, votre vraie nature vous parle et vous donne ce que l'énergie cherche en vous pour vous compléter par vos racines de désir. Forme d'énergie dans le mouvement et l'action = antidote (remède) pour certains êtres.

La vérité de vos créations de besoins ou de vos intuitions à suivre vous indique la courbe de vos recherches en votre être. Par vos yeux, vous serez attiré par les formes colorées et les habits qui communiquent en vous sous forme de friandises alléchantes. Vos formes d'idées nappées d'émotions frivoles ou romantiques à l'eau de rose, par exemple.

Le besoin se fait sentir de nourrir directement le mouvement de votre cœur ou encore de l'esprit avec la connaissance de vos sens visuels et tactiles.

La mode vous parle. Rien n'est vulgaire dans la nature de vouloir rencontrer votre être et sortir des champs de convention traditionnelle qui recherchent le mouvement et la fluidité de l'énergie dans les liens.

Pour satisfaire votre création d'un mouvement de désir, la nature écoute et partage avec vous vos rêves cachés au plus profond de vous-même dans un bain en perpétuel mouvement. Tout ce qui se projette en vous est entendu et écouté par la masse d'énergie qui vous entoure dans un partage d'énergie absorbée. Par vous-même, des réponses surgiront de vos idées en mouvement et de vos créations intérieures tumultueuses. Vos demandes intérieures seront répondues par cette même vague naturelle d'énergie qui est déjà établie sur la terre par vos charges de pensées collectives absorbées.

Tous les jours, vous êtes tous face à des choix de la nature qui vous connectent les uns avec les autres, car les formes de pensées semblables se relient entre elles pour la forme ou, dans le cas contraire, se rencontrent pour changer de forme dans la négativité ou le positivisme.

La forme est en vous et peut se modifier avec la connaissance et la nouveauté de liens innovateurs. Il existe de nombreux mouvements de formes différentes en ce qui concerne l'humain. Le point n'est pas un être. Cela reste une unité; un être est une unité connectée à l'ensemble de la vie qui aime les liens équilibrés dans des mouvements d'énergies. À travers les liens, on se sent vivre et on partage. Nous réalisons que la pensée est vraiment une charge puissante de communication avec le monde de nos formes complètement renversante !

Vous comprendrez les choix et vous tenterez ce que la vie vous dictera dans le mouvement de votre cœur. C'est une charge qui cache en vous certaines souffrances qui vous habitent pour mettre au monde la vérité de votre être.

Pour l'éducation et la reconnaissance de vos sens, la souffrance se définira autrement à chaque fois, car nous n'aimons pas souffrir en notre propre monde intérieur. Par exemple : J'ai mal compris mon être en lien avec mon corps et les liens autour de moi. En revanche, j'ai fait de mon mieux et je me sens satisfait de mes choix. Car je voulais comprendre mon cœur et ma tête en lien avec mes sens et, malgré toutes les difficultés, j'ai choisi de m'écouter et je me sens libre et plus fort.

Une réelle mission envers vous-même et votre conscience individuelle à vouloir changer le monde collectif pour éliminer ces charges d'énergies qui pèsent dans certaines situations de vie.

Une nourriture de l'énergie qui tire les charges positives et négatives dans nos vies superposées dans les définitions personnelles et collectives du plus et du moins.

Comment voir les choses autrement que par l'énergie intérieure en absorption collective ?

Par exemple : Pourquoi donnons-nous à un jeune enfant inconscient un repas qui consiste à manger un autre enfant qui vient de naitre, comme un agneau d'élevage certifié biologique vendu sur les tablettes des commerces en tant que viande fraiche de grande qualité ? Dites-moi, a-t-il souffert, cet agneau, avant sa consommation ?

Ce qui est important, ce n'est pas de manger ou non l'agneau. C'est seulement de ne pas faire manger une souffrance à un autre être et de ne pas perpétuer la souffrance dans nos assiettes et dans l'environnement que l'on partage.

Si on ne comprend pas ce concept, on le ressent avec le temps, collectivement, à l'intérieur de nos êtres. Par contre, nous devons manger des charges négatives pour réaliser à quel point notre comportement revêt son importance.

L'équilibre de l'énergie s'apprend ou se comprend. Il faut le sentir ! Il faut le manger et le gouter. Les chefs du monde vous proposent de manger la vie pour comprendre celle-ci à travers vous et votre énergie du cœur.

La base

Toute vie commence par une histoire, comme une base de départ. Un chemin qui s'écrit par une langue, un courant d'échange pour chaque étape de notre vie où l'esprit cherche l'ajustement, l'équilibre de nos échanges.

Le jugement est en vous en guise de boussole, une initialisation qui tire son information par vos absorptions, actuelles et passées, pour un futur mieux équilibré. Le présent d'aujourd'hui des sens modernes du Nouveau Monde de l'énergie humaine. Il vous donne par vos liens une éducation nouvelle sur l'être en vous dans la recherche de votre EIUS (énergie informée et unie dans le temps par vos sens).

Énergie de la force vitale pour votre survie et la circulation des mondes en vous qui demandent à briller, partager et échanger de façon totalement équilibrée.

EIUS : charge bio électrique masculine et féminine qui circule en chacun de nous.

Nous sommes tous des enfants, filles et garçons sources de charges, et nous recherchons par nos liens cette charge de l'EIUS qui nous équilibrera à travers notre cœur et notre tête.

Il y a tant de recettes pour trouver la juste harmonie de votre EIUS. On peut très bien la trouver dans une belle amitié entre un homme et une femme, en toute simplicité de partage. D'autres trouveront leurs charges dans des relations amoureuses ou d'amitié entre individus du même sexe ou de l'opposé, ou encore dans une grande retenue sexuelle où se cache leur flamme bien protégée par leur EIUS à qui pourra allumer la lumière et conquérir l'EIUS des nouvelles croyances ressenties qui se réécrit chaque jour autour de nous pour l'ensemble de notre équilibre collectif.

Les histoires sont des formes d'énergie des chemins du cœur et de l'esprit pour combattre et comprendre les charges d'énergie que l'on génère à travers des histoires et des croyances.

L'EIUS est une force d'énergie puissante qui transporte n'importe quel être sur la terre vers des directions de reconstruction de l'être. Seule la vraie nature choisira pour vous dans l'univers qui vous relie par des liens d'entraide qui constituent un véritable remède pour une source à partager.

Ne jugez pas. Si vous considérez la vie dans toute sa splendeur, elle vous révèlera, au cours de votre vie, la vérité qui pousse les êtres à aller vers leur EIUS. Dans la diversité des espèces sur la terre pour une vie plus large et davantage intéressante dans les dualités des connaissances qui sont une perte de temps pour certains, et pour d'autres une vérité.

Le circuit des charges positives et négatives et les chemins historiques de l'énergie initialisée dans l'union de vos sens : EIUS.

Des rivières et des torrents de courant sont dessinés autour de vous par des concepts de charges d'énergie liées à la pensée des humains.

Soyez l'EIUS, le vrai de votre monde entre vos deux oreilles, et brillez dans les unions de votre univers pour une modification de ces courants d'énergies qui recherchent le changement dans les liens des humains à travers le temps de l'énergie sur la planète terre.

Soyez l'étoile du changement dans votre cœur et dans la vie pour vous aider à franchir les montagnes en vous-même dans la quête de votre EIUS.

L'équilibre de la vie comprend vos besoins de rechercher dans des chemins similaires aux autres êtres qui recherchent l'EIUS, lequel écrit dans le temps des synchronisations pour les êtres qui en découvriront toute la puissance dans les liens partagés.

L'éducation de l'énergie humaine

Elle commencera par la beauté de votre cœur et la découverte de tout ce que vous avez traduit en douleur ou en jugement, par peur ou par manque de connaissances.

Une pensée, c'est avant tout une formule complexe qui tient directement de la plus pure conscience de vous-même et de la découverte du monde. Le grand monde est en vous et les éléments qui le composent parlent à vos sens et entrent directement en contact avec vous par vous-même. Ne l'oubliez pas.

Dans l'apprentissage de l'énergie, il faudra vous ouvrir encore et encore avec votre cœur sur la compréhension de vous-même, et atteindre des degrés inexploités de votre être. Vous ne pouvez pas juger de l'énergie que vous ne connaissez pas vraiment avant toute chose.

Laissez les choses aller d'elles-mêmes. En effet, pourquoi retenir quelque chose qui doit changer en vous ? Pourquoi aimons-nous formuler de plus en plus de belles choses ? Pour la survie de notre propre énergie, car vous savez très bien à quel point le bien-être est extrêmement bénéfique pour notre corps et notre être !

Une charge qui fait mal est une forme en nous simplement mal formulée pour l'instant. Apprenons donc à bien formuler en nous, car notre être est écrit ; il s'écrit en nous tous les jours. Le « sa » qui est suivi du « la » de votre salade de l'être. Cela ressemble à une formule dont il existe un sens.

Salade : présent français = passé latin.

Sa = EIUS.

La = *the* : la langue anglaise surgit dans la transformation de nos formes d'énergie où tout se relie. Présent français d'un futur des sens à comprendre aujourd'hui.

De = sens premier qui indique l'origine. Le point de départ est la source de quelque chose.

Sur mesure

Faire sa chance sur mesure de l'aventure de nos formes.

Structure, le truc !

Tracez vos lignes et suivez celles qui se créent en vous.

Par vos formes d'absorption par l'entourage (famille, amis, clients, collègues, etc.), vous ne pourrez pas tout arrondir au début par votre cœur, même quand des pointes de vos formes vous font souffrir.

Vous ne pouvez pas tout comprendre du premier coup. Avant, il faut étudier les formes et les sens des formes en vous-même. Votre structure se retrouve dans le cercle et tout y existe et vous attend pour vos premiers dessins.

Le mal s'interprète et se ressent. Le bien s'interprète par une modification de nos perceptions de la vie qui circule en nous. Le mal n'existe pas sans le bien. Seule compte la formule de la balance de la vie que nous devons chercher. Dans la structure qui forme notre être, nous devrions adopter davantage de souplesse et de légèreté dans nos interprétations.

Commençons par le point.

Vous, comme une ligne avec un point de départ et un point de fin de vie sous la forme bioélectrique. Dans l'invisible, une charge d'énergie électromagnétique gardera toujours sa place dans la ronde de la vie.

La naissance part d'un point stimulé par une forme de pensée bioélectrique qui s'associe dans un branchement particulier et unique entre deux points d'énergie par une fusion de tubes.

La vie a des formes de pensées différentes en fonction des époques de celles-ci dans la matière de l'énergie qui est toujours stimulée différemment (tube distinct). Autrefois, nous exprimions le début comme la vie et la fin comme la mort, soit deux points ayant un début et une fin de vie (d'une ligne ou d'un tube). Il existe cependant un lien particulier entre les modes de vies dans la connaissance et l'apprentissage de notre puissance bioélectrique de la vie dans la mort qui est située dans un espace électromagnétique autour de nous. Une toute-puissance qui ne demande qu'à être développée par une pensée collective de conscience de l'univers entre vos deux oreilles. Avec cette énergie collective et votre émerveillement pour la vie dans cette découverte immense du puzzle de vos liens.

Avoir foi ou sentir le vrai en soi-même est une charge bioélectrique, un chemin à suivre avec la conscience de vos vraies valeurs d'énergies propagées autour de vous-même et qui vous lieront les uns avec les autres à travers vos sens.

Parents, que vous portiez ou non vos enfants

Les parents : ce qui entoure = la source.

Les parents : ceux qui sont protégés d'une parenthèse dans le plus ou le moins des charges d'énergie = de l'aide.

Les parents : ceux qui partagent les uns avec les autres = antidote (remède).

Toute notre vie, nous sommes tous parents, car nous communions ou protégeons des choses en nous à travers nos actions et nos échanges avec tout le monde.

Il faut comprendre que ceux qui entourent les autres de leur énergie par l'amour et l'apprentissage sont des parents qui ont eu plusieurs formes d'éducations énergétiques conscientes et inconscientes de la vraie vie.

Pendant l'évolution de l'enfant, ceux qui l'entourent lui fournissent les clés d'une énergie inconsciemment puissante où il trouvera des informations remplies de bon sens. Pour une conscience juste et partagée par le contact de l'énergie. Pour l'intérêt de la propre survie de l'enfant qui perpétue l'amour de lui-même et des autres pour un cercle de protection dans les temps des vies futures en lien avec le passé.

Voilà qui connecte les charges de croyances dans des sentiments partagés. Une force qui donne les moyens à chacun de se dépasser dans le but de nous réaliser dans nos recherches de bien-être par nos liens de base absorbés.

Ne croyez pas que l'univers va se laisser faire par vos valeurs et vos messages de celles-ci sur les principes de la lumière de votre être véritable qui doit apprendre les vérités par le sens vrai de la matière et des échanges de l'énergie dans l'équilibre d'un Nouveau Monde qui harmonisent les charges du temps.

L'influence inconsciente de l'énergie des parents qui s'adonnent à des pratiques sexuelles lors desquelles ils peuvent donner naissance, sans l'avoir planifié consciemment, à un être qui recherchera de nouvelles formes de pensées. L'énergie puissante choisira pour vous, avec ou sans conscience, l'importance de faire circuler la connaissance du vrai monde et de l'univers qui nous entoure (dans un monde invisible).

Les parents transfèrent de l'énergie, soit de l'information vitale pour tous vos échanges futurs. On est tous parents ou on est tous sur le chemin de le devenir dans notre vie, même si nous n'avons pas d'enfant biologiquement parlant. On est tous parents les uns les autres. Sachez-le. Enfin, vous le saviez déjà, ou vous l'apprendrez au cours du temps dans les absorptions de l'énergie partagée.

Trois lignes (tubes) forment un triangle pour souder les liens qui se créent généralement en opposition par une force magnétique qui tire un point par deux points (les parents) dans un univers électromagnétique qui communique vers le monde bioélectrique de la matière à travers laquelle un tourbillon d'énergie en mouvement, une connexion se crée entre trois points pour la renaissance d'une énergie.

Chaque point est une intersection où il y a réaction des êtres entre eux avec stimulation d'accords élaborés par l'univers de la pensée associative avec un développement émotionnel et mental en synchronisation qui dessine pour chacun d'entre nous la vraie recette de la vie en mouvement.

Si chaque parent est comme nous un point, nous pouvons facilement former beaucoup de formes grâce à leurs liens (tubes) et à leur utilisation qui seront toujours une éducation de création pour la recherche de formes absorbées. Le triangle est un évènement provoqué par deux êtres dans l'acte de la conception dans l'énergie et qui se pose sur son carré qui détient en lui l'être et ses souvenirs de chaque stade de vie en association avec l'air du moment présent en attendant une modification qui permettra la circulation de l'énergie d'être dans des liens (tubes) temporels de vos formes de pensées. On pense au carré car il forme en nous un rappel d'un double triangle et sa fonction indispensable pour notre recherche d'équilibre. Nous recherchons un miroir de nous-même dans les autres et dans nos liens (tubes). Une quatrième ligne (tube droit) que l'on trace pour voir les deux triangles dans un carré qui nous indique un miroir de nous-même.

Attention : derrière chaque face du triangle ou du carré peuvent se cacher des formes immenses qui nous relient tous.

Comme une forme arrière du passé qui demande réparation et évolution dans le prisme des dimensions relationnelles, les tubes du temps de vos vies d'avant vous cherchent pour que le point qui faisait mal s'arrondisse par votre cœur pour une chaine de liens sans douleur entre les êtres d'énergie. Un travail naturel de la circulation de l'énergie dans le partage équilibré. Celui du temps de vos vies d'avant et de cette nouvelle vie qui vous attend pour de nouvelles formes dans le présent en lien avec les autres.

Alors là, on a le carré qui affectionne le triangle de la forme de votre naissance, guide indispensable pour nos associations présentes et futures. On aime retrouver les mêmes formes en nos partenaires pour la procréation et les sentiments partagés. Mais attention aux formes que vous ne voyez pas, mais que vous sentez dans une confusion intérieure, pour des inversions sentimentales du temps encodé dans l'énergie des êtres qui demandent un équilibre et un vrai bon sens.

Tout bouge en raisonnement avec notre dynamisme de vie ; une vraie roue en mouvement qui chante avec nos lignes de formation et de structure. Le triangle renferme trois énergies en une pour la connaissance et la structure des formes déjà existantes sur la terre.

Le carré est le passage vers la dimension du cube de nous-même et de la conscience que notre vie passe et de notre nouvelle vie. Les quatre directions d'un point : nord, sud, est et ouest.

Un cube sur pointe qui détermine les deux mondes de notre être dans des dimensions différentes mais qui sont totalement attractifs et fragiles. Ils se solidifient cependant au cours du temps avec l'énergie de l'auxilium : la source – l'aide – l'antidote (remède).

Quatre points jouent un rôle d'élévation de nos charges électriques qui favorisent la nourriture de l'énergie de la terre et de l'univers. Des mondes dimensionnels qui vous entourent et qui ont besoin de carburant tout comme vous, tout comme le reste de l'univers a besoin de votre énergie et de vos inspirations à une énergie durable.

La forme s'étire et crée une tension par un, deux ou plusieurs points déjà existants dans nos formes d'énergie par l'entremise de nos rapports dans la vie les uns avec les autres qui dessinent nos tubes et coupures.

Le cube placé sur une pointe s'étire du nord au sud, ou encore se contracte d'est en ouest, ce qui donne le losange de vos idées et de votre développement au cours de la vie. Un développement dans l'agencement de vos idées qui sont une source d'énergie qui circule dans votre tête et par vos formes de langage et les directions de celles-ci.

Le respect de vos connaissances et de vos valeurs envers les autres comprend 100 % de vigilance, car c'est bien à cela que vous travaillerez toute votre vie : les accords et les liens entre les points et les tubes (tunnels) qui se forment à travers votre esprit. La force de la nature engendre vos décisions de survie.

La condition de croyance ou de non croyance est un choix de charge bioélectrique comme pour vos propres sources, car vous devez, par votre cœur, regarder les programmes qui vous ont influencé dans les charges atomiques de votre énergie. Tout se fait sur mesure dans des dimensions différentes autour de vous qui réceptionnent l'information emmagasinée et connectent les êtres entre eux ou encore les séparent. La valeur et vos mesures sur un premier plan de la vie sont une face du monde qui cache bien d'autres facettes.

Pourquoi avons-nous perdu notre temps et notre énergie à comprendre les choses sur notre vraie nature et nos vraies possibilités et fonctionnements avec tout cet environnement qui pourrait très bien l'expliquer ? Eh bien, nous avons accepté les liens qui contrôlent notre vie sur terre par l'industrialisation et la mauvaise interprétation des religions par peur de déplaire à nos semblables car nous sommes interreliés et nous nous ressentons tous. Donc, cela fait partie d'une grande étape à comprendre à même votre monde complexe qui est situé entre vos deux oreilles. La conscience est un facteur très important. Savez-vous ressentir avec vérité les vraies bonnes actions et les vrais liens qui perdureront dans le temps ? Voilà ce dont l'être doit apprendre la reconnaissance d'une force atomique pour savoir prolonger sa vie et sa santé et comprendre de quel arbre il provient dans ses charges atomiques du cœur pour ainsi apprendre ce qu'il recherche comme partage pour l'équilibre de son EIUS.

Tube = tunnel

Le lien défini par la vie en vous de votre naissance peut être d'ordre affectif, intellectuel, sexuel, religieux, professionnel, etc. Vos tubes prendront d'abord un certain ordre dans votre énergie vers une autre énergie dans l'échange qui est multiple et multidisciplinaire : amicale, sexuelle, intellectuelle, professionnelle, sociale, culturelle, sportive, d'intérêt, etc.

Les tubes de la procréation amènent les formes profondes des racines de votre être et dessinent des schémas de rapport importants dans le temps en lien direct avec d'autres êtres déjà connus par votre être, ou encore des liens avec des êtres que vous n'avez jamais croisés où à ce moment se dessinent de nouveaux tubes, pour la reconstruction des schémas dans le partage et l'équilibre de nos vies partagées.

Les tubes bloqués existent dans les portes de liens atomiques à réactiver par les forces des liens du temps qui passera en vous. Une traduction s'impose : des images ou des associations de valeurs ou croyances, ou encore de connaissances qui devraient être réinterprétées, car elles ne correspondent pas à la vie présente que vous vivez.

Une association naturelle par les tubes se créera vers vous pour une aide à propos de vos blocages de toutes sortes où une forme se créera ou se reconnaitra entre deux êtres. Une ouverture vers de graves problèmes affectifs dans vos tubes d'échange avec les autres êtres. Ces formes que l'on ressent se travaillent directement par les tubes à travers le cœur et la tête. Vous pouvez modifier vos comportements et débloquer progressivement vos tubes, au gré d'un travail en douceur de votre état psychique qui relira votre cœur pour procurer l'équilibre favorable à un changement quelconque.

Chaque structure peut être dessinée et on peut ainsi comprendre nos connexions. Nos comportements se tracent dans nos échanges et à travers l'utilisation de notre monde psychique de perception. Tubes courts, longs, courbés ou encore en spirale, tube plié ou cassé, etc. Les tubes partagés se connectent aisément dans un sens comme dans l'autre ! Toujours en lien direct avec ce que nous véhiculons comme pensées. Alors là, bingo !

L'échange d'énergie bénéfique pour les deux êtres qui s'ajustent dans les grandes folies d'énergie de la vie qui nous entoure. Un échange de charges par les électrons de vos atomes qui communiquent ensemble (charge d'énergie qui relie les êtres entre eux).

Vous pouvez en effet vous retrouver plusieurs sur de vrais échanges d'énergie en synergie avec la vie. Faut-il réussir à comprendre avant tout votre monde intérieur et réussir à suivre votre intuition sensorielle ? Par l'art, vos valeurs peuvent prendre forme, également par la philosophie et les religions. La valeur vous guidera dans les sciences humaines de votre environnement intérieur. Vos valeurs se dessineront en dessous d'un microscope et vous réaliserez la vérité et l'exactitude de vos décisions et de vos chemins à suivre. Une force grandira en vous. Vous continuerez à chercher vos valeurs en vous et dans la justesse de votre cœur pour l'équilibre d'un tout dont vous faites partie.

Les ponts à franchir ou à modifier simplement dans l'appréciation du vrai de l'énergie ressentie en vous et ses caprices en constante évolution.

Les cinq portes, on les ouvre ou on passe à travers ou à côté, dessus ou sous les ponts de votre univers intérieur. Vous comblerez les cinq ponts qui vous guideront sous différentes formes et vous les comprendrez, car vous vivez et continuerez à développer un amour perdu du monde et de la vraie vie que l'on ne vous a jamais expliquée.

Cela ne vous empêchera pas de poursuivre de mieux en mieux le chemin que vous avez déjà entamé dans votre vie actuelle, et cela ne vous empêchera pas non plus de régler certaines choses avec certaines personnes de votre entourage.

La réalité continuera à dominer toutes les dimensions de votre être. L'ensemble est une recherche de l'un et de l'autre en vous.

Ne pas bouger pour sentir, ou bouger pour arrêter de sentir.

Tout bouge, tout le temps. Donc, le temps à travers vous doit bouger.

Prendre son temps, ne pas bouger, et observer autour et contempler l'intérieur de soi-même les mondes, les connections et les liens qui vous parlent et qui, bien souvent, se livrent bataille et pouvant se faire des douceurs dans les liens du cœur d'enfant qui résonne en chacun.

Salade de sensations étranges !

Qui pourrait vous renseigner le plus sur ce que vous pouvez ressentir à part vous-même ou votre environnement ? Et sur quelle partie de vos pensées intérieures les sentiments de sens se lient-ils ?

Intérieurement, un sentiment que vous captez en vous ou un sentiment que vous absorbez au contact de votre environnement social et familial est une énergie à comprendre et il faut réussir à l'identifier pour rapidement s'en détacher ou encore apprendre à l'apprivoiser. Un « stop » peut être aussi signalé en vue d'une réflexion ou de la disparition complète de ce sentiment partagé. Pourquoi votre énergie garde-t-elle des ondes qui ne vous valorisent pas ? Savoir mesurer ce que vous garderez et savoir se débarrasser du reste par la rupture. Ressentir physiquement un état mental par l'absorption du rayonnement de vos champs d'énergie est quelquefois envahissant. Toutefois, votre radar en recherche d'accord est continuellement en fonction. Cela vous permet de connecter, par votre sensibilité et votre altruisme naturel, à la profondeur de vos racines qui peut resurgir lentement ou instantanément selon les besoins de l'énergie à faire circuler correctement dans votre être.

Comment connaitre le vrai de vous-même sans faire d'expériences ?

L'énergie en vous voudra apprendre et vous jouerez à la résistance en la bloquant continuellement pour faire monter votre taux de résistance uniquement pour expérimenter vos forces et vos capacités de contrôle sur l'énergie de votre être. Tout est un jeu de charges bioélectriques, de blessures, de valeurs et d'intellectualisation et, sans aucun doute, de folie.

Que dire de l'ensemble de gens perdus dans leur champ de réception de la vie ? Maladie et contamination par l'ensemble. La guerre des charges positives et négatives en nous recherche l'équilibre. Trop bon en nous n'est pas toujours adéquat et clair. Trop mauvais peut aussi, à force, nous amener dans une période d'assombrissement. La direction de l'énergie se trouve en tout temps en chacun de nous.

Notre obligation est la circulation de cette énergie vitale pour l'ensemble de la vie et cela ne peut se faire que par l'entraide du cœur et de la connaissance de l'énergie en mouvement.

Entraide : puissance de chaque échange ressentie dans le monde visible et invisible.

La porte des temps bouge en nous, dont l'origine du mot latin *auxilium* qui signifie entraide.

L'auxilium du passé de l'entraide vous raccorde en vous-même vers trois éléments d'énergie puissante qui peut développer votre être et les êtres autour de vous.

L'auxilium des mots et les trois éléments de base qui aident au développement des futurs êtres.

La source : absorption de l'énergie depuis votre naissance jusqu'à maintenant – programme.

L'aide : absorption de l'énergie psychique – équilibre du mental et de l'émotion.

L'antidote (remède) : absorption de l'énergie collective des échanges de conscience et d'inconscience.

Voilà ce que comprend la plus belle partie de votre énergie, la vérité des liens se transmet et se ressent en vous par l'échange de cette structure de base. Par le mouvement où tout bouge dans vos sens et dans les autres systèmes en vous, il faudra faire des choix de comportements et développer vos nouvelles méthodes de vie par vos sens et trouver l'équilibre de votre être.

Ne pas toucher terre ou avoir vos pieds trop sur terre est en contradiction et apporte une certaine importance au temps de votre vie chargée. Parmi les circonstances déferlantes de vos obligations sociales, il existe en vous des éléments de rébellion intérieurs qui s'expriment à travers votre corps dans des malaises qui peuvent se transformer en maladie. Le mal du corps qui subit la pollution de l'esprit, et le corps qui supporte vos propres décisions d'esprit malade.

La roue tourne, mais vous pourriez vous-même l'arrêter et, avec de petits changements quotidiens, la vie se transforme peu à peu en nouvelle idée.

N'oubliez pas l'entraide et la puissance de cette énergie dans les axes de l'échange entre êtres. Cela est bénéfique en une bonne mesure de compréhension de votre situation intérieure. Avec le temps, savoir mesurer sera très important.

Une grande liberté de flotter avec les pieds à terre et la tête dans les nuages ou, inversement, les pieds dans les nuages et la tête touchant le sol : inversion de vos énergies. Un mécanisme de défense pour la vie à venir, donc apprendre à s'inverser.

La vie garde le bon en toute personne qui le cultive et le nourrit pour qu'un jour renaissent ces personnes avec cette fois les pieds à terre et la tête qui évite les nuages, tout en restant l'esprit libre de toute création bénéfique pour l'ensemble.

Le manuel personnel de vos sens et la dimension de l'être

Le plus grand monde de vous-même se retrouve entre vos deux oreilles et le reste de l'univers s'y connecte par là même où tout vit en vous à travers l'information. Le plus grand monde des mondes est en vous, juste entre vos oreilles. Il est presque incroyable de réaliser que tout rayonne juste là, sur vos épaules.

Une très grande division des mondes des temps en vous s'est dessinée et ne demande qu'à s'accorder avec la réalité que vous vivez, pour enfin interpréter la pensée comme une matière puissante qui circule en vous et à travers une source d'énergie.

Dans une longue période des temps passés, au plus profond de vous, une vie existe en vous ; cette belle énergie qui vous constitue dans le présent de votre être. Un très long apprentissage au cours de différentes vies où vous avez accumulé un savoir réactionnel à des situations fort particulières. Le savoir d'une source d'énergie immensément puissante qui règne aujourd'hui dans le monde entre vos deux oreilles qui est partagé avec les autres.

Dans ce monde, votre conscience travaille avec vous sur des plans intérieurs de différentes façons et de plusieurs dimensions de la vie dans un sens et dans vos formes qui varient en couleurs et en symphonie électrique qui requièrent l'ajustement constant de votre savoir. Vos formules prendront forme si vous continuez à chercher en vous.

D'où viennent nos valeurs ? Vers qui ou vers quoi vont-elles ? Une mesure de la nature acceptée par le cœur. Cette charge d'énergie qui sera utilisée par moments dans votre vie pour vos choix de direction à prendre. Elle est incrustée en vous, cette bête d'énergie, et dans vos cristaux de lumière qui la composent. En tout premier lieu, ce qui vous animera et ce qui vous tuera et vous sauvera sera l'ensemble de vos propres valeurs ultimes avec les autres. Mais cela se passe avant tout en vous, envers vous-même. Vous pourrez modifier de nombreuses perceptions dans vos valeurs pour vous tester dans l'équilibre. Cette puissance de la vie qui peut vous guérir et vous connecter à ce qui est bon en vous-même et pour les autres. Elle renferme ces boites noires et ces trous obscurs avec ces puits rafraichissants de lumière et ses rivières scintillantes d'authenticité.

Cela est comme une formation partagée en développement dans vos liens sur les mêmes accords de valeurs qui provoquent des liens de dépendance. Cette force est inscrite dans vos atomes qui réceptionnent tous vos besoins du cœur et qui travaillent constamment à des modifications et des liens pour votre avenir. À travers le temps, une accumulation d'informations est en développement dans vos atomes en raison du parcours de vos vies antérieures. Vos connaissances, et surtout vos charges, vous dirigeront vers les sources de déblocage atomiques de votre être vers un ou d'autres êtres avec qui un échange doit être effectué pour l'association atomique d'émotions.

En vue de l'équilibre de votre être en recherche constante, tout ce processus sera bénéfique pour que l'énergie souhaitée continue à réanimer l'équilibre des temps. Cela se fait en visant les vraies valeurs qui doivent couler sur la terre et qui passent à travers nous à travers les messages de la vie par nos formes de corps et d'esprit qui nous rattachent tous à l'amour de la vie et de notre futur dans lequel nous voulons tous survivre. Un climat d'échange où il y aurait de moins en moins de souffrances et de plus en plus d'équilibre.

Vos valeurs, sources ultimes d'énergie bioélectrique, avec lesquelles vous respirez quotidiennement et avec lesquelles votre cœur parle et emprunte un circuit partout dans votre corps pour vous aider à effectuer chacune des fonctions de vos organes. Voilà pourquoi il est important de trouver des valeurs collectives et qui sonnent vrai à l'intérieur de nous tous, pour un courant libre comme il a toujours été dans la nature mais que nous bloquons généralement par peur du changement.

Il est important de trouver vos noeuds et de les défaire pour les faire circuler différemment vers le cœur, bassin de vos valeurs par conscience de vouloir survivre parmi les autres charges des êtres qui vous entourent.

Vos changements et vos nouvelles idées s'associent et se confrontent à de nombreux combats intérieurs dans les plans de la vie que vous vous étiez fixés et imaginés. Calmez-vous !

Vous allez prendre tout le temps qu'il faut pour tout explorer en vous. Vous irez au début de ce que vous aviez senti dans chaque départ de nœuds relativement à vos liens d'énergies, et vous activerez une grande énergie de confiance en vous. Le mécanisme de prise de conscience de la charge de vos pensées engendre une chaleur au niveau du cœur et des poumons, en passant par le sang dans chacune de vos respirations.

Si cela ne se produit pas, soyez patient et apprenez que tout est différent et que tout se relie en vous au moment voulu. Quand le temps de votre situation le permettra, vous observerez bien le mécanisme de vos charges intérieures qui fera circuler une chaleur dans tout l'espace de votre corps. Vous comprendrez, à chaque partie qui se déclenchera en vous suite à cet apprentissage profond, qui vous êtes en tant qu'être en devenir.

Chaque fois que cette action se produira en vous, persévérez. C'est tout votre être qui réagit et qui a besoin de vous pour comprendre. Sachez que vous avez déjà accumulé tout ce qui est nécessaire afin de poursuivre cette action de l'énergie et de l'être à sentir en vous.

Continuez à suivre votre intuition et rendez-vous où vous voulez dans ce livre. Ne tardez pas si vous ne voulez pas attendre, et continuez si vous voulez entrer par les premières portes de votre être.

Ouvrez et entendez en vous le parcours immense de votre univers qui se retrouve dans le royaume entre vos deux oreilles. Prenez entre vos mains les lignes de vos chemins passés qui constituent une formation de courants par les échanges et les liens créés à travers les époques de la vie. Surtout, n'oubliez rien en vous à travers vos différents parcours et transformations. C'est ce qui vous connecte en premier lieu à vos échanges intérieurs tracés par le temps dans l'énergie. Cela vous permet de bien vous entourer dans la vie et de rejeter autour de vous ceux qui ne partagent pas les mêmes valeurs emprisonnées en vous qui forment une communion naturelle avec d'autres êtres autour de vous. L'énergie est forte mais non incontrôlée, de votre envie de comprendre davantage et de redessiner toujours plus de nouvelles valeurs et d'amplifier votre énergie d'empathie, en redessinant vos valeurs en observant le vrai en vous et non pas des valeurs qui ne parlent pas à votre cœur. Vous les ressentez toutefois dans les airs qui se connectent à votre univers et qui vous touchent réellement. Voulez-vous suivre des valeurs intérieures que vous ressentez par le cœur et qui vous permettront de réussir votre vie grâce à l'écoute des flammes du cœur qui dirige continuellement votre cheminement en direction du Nouveau Monde ?

L'énergie bioélectrique de vos valeurs constituera le meilleur lien qui vous permettra de coïncider avec d'autres êtres qui auront les mêmes valeurs. De réels miroirs d'énergies qui peuvent, par moments, engendrer dualité et confrontation pour un ajustement qui se fera grâce à l'écoute et au partage. Les êtres autour de vous qui n'ont pas les mêmes valeurs que vous sont présents pour un équilibre de la nature qui ne pense plus à atteindre un point de valeur superficielle, mais plutôt un ensemble de valeurs ressenties et partagées. Il s'agit d'une vérité inversée de l'énergie de vos valeurs qui possède une très grande mesure d'énergie.

La transformation vous amènera à faire la guerre contre vous-même. On fait la guerre avec la nature quand on se met en colère. On ne prend pas le temps de chercher en nous la possibilité de prendre la vie dans l'inversion des éléments de nos valeurs qui prendraient enfin un nouveau sens.

Il est amusant de savoir que vous savez pourtant très bien que vous êtes constitué de particules d'atomes qui communiquent et génèrent des liens autour de vous et que les informations créées seront retravaillées avec la force du cœur pour enfin libérer ce qui est en vous dans la vraie nature de survie dans l'énergie.

Les particules brillantes en vous, si étincelantes et si naturelles qui constituent et hébergent votre potentiel à découvrir véritablement vos pensées émotionnelles. Votre potentiel est quant à lui appelé à se référer à la surface de votre être en raison d'une autre nouvelle réalité de vie, de se concrétiser et de se reprogrammer en de nouvelles fonctions extraordinaires.

La liberté existe. Voudriez-vous en faire partie et découvrir les faces profondes de votre être d'énergie qui existe et qui vous rappellera toujours de l'intérieur ce qui vous associe à ce monde et à cette vie ?

LA PREMIÈRE PORTE

La grande réparation en atelier

Un premier pont pour la survie

Commençons par la cuisine de vos aliments ! Comment vivre avec la matière sans la sentir ni la gouter avec tous nos ressentis et tous les contacts que nous procure la nourriture à travers l'énergie de notre corps ?

À chaque nouveauté de matière nouvelle d'onctuosité et de saveurs, vos sens s'éveillent encore dans des champs d'énergie de plaisirs à combler ou à charger d'amour pour leur propre plaisir.

Il se pourrait que vous soyez dirigé par tel ou tel type de nourriture par attachement d'une énergie puissante en vous ou de celle du réconfort ou de la facilité.

Le temps dans votre mémoire énergétique connait beaucoup de moyens pour vous aider dans votre propre guérison de votre système alimentaire et de ses couleurs et odeurs. La vie vous expliquera encore des choses sur votre être d'énergie à travers tous ces gouts et textures. Votre être recherche constamment, pour votre vie future, un équilibre avec tous les éléments de celle-ci, en commençant par votre alimentation.

L'attachement à la saveur pour le gout personnel s'attache à plusieurs forces de vos particules afin de vous permettre de libérer de l'énergie vers vous-même pour aller au bout de connaissances à travers la saveur de la vie et du bien-être que procure le fait de manger. La joie de manger fait partie d'un plaisir qu'on voudrait partager avec tous sur terre. Cette sensation ultime et douce de sentir ces saveurs qui comblent en nous des émotions et sensations et qui équilibre les besoins du corps. Avec une combinaison de doux parfums, l'alimentation enivre nos sens et nos besoins. Ces arômes éveillent en nous des relations avec notre vie ou encore des découvertes en lien avec nos vies futures. La langue et notre palais nous communiquent tellement d'informations sur ce qu'on mange, qu'on pourrait très vite comprendre dans quel sens nous nous nourrissons pour simplement s'alimenter pour la survie. Ou encore pour son plaisir de vivre dans le bonheur du réconfort de ces sens qui nous transportent, pour éveiller en nous une plénitude en ne sachant pas où aller la chercher ailleurs. Pour se guérir. Pour se soigner. Pour apprendre à changer. Il en existe plusieurs autres à citer. Pour ceux qui mangent tous les jours. Que veulent dirent nos sens et notre être ? En fait, ceux qui mangent tous les jours ont une autre vision de la vie que ceux qui restent sur leur faim. Effectivement, le manque de nutriments affecte et modifie de façon importante la perception de la vie. Il s'agit d'une réalité essentielle à comprendre entre notre nutrition et nos pensées. Le monde change lorsqu'il se met à se nourrir différemment.

La température et la formule alchimique des couleurs et des formes attirent nos idées. Une puissance incroyable sur l'homme et sur son appétit que représentent la nourriture et l'ouverture de ses connaissances d'un bien-être créatif et imaginaire. Sans oublier un grand savoir de chef cuisinier ou d'apprenti bâtisseur pour le futur.

À quoi pensez-vous lorsque vous mangez ? Vous savez très bien que vous associez les deux : la notion alimentaire et vos pensées. Formation d'énergie !

Vos songes et préoccupations ne vous permettent pas de profiter de tout ce plaisir et de ces instants uniques que vous avez avec vos aliments. Où est passé votre respect ? Qui n'aimerait pas permettre à tout le monde sur cette terre le partage et le privilège d'une variété quotidienne de plaisirs gustatifs ? Voilà pourquoi vous accumulez des plaisirs pour connaitre la valeur de cette énergie gustative qui peut prendre des formes orientées vers des directions particulières de votre être : l'égoïsme, l'avoir, le pouvoir, etc. Il s'agit d'une illusion de qui croit que la vie ne s'arrange pas avec ses idées en vue de vous diriger, ou elle veut que vous parveniez à comprendre ou à ressentir ce qu'elle veut vous faire découvrir.

Prenez conscience de votre chance et fermez cette innocence sur cette puissance d'énergie qui parle avec vos dimensions et vos sens. Le rayonnement de votre monde intérieur doit être compris et travaillé. Si vous êtes bien et que vous mangez en équilibre avec vous-même, cela coule de source et favorise tout autour de vous. Une forme d'énergie se dessine ! Par contre, si vous n'aimez pas ce que vous mangez et que vous le consommez quand même, cela vous appartient comme choix ou émane bien souvent de la survie, car vous ne comprenez pas encore. La découverte logistique de votre être peut s'apprendre simplement en comprenant ce que vous mangez et digérez, et en écoutant consciemment l'intérieur et la relation avec vos besoins réels. Une réalité existe sur terre dans les choix qu'a faits la nature relativement à votre sensibilité au monde qui vous entoure pour votre éducation.

- La faim dans le monde, fibre de réalité que vous ressentez qui vous amènera à faire des choix et à procéder à des changements.
- La fatigue de manger sans amour, fibre de conception de votre être, si vous pouvez manger. Par conséquent, mangez avec amour et respect !
- La paresse, option de vos fibres optiques que vous alimentez au besoin au repos. Reposez-vous !
- Le manque d'intérêt face aux autres se ressent par un manque d'intérêt envers vous-même.

Trouble alimentaire, trouble de vous-même sans connaitre votre être et l'impulsion puissante de votre énergie qui jouera toujours avec vous. Couleur étincelante et harmonie d'une recette bien formulée qui a, en plus, par le gout transformé en vous, une fête dans vos sens que vous souhaiterez partager. Manque de mots et peur de partager la poésie de vos sensations qui sont de toute façon vitales pour votre conquête de l'être. Le partage est une forme et un écoulement des échanges de l'énergie de la vie que nous partageons par le cœur avec simplicité. L'énergie autour de vous alimente les liens de plaisir et de liberté des sens en harmonie et en partage avec vous-même et avec l'ensemble. Commençons par vous, et l'ensemble suivra.

Le jus de toute alimentation est encore dirigé en vous par la colère et l'énergie de la peur qui vous parle, et vous l'écoutez encore car beaucoup trop présent dans votre être en reconstruction. Vous mangez encore et toujours sans percevoir les éléments. Pourtant en vous retentit un cri, une voix de raison que vous chercherez à comprendre.

Chaque bouchée vous aidera et votre estomac se tortillera déjà s'il était mal rempli depuis si longtemps ! Mais où étiez-vous durant tout ce temps ?

Vous attendiez la venue de l'être en vous ! Les plateformes sous différentes formes d'énergies se manifesteront et vous apprendrez à défaire vos nœuds car ce qui est fait peut être défait. Avoir un sentiment de vide en vous et ne pas savoir comment se nourrir, simplement par fatigue de l'esprit et oubli de son être éternel. Bouillir, couper en petits ou en grands morceaux, griller ou encore glacer. Le temps des combinaisons existe en vous.

Comment pourrait-on comprendre la nouvelle cuisine dans nos vieilles marmites de connaissances, et comment changer le gout du vieux monde extérieur et intérieur pour un Nouveau Monde intérieur et extérieur où l'être aura sa place et la prendra ?

Tout d'abord, nous apprendrons à vivre avec tous les dangers et toutes les aigreurs d'estomac liés au vieux monde et au manque de volonté d'apprendre qui est véritablement l'être en nous. Comment faites-vous pour vous laisser aller ainsi ? Eh bien, simplement par amour et innocence de ne pas vouloir comprendre, ou vous êtes seulement fatigué pour l'instant et vous reprenez vos forces pour le travail à venir en vous. L'inconscience est une clé beaucoup plus puissante pour la survie que pour la conscience.

Comment arrivez-vous à faire une recette parfaite pour les autres sans savoir l'accomplir pour vous-même ? Souvent, il sera nécessaire de voir les différents paliers de la vie qui vous connectent avec les autres car vous avez oublié qui vous êtes et d'où vous venez. Calmez votre conscience puisqu'elle s'occupera toujours de votre compréhension en vos nouvelles recettes de l'inconscience. Pourquoi combattre l'allégresse de votre cœur du monde qui parcourt l'espace entre vos deux oreilles et qui ne parle qu'à vous ?

Les chevaliers de la Table ronde en vous pourront enfin prendre le temps de s'assoir. Et vous riez et festoyez avec la traduction de votre nouvelle vie future. Chaque texture et chaque amertume en vous se libèrent en mangeant.

L'Asie vous sourira et elle vous appellera par le cœur de votre âme en détresse qui vous nourrit tous les jours dans les besoins d'alimentation de vos petits caprices de décoration et d'apparence. Cherchez encore en vous l'équilibre pour l'ensemble, le bon sens pour tous. La recherche n'est pas importante. Enfin, non, elle l'est plus que tout. Il est toutefois important de sentir l'énergie en vous pour le tout des illusions avant tout. Il y a en vous tellement de clés de l'alimentation parfaite pour le futur du monde. L'équilibre sur terre existe dans vos yeux et dans vos besoins qui résonneront toujours dans le feu de l'action du changement.

Le jardin extraordinaire de la terre vous invite à être le chef de l'énergie que vous possédez par vos aptitudes de perception et vos capacités qui grandiront pour l'amour de votre table d'hôte.

Bon appétit dans votre être !

La recette du shopping

Acquérir, de l'extérieur vers l'intérieur, la nourriture vitale dans nos besoins d'équilibre pour la bonne recette. À la recherche de notre être et de celui ou celle que l'on écrira enfin ; apprendre à écrire par choix et par possibilité !

La direction dans laquelle on fera nos choix dessinera en nous les systèmes de composition personnels de notre être et de l'acheminement que nous cherchons à travers nos décisions.

Où êtes-vous, lorsque vous êtes en processus décisionnel ? Vous vous trouvez dans un espace très vaste où s'ouvrent de grandes fenêtres sur le monde par lesquelles vous observez comment fonctionnent les gens autour de vous. Dans ce même espace de votre être, deux racines de votre composition de base seront toujours là. Vos parents, concepteurs de vos formes biochimiques, auront une certaine influence au fil de votre développement dans votre corps, ce qui vous octroie une façon particulière de voir à travers les fenêtres le monde qui vous entoure.

D'autres structures seront également présentes dans cet espace de recherche de réponses des escaliers à monter et à descendre. Au plus profond de vous, vous pouvez percevoir vos choix qui descendent et remontent continuellement pour trouver l'équilibre.

Des tables et des chaises pour prendre le temps de s'assoir, ou encore de gros fauteuils confortables pour vous détendre lors de vos prises de décisions. De plus, il y a des banquettes confortables pour être à l'aise dans vos choix.

Des plantes verdoyantes et des fleurs délicates et colorées d'un doux parfum, vous rappelleront toujours que votre être est en développement dans la nature et que vous essayez de vous réconforter à tous les programmes de vos sens et que la vie éveillée en vous avait si peu de compréhension et de compassion. Vous ouvrirez lentement vos ailes, vos feuilles d'apprenti.

Avant d'ouvrir la porte donnant sur de nouvelles réalisations de structure, on s'arrête chaque fois dans un espace immense en nous à la recherche d'inspiration qui peut parfois être favorisée et qui, d'autres fois, semble détourner les gens de la réalité.

À ceux qui passent en eux par moments et qui se sentent étouffés dans leur propre espace intérieur, cela est la somme d'un débalancement de toutes les pensées et associations qui vous préparent à une nouvelle recette de la vie à préparer en vous. Une recette d'achat qui requiert certains critères de sensations, comme le confort, le style, un prix rassurant, le bon investissement, la confiance, etc. Vous allez acheter un sentiment, une sensation, la suite d'un rêve, un réconfort, un remède, un geste d'amour envers vous-même ou à l'égard de quelqu'un d'autre, etc. Vous êtes à la recherche du vêtement ou de l'accessoire utile : confort, style, prix et qualité !

Chaque forme qui nous parle dans nos choix est l'association intérieure d'un besoin à satisfaire ou d'une création à combler. Voir le vrai en nous dans nos achats, sentir le pourquoi du comment nous achetons. Cela peut être l'envie de dépenser, l'envie d'échanger, l'envie de combler un besoin indispensable. Un besoin de créer de nouvelles recettes de sensations et d'équilibre en nous.

Regardons cela d'un peu plus près… Le style, les couleurs, les formes, l'impact sur nous et sur les autres à la vue de ce qui nous permettra de nous identifier dans une architecture de présence. Le confort, la sensation, l'impact sur nous et sur les autres à l'idée d'obtenir ce qui nous permettra de nous identifier dans un bain de plénitude que l'on aura atteint grâce au bien-être que l'on diffusera autour de nous, tellement on sera bien et confortable dans la matière à créer.

Pendant combien de temps dure le sentiment relié à nos besoins en fonction des critères de sélection de nos achats ? Avons-nous un esprit écologique, ou sommes-nous en train de vivre à travers des marques et la reconnaissance sociale des grandes marques de ce monde ? Comment faire autrement lors d'une séance de shopping !

Là, on s'arrête pour une petite pause... shopping !

On devrait manger un bon petit croissant doré au beurre qui réveillera assurément en nous d'autres sphères de nos sens et de notre être. Actuellement, on s'enroule et se mêle à nous-même. Et là, on cherche à sortir de cette spirale de pâte feuilletée qui, une fois bien cuite, se gonfle et forme des alvéoles d'air qui nous permettent de respirer. Heureusement ! Cela nous fait enfin voir à travers nous et comprendre que dans ce vide, il existe la formation de formules qui requièrent uniquement notre attention. Il s'agit d'alvéoles d'air, que certains qualifieront de formes striées de toutes sortes. C'est l'action d'aller dans nos vides et de passer par différentes formes pour enfin comprendre que seules nos formes partagées et formées par le cœur et le respect peuvent nous aider à nous entraider et à nous tenir ensemble.

Le croissant est un quart de lune pour tous. Plus on travaille pour l'ensemble, plus on s'expose à aider et à être un jour aidé, mais pas toujours dans le sens que vous auriez cru ; dans le sens de la vie à travers nous. Celle-ci vous le fera ressentir pour vous aider à comprendre les directives à suivre.

La réalité de nos comportements se modifie en synchronisation avec les actions de nos pensées et les mouvements de notre corps. Nous pouvons observer des interactions similaires dans la nature, dans l'univers, à toutes les échelles d'évolution. L'univers serait la matrice de la conscience en évolution qui, à travers toujours plus de complexités, a fini par créer un potentiel de liberté pouvant se jouer du déterminisme de la conscience instinctive et, dès lors, créer la conscience individuelle.

Cette liberté, cette individualité, détient un enseignement qui n'est pas guidé par l'instinct, mais par notre capacité à créer une logique avec nos associations, dans les relations humaines et avec notre environnement. Nous sommes libres d'évoluer en direction de l'harmonie et de l'échange.

Notre évolution actuelle se passe dans nos sens associatifs qui nous permettront, avec le temps, de reprendre le chemin des inventions dans l'observation de la nature qui est liée par les actions lunaires et les actions planétaires autour de nous. Ce qui transite autour de nous est en lien direct avec ce qui transite autour de notre planète qui se traduit par notre être qui recherche l'équilibre de la bonne recette d'investissement pour son bien-être.

Il ne faut pas oublier les autres qui vous entourent par la chaine de l'énergie EIUS et qui sont en lien direct avec vos achats.

La recette des valeurs et mesures

L'être est écrit en vous, étudiez-le ! L'être s'écrit… ou se réécrit à chaque fois, même dans la colère de votre être et dans les crises de votre cœur. Vous affectez les circuits de votre monde car vous n'avez pas conscience de cette action mécanique de vos charges d'énergies qui peuvent vous ralentir et vous faire vieillir rapidement. Dans la réalité ressentie par votre cœur et qui trouble votre être, apprenez à changer, et exprimez-vous. Chantez, parlez, lisez des romans, étudiez, bougez. Tout cela pour aider les récepteurs de votre être qui doivent sans cesse reformater le sens des mots, car la folie s'empare bien souvent de vos idées pour vous permettre de recréer de plus belles choses en vous.

Centrez-vous et recherchez toujours l'équilibre. Modifiez-vous, et vous aiderez les autres dans leur évolution. L'harmonie est une mesure que vous développerez avec le temps, donc apprenez à prendre le temps qu'il vous faut pour atteindre cette harmonie de mesure. Le pouvoir de la mesure est en vous pour chaque chose.

La mesure du cœur = un temps très résistant.

La valeur du cœur = une formule empreinte de reconnaissance.

La mesure de la tête = un temps qui peut se réécrire.

La valeur de la tête = une formule imprimée et en accord avec le cœur qui peut se réécrire avec du travail et du cœur.

Le cœur et la tête qui ne veulent pas avancer mais qui préfèrent souffrir pour comprendre plus loin en son être. La tête, partie dirigeante de la vie, n'a aucune notion de sa propre sensibilité du cœur de tête.

Observez l'intérieur et comprenez vos réactions qui se répercutent sur le comportement de votre circulation d'énergie bioélectrique.

Associons et créons l'énergie nouvelle en notre être.

Vos capacités de retenue sur des actes physiques qu'on vous a inculqués dans l'optique de ne pas faire certaines choses qui, malgré les leçons reçues, ressortent quant même comme un besoin profond de faire tout le contraire. Ne portez pas de jugement. Il s'agit de la charge présente en vous, de votre EIUS qui cherche encore une fois l'équilibre.

À travers vos interférences, votre corps se dirige pour trouver sa mesure dans des concepts imprimés en vous qui demandent seulement une écoute profonde. Votre fonctionnement de base vis-à-vis de l'énergie libre qui contiendra toujours des valeurs en harmonie avec votre cœur de tête.

Votre recherche de valeurs se poursuivra votre vie durant, par les écrits anciens des religions ou des écrits actuels d'un nouveau type qui, avec le temps, vous sembleront plus justes en vue de l'équilibre et l'harmonie de vos charges d'énergie dans l'interprétation.

Les valeurs communes favorisent une meilleure circulation des relations entre individus qui sont sur le point de devenir des êtres de bon sens. La mesure des regards qui indiquent l'intensité de nos liens d'interprétation qui se mélangent dans les couleurs des races des humains sur la terre.

On sent encore et on traduit les sens des regards en tout temps, et la profondeur de l'âme qui résonne avec cette action de regard. Vous pouvez mesurer rapidement le contact que l'on cherche et le rapport du temps que l'on pourrait avoir.

Le chemin à suivre de vos mesures sera toujours en fonction des valeurs qu'on vous aura transmises par l'éducation de votre vie et vos vieilles valeurs présentes en vous qui ont fait leur expérience et trouvé leur place dans votre conscience.

La tension sexuelle sera toujours là, comme un baromètre, pour activer en vous les champs de mesure sensorielle et qui sera intéressante à suivre sur une règle de création nouvelle de valeurs, car l'univers ne laisse rien au hasard pour la découverte de vos mesures de valeurs par vos sens.

Nous allons prendre quelques points de base. Ensemble, nous mesurerons en nous cette puissance de l'énergie qui nous traverse et nous apprendrons à mesurer le temps en nous de toutes ces charges.

Premièrement, il convient de se demander « Qui suis-je ? ». Observez comment vous vous voyez intérieurement. Je sais très bien que vous n'avez presque rien vu ! Vous direz, entre autres :

- Je m'appelle… Je suis l'enfant de…
- Je travaille à cet endroit, j'ai tel âge, je voyage, je possède beaucoup de choses : maison, voiture, etc.
- Je suis gentil, généreux, sympathique, tout le monde m'aime.

Ou encore, vous exprimerez :

- Moi, personne ne m'aime, je suis mal, etc. Je m'en fous complètement ! Je suis un déchet de la vie car elle ne m'a pas donné de chance dans la vie !

O.K., stop !

La question est bien « Qui suis-je ? », n'est-ce pas ?

La réponse est : Je suis un être en mouvement dans un corps, ou je cherche le bon mouvement d'information qui dirige le bon sens, et je suis la direction qui me protège de moi-même, car je ne me connais pas ! Donc, pour ma survie, je me fais du bien par mon cœur et mes valeurs collectives et personnelles.

Vous devez sentir aujourd'hui, plus qu'hier, l'unité en vous qui se connecte par l'inconscience à un réseau de vies qui animent votre corps. L'être est un parcours de mondes temporels. Chaque être a son propre monde en lui et ses propres intentions dans l'univers. Une mission en chacun s'inscrit tous les jours, d'où l'importance de vivre chaque chose en synergie avec l'univers.

Les fréquences en vous se mesurent par l'équilibre de courants chauds et froids, dans l'harmonie de la température du corps. C'est la première mesure et constatation de votre corps à travers les sens du temps. Regardez-le sans le juger avec amour, même si cela n'est pas toujours évident. Votre technique d'observation doit amplifier en vous la réalité du lieu que vous habitez et que vous animez.

Le bureau central est enfin une partie du cerveau grâce à laquelle vos versions de pensées inversées ou vos idées de cœur de tête vous transmettent une charge qui circule instantanément.

Le mot latin pour cerveau = *cerebum*.

Si vous divisez ce mot en deux, comme la dissection de la nature l'a fait au sujet de votre cerveau, selon l'hémisphère gauche et l'hémisphère droit, vous jouerez avec les mots pour trouver le sens de l'instant actuel des temps.

Du latin vers le français : *cere* = cire (comme « cirage » pour le présent).

De latin vers le français : *bum* = clochard (comme « itinérant » dans le présent).

Votre information de valeur devra passer par cette transformation des temps du langage et vous mettre au défi pour une ouverture plus grande sur vos sens du langage et votre mental qui ne doivent pas être que compris, mais bien ressentis. Une nouvelle route vers vous et vers votre corps.

Imaginez toujours votre décision comme un point qui part de vous pour combler un désir, un besoin, une demande de votre énergie qui est en lien avec le reste des influences des temps et des connaissances. Visualisez un fil de lumière qui ne fait que chercher son chemin dans le mental, et les sens des temps pour les connexions de l'univers en vous.

La tête : énergie féminine de votre EIUS.

Le cerveau : énergie masculine de votre EIUS.

L'hémisphère : domine l'énergie masculine de l'EIUS en vous, mais renferme le féminin de votre EIUS.

Hémi : signifie demi, moitié – énergie de l'EIUS masculine en vous.

Sphère : surface constituée de tous les points situés à une même distance d'un point appelé centre – énergie de l'EIUS féminine en vous.

La tête et le cerveau et ses sections ingénieuses du cervelet, aux deux hémisphères en passant par le système frontal, sans oublier la glande pinéale et l'hypothalamus et tous les points importants de votre anatomie où circule la vie par tant d'éléments importants, comme les charges des valeurs de la vraie vie en vous de votre EIUS.

Le cervelet : *cerebellum* – on divise le mot en deux :

Cere : du latin vers le français = joueur.

Bellum : du latin vers le français = guerre.

Wow !

Un travail perpétuel de tous les jours qui trouve la paix dans des valeurs communes pour tous.

L'hémisphère droit est la partie qui fait en sorte que vous vous plaignez. Elle est sensible et intuitive, une vraie conscience de l'intelligence par l'instinct (celle qui n'a pas encore toute sa puissance dans votre EIUS).

L'hémisphère gauche où règnent l'ordre et la discipline de la mentalisation, la structure, et l'information pratique et logique (celle qui prend le plus de place dans nos constructions actuelles en prévision de l'atteinte de l'EIUS).

La partie frontale, le Nouveau Monde, un mélange d'informations et d'accords entre votre mental et votre sensibilité sensorielle (actuellement très puissants pour la survie du futur de l'éventuel développement de l'EIUS).

Vous donnerez naissance à votre Nouveau Monde qui est l'intellectualisation inconsciente et consciente de votre monde intérieur bioélectrique en contact constant avec les éléments électromagnétiques de votre environnement qui flottent autour de vous et qui s'interprètent en fonction de vos perceptions.

La glande pinéale, le cœur des échanges entre les ondes de vos perceptions et vos échanges évolutifs en prévision de votre futur.

En latin, glande du passé = *glandula* : glan – dula.

Du présent, on pourrait dire qu'on glande pas mal !

La bonne formule est la patience pour chaque épreuve.

Vous divisez en deux le mot latin pour éveiller beaucoup plus de sens relatif au temps :

Glan, du latin vers le français : balle.

Dula, du latin vers le français : débordé.

Par contre, *pinal*, du français vers le latin : Épinal dans le présent des sens.

Image d'Épinal : expression, estampe.

Le mot Épinal se divise ainsi, avec pour signification :

Épi : charge d'énergie attachée sur l'axe principal qui peut donner plusieurs directions à votre EIUS.

Nal : tribunal.

L'expression « image d'Épinal » : au fil du temps, elle avait un sens figuré qui désignait une vision empathique traditionnelle naïve qui pouvait se transformer en un état conscient pour l'énergie de notre futur.

Dans l'utilisation mécanique de votre mental et de votre aspect sensoriel, cette partie vous donnera accès au monde d'images de votre énergie. Vous véhiculerez l'énergie de la vie et des mondes autour de vous, et vous verrez enfin un monde qui était déjà là. Vous aviez juste besoin de temps et de connexion au monde dimensionnel par vos charges bioélectriques (phénomène naturel de la vie). Votre charge du cœur de tête sera présente pour vous aider.

Dans un but de lien de communication avec les êtres disparus et une communication actuelle avec ceux qui habitent comme vous dans le système bioélectrique où un développement de la télépathie sensorielle est enclenché dans nos échanges de communication.

Le temps des sens des mots vous indiquera toujours, par votre empathie, la route naturelle à suivre de votre être en transformation dans votre propre bulle de l'EIUS. Découvrez les univers de vos langages par vos différents sens qui se transforment avec le temps du passé et le temps du présent pour le futur.

Le cou est le grand passage de la vérité en nous. Par conséquent, si quelque chose bloque au niveau du cou, vérifiez votre conscience et vos dimensions du temps et les portes intérieures de votre énergie éternelle qui vous nourrit.

Le temps latin de *cervicibus* : cou.

Traduction présente dans l'imaginaire ou pas d'un code des sens : puissance et force, si la qualité de la nourriture passe par là.

Si on divise ce mot en deux et que l'on passe du latin au français, cela donne :

Cervi : cerf.

Cibus : aliment, nourriture.

Les épaules sont l'emplacement des pierres de vos vies sur le plandes valeurs.

Le temps latin *armus* : épaules.

La recette des valeurs et mesures

Le temps présent : votre armure.

Si on divise ce mot en deux, « ar » reste identique du latin au français, donc dans un sens présent, on parle tout simplement d'art naturel de la vie.

Du latin *mus*, vers le français, on obtient : souris.

Donc, dans un présent de poésie : la fragilité, la rapidité de chaque petite chose en vous, suscitera l'attention particulière d'un sourire partagé en lien avec une stratégie de reconstruction.

La main : l'énergie du féminin de votre EIUS.

Les mains sont l'essence de la vie du cœur pour sa propre conscience de dualité à comprendre. Votre sens tactile peut, en collaboration avec votre cerveau, vous transmettre des réponses. Cela se travaille dans l'apprentissage de vos idées et questionnements qui se reliera à votre sens tactile. Voici une croyance à travailler pour mettre en place les premiers mécanismes de votre énergie en équilibre.

Du latin *manibus* vers le français = mains.

Du latin *man* = homme.

Du latin *ilbus* = lbus (comme prendre le bus).

Une connexion d'information qui se fait par la main de l'homme pourrait tout simplement vous parler. Votre énergie peut comprendre très bien cela.

La main droite et la main gauche, porteuses des charges des deux hémisphères de notre cerveau. Vous pouvez vous-même observer les traces du corps par vos lignes dans les paumes de vos mains.

Elles se désignent toujours pour observer l'intérieur et remarquer les formes des lignes prendre forme. Des croix, des courbes et des croisements multiples de lignes se modifient par vos ondes intérieures, par la compréhension de votre force sur votre corps qui sera toujours en réception de l'information qui circule et qui connecte le tout de l'onde jusqu'à la matière.

Un problème de dualité mentale ou de dualité émotionnelle à travers le temps et le présent à comprendre pour diminuer l'action bioélectrique du système complexe en chacun. Votre intellectualité partira d'un principe clair et détaillé, ce qui vous aidera dans chacune des parties de votre corps.

Il existe des gens qui pourraient vous aider par la science actuelle, car nous ne sommes pas encore prêts à utiliser le bien pour faire le bien dans le vrai de nos connaissances collectives. Nous sommes encore en pleine bataille avec nos pensées et nos sens du cœur.

Vous demeurez les prisonniers de vos vies futures et de l'énergie d'échange à mesurer, entre ce que vous percevez et la vérité en vous qui voudra prendre sa place.

La recette de l'échange

On échange des bidules et des trucs dans tous nos liens. Comment trouver l'équilibre et la mesure de chaque échange ?

Je vous donne des étincelles et vous m'offrez des étincelles en retour, mais nous apprenons à ne pas nous toucher ou à trop nous toucher dans l'échange.

Qu'est-ce qui provoque nos étincelles ? Poursuivons. La lecture et l'être commenceront à lire le chemin qui est déjà écrit en lui. Le corps est pour le cœur une mesure à reconnaitre avec le temps. À ce moment-là, on comprendra réellement de quelle façon agir dans l'échange. On n'a pas besoin de se toucher pour s'aimer; tout part de la nature et du désir de partage dans notre état d'esprit. Toutefois, on peut sans doute se toucher et s'aimer. Aussi, cela relève de notre réalité moderne. Mais c'est vraiment mieux !

Le but premier de l'énergie en vous dans l'échange est de trouver la balance, de laisser place à l'introspection de ce qui nous connecte les uns aux autres.

La charge bioélectrique de nos liens dans nos vies, est une croissance collective qui dessine des schémas autour de nous qui se lient dans les dimensions de l'être. La pulsion sexuelle est une énergie à comprendre. La retenir est extraordinaire, et la libérer est tout autant impressionnant. Nous avons appris, dans nos liens, l'importance de ces lignes de vie à travers le temps et notre évolution.

Les diagrammes de nos sociétés ne sont pas encore entièrement identifiés dans nos civilisations. Pourtant, cela nous indiquera une ouverture plus grande sur le monde et la vie de nos relations.

Le regard nous parlera. L'être se réveillera à chaque nouvelle rencontre ou, devrions-nous dire pour certains, qu'à des reprises de contact avec des êtres que nous avions déjà connus. Ou encore la reconnaissance singulière des reliefs du cœur et de l'esprit que l'on dégagera autour de nous et qui nous attirera mutuellement les uns vers les autres dans nos échanges et qui se reconnaitra naturellement.

Enfin, on ne pourra pas prétendre connaitre l'autre, mais plutôt sentir le confort de certains points importants que vous pourrez par la suite obtenir de l'échange pour une compréhension simple mutuelle en faveur de la vie de l'énergie qui nous habite tous.

Dans certains cas, le courant passe bien, de façon naturelle, sans même échanger des mots ou des idées.

Notre corps reconnait et libère à chaque échange l'énergie emprisonnée de notre EIUS qui se charge de l'équilibre du féminin et du masculin qui nous a tous créés.

Cette force partage des liens que vous ne voyez pas encore. Par contre, vous comprenez progressivement, grâce à l'expérience de vos vies, une réalité intérieure que vous avez du mal à exprimer. Les charges positives et négatives de l'EIUS reconnaissent, à travers le temps, les passages à emprunter pour la conquête de notre équilibre commun.

Aujourd'hui, savoir que les personnes avec qui vous échangez de l'amour ou de la haine étaient, dans une quelconque dimension de vos vies, des personnes à l'inverse de votre existence actuelle. Cela signifie que ce qui vous attire et que vous prenez pour de l'amour ou pour de la haine serait en fait une frustration électrique négative ou positive de vos anciens liens de vie qui recherchent, par le courant des échanges intellectuels ou émotionnels, un raccord équitable de l'énergie de l'EIUS qui communique dans nos échanges.

Nous nous transformons tout au cours de notre vie. La nature nous permet de modifier et d'inverser nos pôles positifs et négatifs dans notre conscience du présent pour soulager les charges des autres temps. Voilà un jeu complexe et imparfait pour chacun. Car bien souvent, les portes de l'inconscience nous poussent à faire des choses que nous avons du mal à accepter par manque de connaissance dans l'importance de nos échanges et de nos liens mutuels. La nature de notre être nous dirigera à chaque fois dans le but de réparer notre cœur et nos relations.

Nous avons besoin de ces forces de dualité dans nos vies pour réaliser les ébauches intérieures que nous pourrions commencer à dessiner dans la réalité pour faire en sorte d'amplifier notre empathie pour la vie qui était déjà écrite autour de nous, à travers nous ! Elle aura pour objectif de nous lier par force et par vérité du cœur dans les parties les plus profondes de nos échanges et de nos racines, de la naissance jusqu'à la mort. Cela nous a amenés à être impliqués dans des guerres et des conflits. En général, les soldats ne font qu'écouter des ordres et développent des pensées de meurtre et de haine qui étaient déjà dessinée en eux. La création est dirigée par des idées des mots qui réveillent nos sens et qui développent en nous un sentiment de chasse. Chaque mot ou discours, ou encore chaque définition qui séduit nos croyances toutes puissantes, nous permet de tuer ou d'éliminer ce qui ne nous convient pas.

La puissance des univers et de ses dimensions de la vie est en nous et dans nos créations collectives.

Nous sommes fascinants et facilement manipulables par nous-mêmes, car on aime écouter les autres pour apprendre à écouter en nous ce que cela éveille en pensées et en idées à propos de ce que font les autres et de ce qu'ils nous conseillent, ce qui pourrait être une forme de séduction pour nous faire tomber dans un manque de confiance en soi. La beauté de l'échange et des bonnes recettes de la nature et de sa stratégie pour chaque fois trouver en nous l'équilibre du vrai du cœur à partager.

Avoir confiance et se méfier dans l'échange, écouter son EIUS, l'être en devenir en parfaite harmonie et confiance en la vie et envers les éléments qui vous ont créé jusqu'ici dans des schémas de famille décomposée, par ses rapports et ses liens. Une recette qui se prépare et se concrétise chaque jour en vous pour vos échanges futurs avec la vie et les autres êtres.

La recette de la retenue sexuelle

Force incroyable de croyance inoubliable. Se tenir prêt pour l'être tant cherché et tant attendu.

Imaginez l'homme ou la femme de vos rêves qui partage les mêmes convictions que vous en ce qui concerne les relations hommes-femmes. Pourtant, malgré la charge de l'esprit, les corps pourraient au fil du temps se détacher car le choix était un acte de foi et non un acte de bon sens pour les temples sacrés de votre EIUS et des schémas qui sont dessinés autour de vous pour la vie de l'équilibre en vous.

Malgré cela, la retenue sexuelle contrôlée par l'esprit du cœur et la conscience perpétuée dans beaucoup de concepts d'énergie est une force suprême. Elle comporte de nombreux avantages et tout autant de désavantages.

Les avantages de la retenue sexuelle

- Pas de transmission de maladie.
- Notre intimité n'est pas dévoilée à n'importe qui et on apprend à ne pas le faire avec n'importe qui ! Recherche de notre EIUS par les convictions de nos croyances puissantes intérieures qui agissent directement sur la nature sauvage du comportement de l'homme et de la femme qui ont un instinct animal de reproduction.
- Engendre une force de la conscience des schémas dessinés pour le futur de l'énergie dans le but de l'établir à un niveau collectif dans une volonté de modifier la vie actuelle.

On réagira à tout ce qui nous entoure si on ressent de plus en plus les gens ayant une retenue autour de nous. Et on se retiendra aussi ! Ainsi va la vie : nous réagissons à notre environnement humain car nous sommes des communicateurs atomiques d'énergie en perpétuelle demande de nouvelles programmations qui aideront les cœurs dans un environnement harmonieux pour un nouveau développement d'échange dans la retenue.

Les avantages de n'avoir aucune retenue sexuelle

- Recherche d'approfondissement de connaissances de son propre corps au contact d'autres corps. On apprend à se connaitre à travers ces échanges, à la recherche de notre EIUS par l'intuition puissante de nos sens et de nos conceptions de la vie.

- Créativité du cœur et de la conscience qui peuvent nous éveiller à des rapports conscients et respectueux dans des échanges sexuels entre personnes du même sexe ou non.

- Aventure et liberté d'expression du corps et de la conscience des actes d'échanges perpétuellement en apprentissage de choix et de directions à prendre. On stimule nos idées pour bénéficier des étincelles d'énergies puissantes d'échanges qui, une fois libérées dans le respect de la compréhension, bénéficient à chacun des éléments bienfaisants du point de vue de l'énergie. Il faut toutefois s'assurer que l'échange sans retenue est propre et clair mentalement pour les deux êtres qui s'y abandonnent pour une liberté de vivre l'amour avec différentes personnes dans le contexte du cœur ouvert et respectueux.

Les désavantages de la retenue sexuelle

- Aucune connaissance pratique de son propre corps et de celui des autres.

- Amplification du rêve de princesse ou de prince charmant et découverte que cela n'avait rien à voir avec ce que vous imaginiez.

- Vous demeurez emprisonné par des croyances mal comprises de votre corps et de votre essence sans prendre en compte ce que vous ressentez dans votre propre être profond.

- Vous connaissez les désavantages de la retenue, donc écrivez-les par l'essence des schémas familiaux d'où vous venez, et comprenez-vous vous-même.

Votre cœur de tête est puissant dans vos croyances et dans vos connaissances, mais ne vous laissez pas manipuler par la charge collective de direction. Soyez le nouvel être de la terre qui a compris l'importance des choses et qui a toutefois besoin d'expériences pour apprendre.

Les désavantages de n'avoir aucune retenue sexuelle

- Transmission de maladies.
- Ne jamais réellement trouver le vrai en soi de ce qui est recherché dans des échanges sexuels.
- Pourrait avoir besoin de nombreux partenaires pour arriver à se sentir enfin un être en lien intérieurement avec les cycles de la vie.
- Vous connaissez les désavantages de n'avoir aucune retenue, donc écrivez-les par l'essence des schémas familiaux d'où vous venez, et comprenez-vous vous-même car vos comportements proviennent de la suite logique de votre apprentissage tissé dans votre énergie. Ne jugez pas et vivez ce que vous avez à vivre !

La recette du casque de bain

Faire tremper et mouiller le code d'information de façon exagérée pourrait nous faire surchauffer. Notre casque de bain nous assure le bonheur de prendre notre temps et de laisser les éléments se placer sans que nous soyons arrêtés par des structures de pensées qui ne nous permettent pas d'avancer et qui nous emmènent dans des voyages parfois contraignants. Oh ! Chaque chose est indispensable pour dénouer les nœuds en nous.

Il n'y a rien de tel que de nous débrancher de nos habitudes pour se laisser guider par notre propre chef cuisinier qui a tellement d'ingrédients qu'il pourrait s'y perdre et nous confectionner à notre insu un empoisonnement répétitif de cette recette indigeste. Rien de tel que de porter notre casque de bain pour couper les connexions extérieures et se concentrer uniquement sur l'intérieur et le repos de celui-ci.

Fermer ses portes et procéder à un ménage tout en se laissant flotter dans le vide pour enfin connecter avec notre vraie nature et nos réels désirs d'orientation.

Le casque de bain ne se soucie pas de l'extérieur, malgré l'utilité qu'il a sur votre tête. Il ne parle qu'à vous ! Il serait dommage de le porter trop longtemps, car la vie se nourrit de cette recette d'échange.

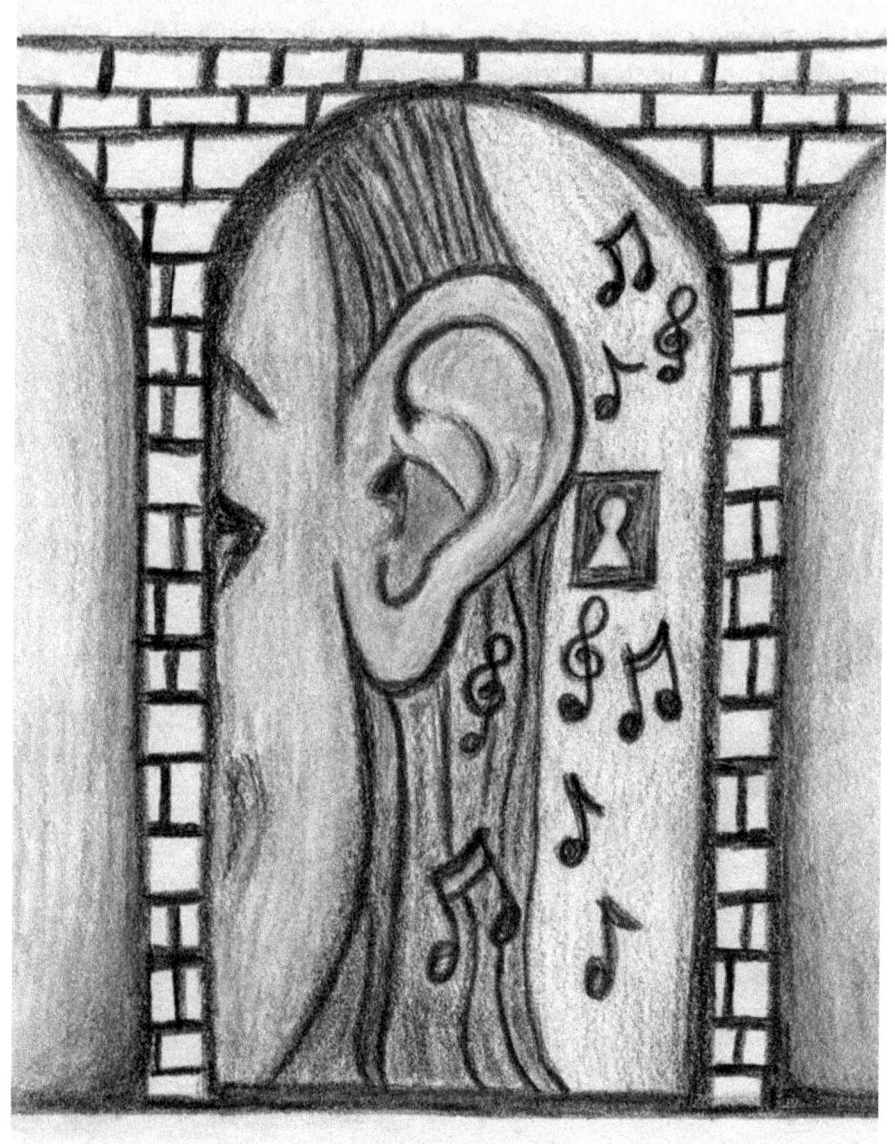

LA DEUXIÈME PORTE

Le grand mécanisme de l'écoute.

Un deuxième pont à l'écouter

La moindre attention est à l'écoute de votre monde sonore. Quel exceptionnel déroulement qui vous traverse et qui vous fait chaque fois réagir en tout temps ! L'écoute peut couter cher et rapporter gros.

L'enfant vous dira que l'intimidation existe. Écoutez le monde. Pourquoi acceptez-vous cela de la part de vous-même et des autres ? Que voulez-vous entendre en vous ? Qu'attendez-vous réellement ? À chaque fois vous faites la sourde oreille sans essayer de le partager sans comprendre votre être et ce que vous ressentez. Un cœur d'enfant doit vous apprendre le bon de la vie et le vrai en ce monde qui est le vôtre. Dites-moi, où sont situés votre être et son écoute ? Qu'écoutez-vous en général ?

Vous avez peur de l'écoute de votre être. Pourtant, apprenez bien qu'après cette vie-ci, tout continuera à vous tourmenter si vous ne voulez pas comprendre votre monde intérieur maintenant. La vie vous l'expliquera à travers les rencontres et les parcours de l'existence.

L'écoute de la vie vous demandera du courage et exigera souvent de l'aide si vous ne voulez pas voir en vous et autour de vous. Si vous cherchez, vous trouverez amour et soutien dans les liens de la vie et au-delà de la nature visible à vos yeux qui sera toujours en lien avec vous. La science vous aidera et l'inconscience vous parlera encore et encore. Écoutez ce qui fait mal en vous et autour de vous. Le silence et le temps nous apprendront à traverser les systèmes temporels. L'importance du temps en vous-même se travaille pour l'ensemble. Vous les connaissez, ces liens, vous le savez trop bien. Récitez les paroles que vous aimez entendre pour un confort et une douceur de vos sens tourmentés. Regardez et observez les signes qui provoquent en vous un appel de votre être. Quand vous êtes dans le doute, laissez celui-ci faire son œuvre. Vous aurez toujours raison si vous êtes dans le vrai de vous-même.

Si vous écoutez réellement le vrai de votre monde profond, vous vous dirigerez vers un grand contentement de vivre. En plus de cette inestimable joie, vous serez en mesure de créer. Vous serez enfin dans le plaisir de votre écoute et dans votre élan de générosité envers vous-même. Vous commencerez à comprendre et à écouter les autres, et vous apprendrez encore que vous êtes seul maitre à bord de votre bateau en lien avec d'autres êtres qui pourraient vous faire chavirer, même si cela demande du courage pour affronter les tempêtes de votre cœur et des âmes en souffrance qui seront toujours là pour vous retenir dans leur souffrance.

Écoutez vos valeurs et le point important que la vie et les gens vous ont appris et que vous ressentez en vous comme une vérité indestructible. Faites attention : rien n'est indéfectible.

L'écoute consiste en outre à vous mettre en accord avec vos mémoires du temps. Vous apprendrez avec ceux qui se joignent tour à tour autour de vous qu'il faut parfois changer les cœurs et les réparer, grâce à votre courage et à votre respect des cœurs envers les autres. Même si la vie vous a donné de mauvaises illusions de la réalité du grand et du très grand qui est en vous, vous les écouterez et vous constaterez que la nature est belle et à la recherche du bien pour le futur en vous et dans vos relations. Vous ne serez jamais seul dans vos songes et vos rêves.

L'univers vous écoute et entend chaque formule de votre esprit et de votre cœur. À chaque moment vous réagissez à ce que vous envoyez.

Le réel sera encore là pour vous aider quand votre esprit sera encore trop loin dans vos songes négatifs. Vous comprendrez que vous êtes au bon endroit avec les bonnes personnes avec qui vous devez transformer le passé difficile en amour, car le temps relie les cœurs dans l'univers de vos liens.

La manipulation de l'ordre des choses sera en soi toujours un secret et une découverte pour vos sens et vos questionnements. Les lignes sont déjà tracées dans le ciel, mais elles demandent que vous les voyiez et que vous retraciez le temps pour rediriger votre cœur. Par contre, vous décidez de ne pas regarder l'image et de ne pas voir, mais d'écouter et de continuer à chercher par l'écoute de votre monde intérieur.

Écoutez la musique du temps, celle qui joue maintenant en vous les accords, les divisions et les soustractions, les liens des ondes des langues étrangères.

Serez-vous courageux dans la définition des éléments en vous ? Saurez-vous regarder là où il faut et quand il le faut, au bon moment ? Ne vous inquiétez pas outre mesure. Croyez en vous.

Faites exploser tous les systèmes et découvrez le monde qui vous demande de créer avec amour. Non pas avec la répétition d'une croyance, mais avec votre cœur et votre conscience qui comprennent que les religions sont des codes du cœur et de l'âge à traduire en nos temps actuels pour former un Nouveau Monde où les sens prendront une importance capitale à nos vies futures.

Ne jugez rien ! Sauf ce que vous devez juger. Cela est le signal d'une rébellion intérieure. La vie se déroule très rapidement, de même que les sens. Le cœur, quant à lui, vous procurera toujours du repos car il croit en vous et votre potentiel d'écoute.

Dans un monde invisible à vos yeux mais visible par votre être, on croit en vous et en vos choix. Ce monde vous entoure tous les jours, depuis votre naissance bioélectromagnétique jusqu'à votre mort où à ce moment vous retournerez en communion avec le monde invisible par votre être d'énergie de charge électromagnétique.

Les grands esprits des temps et les êtres des autres univers sont présents pour vous dans vos charges positives et négatives. Vous n'êtes pas seul à apprendre ; tout se fait toujours en collectivité.

Vous affamez trop facilement votre cœur et votre esprit uniquement dans l'espoir d'acquitter votre être de ses besoins superficiels. Et quand rejaillit en vous du plus profond de vos racines vos besoins de base, cela n'est pas toujours évident. Vous n'avez toutefois pas encore compris que l'écoute peut aussi s'inverser.

Vous êtes une énergie de l'univers, une masse de charge qui tourbillonne dans des vagues de charges et qui cherche un endroit pour se brancher à votre instinct du gros bon sens. Voilà la puissance. Écoutez en vous la racine de votre gros bon sens.

Ça va péter dans les culottes

Nul nous connecte à notre vie ; seule la nature peut nous informer de notre destinée. Il est important de ne pas juger et de ne pas dénigrer la puissance de la vie car elle dirige notre existence et nous place sur la terre en fonction de nos besoins, et de ceux de la vie.

Nos échanges amicaux et sexuels font partie du programme de nos atomes qui apporte l'équilibre pour plusieurs et, pour d'autres, le déséquilibre. Cela a été pensé autour de nous à travers nous et nos besoins, et de ceux de notre monde.

La retenue est un programme qui permet la transformation de réseaux. Par contre, la libération de l'acte sexuel avec un ou des partenaires de vie a été programmée pour la réparation et l'amélioration de la circulation.

Nulle part et dans aucun livre il n'est expliqué qui l'on est vraiment et pourquoi on a autant véhiculé, ces dernières années, le temps des charges sexuelles. En augmentant la population d'un milliard à sept milliards seulement en 200 ans, cela nous ouvre à la réalité qui a frappé nos culottes. Cela a littéralement explosé en nous. Dans nos sociétés programmées, la nature reprendra toujours ses droits sur nos principes et fondements sociaux. C'est bien réel ; vous l'écrivez tous les jours en vous.

La puissance vous enflamme et gratte le fond de vos culottes pour être bien certaine de ne rien rater des plaisirs que vous vous accordez.

Le développement de toute maladie a été prévu pour nous aider à comprendre, mais nous sommes des enfants qui cherchent comment devenir des êtres. Nous devons sentir et ressentir la matière pour bien la véhiculer en nous. Nous nous sommes séparés pour la grande recherche sur des plans différents. Il y en a qui se retiennent toute leur vie, d'autres pas du tout, tandis que certains cherchent de grandes explications à propos de leur explosion sexuelle.

Rien n'est mauvais. Le corps et l'esprit sont régulièrement sous l'emprise de leurs propres fonctions créatrices ou réactions à leur situation intérieure qui cherche la meilleure formule pour l'explosion sexuelle dont on a vraiment besoin dans certaines circonstances pour une circulation dans notre énergie.

Une recherche passionnante qui nous amène à la dérive et ses contacts à distance et ses forces que l'on peut ressentir qui saisissent notre cœur et nous tirent dessus en explosant nos culottes et en explosant par moments notre cœur, et nous mettent en réaction face à nos principes. Enfin, pour le peu qui nous en reste.

Les principes devraient-ils changer et s'établir individuellement et collectivement par nos sens, ce qui nous permettrait de garder nos principes de noblesse ou ceux de paysans qui ne tiendraient pas compte de l'énergie qui nous véhicule et de l'atmosphère qui nous perturbe sur des plans psychiques ?

La noblesse n'a jamais vraiment eu de principes quand on parlait de culottes, car elle n'en portait généralement pas. Par contre, le paysan a toujours su travailler très fort pour cultiver la vie et par la suite récolter ses légumes avec équilibre et, surtout, avec reconnaissance. Voilà ! Comment étudier la connaissance de la nature et nos désirs ?

Ce mécanisme est une puissance incroyable qui peut se faire ressentir par une force pour certains, alors que d'autres pourraient la considérer comme une faiblesse. Tout se joue en nous et dans notre cœur et la connaissance de l'impact dans le temps de nos culottes. Nous sacrifierons nos culottes pour sauver notre âme assoiffée de connaissances tactiles et qui répondront au besoin d'une compréhension réelle et plus puissante pour éventuellement saisir le sens de nos culottes et les charges d'énergies qui s'y accrochent.

Nous voudrions apprendre, dans les différentes voies de la vie tracées par les cultures et coutumes, le but de cette programmation terrestre qui absorbe nos cœurs pour amplifier nos charges sexuelles et nous permettre de nous libérer d'une guerre sans pareil dans nos culottes où l'esprit de l'être se découvre un chemin en lui. Une charge d'énergie libre et propre pour tout le monde.

Entre la nudité et l'habit intégral, il n'existe pas de différence de l'âme. Elle est juste là où elle devrait se trouver, pour transcender et apprendre davantage avec son cœur et avec les charges des mots qui communiquent avec la nature et les êtres dans le visible ou l'invisible.

Le cœur et l'échange seront toujours des choix de structure intérieure qui nous sont dictés par notre cœur et nos connaissances du mal et du bien en nos dimensions superposées.

La lapidation et l'humiliation que plusieurs gens subissent vont se réveiller petit à petit sous l'étoffe d'une bombe. Une déflagration frappée avec l'esprit des valeurs et les esprits de la vie qui nous aideront par le sens de l'équilibre des mondes qui nous entourent dans la désorientation et l'attraction des corps avec une force et une intensité qui font trembler le monde entre nos deux oreilles. Il faudra observer et apprendre à tendre la main vers soi-même, toujours en direction de soi, et ce, pour le bien des autres.

Il est parfois difficile de comprendre que le mal peut faire le bien et que le bien peut faire le mal dans les raccordements des êtres dans leurs relations.

Le questionnement des culottes et l'analyse ne se feront plus en ce lieu dans le sens du cœur, et la force de la vie à travers nos perceptions nous fera toujours exploser en soi-même pour chaque fois aller chercher plus loin en nous les possibilités et les chemins d'équilibre dans nos culottes. Dans le partage du corps, nous associons des mondes qui ne se diront que bonjour ou qui vivront en lien avec toute vie.

Il est assez drôle de comprendre que, de toute façon, que vous choisissiez de rester avec votre partenaire ou non, vous ressentirez toujours autour de vous des culottes explosées et des dualités et des envies que vous avez provoquées en vous par vos pensées. Si vous retenez la direction de vos envies profondes trop longtemps, elles ressortiront dans une autre culture sous une nouvelle forme d'énergie et une autre forme de culottes. Vous êtes un être, alors apprenez vraiment ce que vous recherchez.

Vous vous soumettez à un homme ou à une femme violente ? Eh bien, vous aviez peut-être été cet être qui acceptait la soumission dans une autre vie. Votre libération consisterait à recommencer à essayer de la soigner par votre cœur, donc vous allez encore vous soumettre. Car si cette personne se révèle, elle se libérera dans l'énergie d'équilibre et deviendra plus humaine à l'égard des autres.

Ou encore, vous pouvez laisser la vie se charger de tout et vous commencerez à vous aimer davantage, ce qui vous permettra d'aimer plus fort les autres.

Dans le cas où vous êtes avec un partenaire qui profite de vous et qui vous ment et vous trompe, votre cœur refuse de céder. Il croit que tout peut changer, alors vous vous obstinez parmi vos combats intérieurs du cœur et vous tentez encore d'employer fièrement votre courage et vous en payez encore de votre cœur et de votre état de santé. Le monde de croyances est en vous, mais il est allumé par vos sens. Il pourrait vous aider à vous diriger et enfin voir la vraie réalité des liens.

Homme, femme, quand vous recommencez plusieurs fois la même chose et que cela ne s'éliminera pas en vous, choisissez la façon opposée pour peut-être aider la situation intérieure à changer.

On a tendance à croire qu'aider dans le sens positif sera pour le mieux, mais voilà que la vie nous enseigne par nos sens que l'on a besoin du négatif pour ressentir les accords parfaits qui nous harmoniseraient en nous-même en premier lieu. Certains sacrifices devront être faits.

Les deux charges du positif et du négatif vous l'expliqueront à travers votre corps et votre état intérieur. Vous pourrez le ressentir et modifier progressivement votre vie, tout en aidant automatiquement les gens que vous aviez tant voulu soutenir.

Quand on est en réaction intense dans les modifications de vie, on trouve de nouveaux concepts et on explore la vie sous un nouveau jour.

Observation des champs d'énergie sexuelle alimentés dans vos culottes

En premier lieu, vos parents et votre famille : vos premières culottes – inconscience de l'énergie.

Votre première culotte est influencée par l'activité sexuelle de vos parents qui a attiré vos charges d'énergies et qui a réussi à vous connecter à eux. L'absorption continue de l'activité sexuelle de vos parents à l'endroit de votre naissance et de votre éducation aura été l'une de vos premières informations sexuelles pour votre être dans l'inconscience totale de vos parents.

Les gens qui sont autour de vous, vos relations d'amitié et d'amour : la culotte partagée – inconscience de l'énergie.

Votre première culotte partagée sera les gens que vous fréquenterez et qui auront, comme vous, absorbé en eux leur première culotte et que vous allez inconsciemment échanger dans votre énergie, car cette dernière est en constante communication. L'influence sur votre énergie des culottes partagées peut influencer considérablement en vous votre première culotte dans les charges positives ou négatives.

La société prude vous propose la culotte de la vertu des croyances - conscience de l'énergie.

La culotte de la vertu des croyances exige la retenue et la discipline jusqu'à la rencontre d'une culotte semblable qui prône la vertu des croyances et qui se connectera directement avec vos charges miroir de l'échange ayant acheminé suffisamment longtemps d'énergie pour comprendre la beauté et la force de cet attachement. Mais il est difficile de ne pas être absorbé par les autres types de culottes. Nous baignons dans la même source d'énergie, et peu de gens en connaissent le pouvoir de liens.

Par conséquent, le prisme de la culotte de la retenue sera la forme qui vous mènera vers le futur de votre vie pour vous mettre en relation avec vos formes bien protégées par vous-même.

La vie se forme grâce à vos lignes mentales et vos valeurs retenues qui provoquent autant de forces que de grandes faiblesses.

La culotte de la retenue est la plus belle car elle forme des fleurs et des prismes du cœur et de la conscience si elle est en lien avec une aussi belle fleur qu'elle. Alors là, les liens seront nouveaux, puissants et indestructibles dans le Nouveau Monde.

La difficulté pour celle-ci sera de trouver son semblable, non seulement dans les mots ou dans un cercle de croyances, mais bien plus profond que cela par les liens de la vie à travers les sens où les culottes de la retenue se reconnaitront parmi des millions de fleurs et s'attireront par le prisme du cœur.

Les gens sentiront en eux cette attraction de connexion émotionnelle et pure qu'ils voudront partager pour le long terme de leur vie par l'appel de leur EIUS, force vitale de l'équilibre de l'énergie masculine et féminine qui les habite.

La culotte de la retenue est portée par tout le monde après une vie de dépravation, car il est important pour chaque être de retrouver des liens puissants en eux de leur racine d'évolution et, surtout, de ressentir le mal et le bien à travers les sens de la vie de leur être.

Donc, vous pouvez du jour au lendemain chercher et vous retenir pour un choix de cœur et de conviction aux liens que vous voudriez créer pour votre vie future. Car rien ne s'arrête dans la conquête du bonheur dans vos culottes, et tout pourrait se comprendre dans une superposition des couches de vie temporelle.

La société économique vous propose la culotte du Web et ses films XXX ainsi que sa publicité provocatrice qui peut vous porter dans la conscience et l'inconscience.

La stimulation par l'image du corps et le bruit des acteurs entrainent la stimulation de vos organes et de votre imagination si vous êtes en situation de vide. Le vide dans la culotte du Web est un effet sans recherche particulière, sauf la sensation de libération des charges, mais vous faites plus que cela en vous adonnant à cette stimulation sur le Web.

Vous orientez votre énergie vers quelqu'un que vous ne connaissez pas, donc vous formez des liens entre vous, et l'idée à long terme fait resurgir des problèmes majeurs en vous auxquels vous n'avez pas encore fait face, ce qui n'est pas grave, mais qui remontera en vous comme tout dans la vie.

Nous sommes dotés d'antennes de réception de la terre au ciel connectées en vous, ou vous stimulent par l'énergie du sol ou du ciel.

La création de stimulations virtuelles est bénéfique pour beaucoup de choses, comme la diminution des transmissions des maladies et la facilité du désir personnel, sans faire de mal à personne.

Cela peut vous affecter tranquillement car pour libérer et provoquer un passage de l'énergie sexuelle, il est préférable de la transmettre physiquement et consciemment en créant un lien entre individus conscients de cet échange pour un retour de l'énergie transmise.

La nature ne vous oubliera pas. Cependant, elle a été stimulée par vos champs d'énergie sexuelle et elle a apprécié cela. Elle comprend que vous essayez de produire de l'énergie positive en vous.

Oh là! La force de la pensée doit toujours être évaluée dans votre être, car cela signifie la force qui anime le feu et le froid. Rien n'est bon et rien n'est vraiment mauvais! O.K., à part l'homme, qui ne veut pas essayer de comprendre l'être qui est en lui et sa complexité naturelle qui peut être dirigée par ses sens?

Chaque échange du Web transmet une dérive de vos prismes d'énergie qui a pour but dans le futur d'établir une connexion nouvelle entre individus qui stimulerait en eux ce prisme de la culotte du Web pour l'association de liens d'émotions dans le but d'amplifier la connaissance et la transmission future de nos liens de communication télépathique uniquement dans le fruit de l'inconscience des enfants qui jouent et qui ne comprennent pas encore tout de la vie et de la puissance de nos liens partagés.

Comment nos atomes communiquent-ils sans se connaitre ? Eh bien, ils s'expriment soit parce qu'ils se sont déjà rencontrés, ou tout simplement parce qu'ils empruntent les mêmes fréquences de pensée par le cœur d'une fondation similaire de connaissances. Cela permet la formation de liens atomiques du cœur qui se forment dans le contact électromécanique. Tout bouge constamment. Ne l'oubliez pas en vous, ni par rapport à ce qui vous entoure.

Si des liens se dessinent et se ressemblent, ils vont forcément se connecter avec un lien puissant du cœur qui parle au-delà de votre conscience mais qui stimule vos sens et votre être.

On appelle cela la synchronicité de l'énergie des points qui peut facilement faire exploser des culottes de tous types. Car le miroir et le choc atomique émotionnel que cela produit en chaque être ont sans aucun doute la réaction la plus agréable de nos échanges en harmonie. Les traces du temps ont créé en vous des sculptures qui vous lient avec les autres êtres.

Les sociétés du temps ont créé en vous des sculptures qui vous lient avec les autres êtres.

Les sociétés qui vivent dans la pauvreté : la culotte de la survie – conscience totale.

Tout le monde enfilerait facilement cette culotte juste pour la survie et pour continuer à subsister dans la vie. Donc, ne jugez pas l'existence, car elle est un cadeau précieux pour chaque être sur terre.

Voilà les fruits de notre évolution : la sexualité de la survie. Cela n'est pas très brillant comme constat, mais il subsiste une réelle industrie de commerces pour énormément de personnes qui leur permet de survivre. Les êtres ont faim du vrai avant tout, de la base qui a créé chacun d'entre eux dans la survie.

La vie nous appelle à l'équilibre pour les liens de la terre.

Les êtres architectes de vos culottes, portez-les! Toutefois, ne jugez pas votre recherche en votre EIUS et respectez votre cœur à chaque fois, car la vie l'a voulu ainsi.

Le cœur de nos culottes à la fois nous affecte et nous stimule. Comme nous l'avons mal compris!

L'émotion en français se traduit en latin par adfectus. Voilà certainement un chemin intéressant à suivre dans l'évolution de nos mots et de nos sens. On peut comprendre l'affection = l'infection, par nos émotions à soigner. Mais on ne peut qu'observer ce mot du temps passé de notre langue, adfectus, et voir un point de notre transformation décisif dans notre évolution. Visualisez-vous le fœtus?

La réalité nous frappe dans le corps et dans le cœur ou l'esprit véhiculé par nos choix en vue de l'équilibre de nos sens.

Enfin à l'écoute !

On peut finalement en parler librement et bien comprendre le fonctionnement de nos échanges. Quelques facteurs très simples commenceront à vous intéresser.

À votre naissance, vous créez des liens familiaux ou autres et, au cours de votre vie, vous développez des accords particuliers avec beaucoup de personnes qui marquent votre esprit et vos idées intérieures.

La matière d'idées se connecte dans votre mer intérieure avec certaines autres mers intérieures d'individus qui vous entourent et, progressivement, vous entendez ou sentez leurs pensées, tout simplement.

Par la confiance et l'union de vos échanges qui sont basées sur le désir de se relier entre nous tous en communication de vrai bon sens, il y a la découverte d'un nouveau jeu et d'une nouvelle compréhension qui ne se fera qu'en s'amusant et en s'entraidant mutuellement.

Traduction : suivre le courant.

La première étape est assez simple : prendre conscience de ce que l'on dégage comme énergie électromagnétique. Comme cela nous est souvent impossible, on commencera à sentir les choses autour de nous de toute la matière qui nous entoure. Nous apprendrons à sentir et à observer calmement les gens autour de nous pour savoir comment nous aider nous-même avec notre propre être en nous à découvrir.

On percevra chez les autres des choses qui nous animeront nous-même et qui seront en fait des choses qu'on devra nettoyer dans nos connections intérieures, comme le lien important à construire pour un projet durable dans l'énergie de la collectivité.

Je prône l'esprit de l'enfant en vous pour votre recherche et le jeu de vos sens.

Sentir le mécanisme de votre cerveau se connecter à celui des autres en riant et en discutant de ce que vous ressentez. Voilà le véritable commencement du Nouveau Monde à écouter à travers vous-même. Pour l'énergie, il serait important de pouvoir en parler avec simplicité et amusement pour tout le monde. Expérimenter de nouvelles réactions dans le respect ou la contrainte demeure un chemin à suivre. Quelle que soit votre direction, écoutez toujours votre monde intérieur entre vos deux oreilles.

La chaleur et les différents courants que vous allez ressentir chez les autres vous permettront des connexions avec vos idées et vos mémoires. Cet effet se fait instantanément. Nul besoin de réfléchir. Il suffit de suivre le courant en vous et de ne pas être gêné de dire ce que vous ressentez directement. Au fur et à mesure, la force et la compréhension viendront vous soutenir dans vos rapports avec la vie. Comme une suite logique de notre énergie, tout circule dans votre cercle. Laissez les choses en vous vous diriger.

Oui, la peur est là, par moments. Cependant, l'excitation de relever les défis de la connaissance du vrai de la matière que nous partageons avant et après la vie et à travers le temps qui existe et sous un autre angle n'existe pas. Je vous réfère à mon site Web "*www.studioperception.org*", au sujet de ce que l'on sait vraiment de la réalité.

Il est nécessaire pour les atomes de comprendre et d'apprendre dans tous les sens des systèmes qui se jouent de nous, car nous nous jouons aussi d'eux. Restez à l'écoute...

Les animaux et la nature

Un contact et des réactions uniques se transcendent en nous au contact d'autres espèces vivantes. Les animaux qui utilisent une communion simple du courant de la vie se font ressentir et se développent à qui veut entrer en contact avec eux. Un courant continu entre la vie des oiseaux, des animaux domestiques ou le courant sauvage. On le sent dans nos échanges et la communion de la communication libérée en eux et en nous des connaissances de notre être et de la vie passée et future de notre conscience du présent qui nous enchante. La nature incroyable et tellement vivante s'exprime sans cesse avec nous par nos charges atomiques en continuelle communication. Cette magie de communion nous enveloppe tous pour nous équilibrer et nous signifier qu'on doit apprendre d'elle pour nous découvrir nous-même et réussir à faire survivre le meilleur de nos concepts pour la vie future.

Nos amis des temps

On le sent en nous, mais on ne comprend pas automatiquement. Cela clique avec certaines personnes alors que tout de suite une réaction de nos mémoires atomiques travaille nos traces en nous pour nous relier à ce qui n'avait pas bien été, ou encore pour continuer ce que les âmes avaient déjà commencé en d'autres temps.

Il s'agit d'une continuité de la circulation de nos pulsions électriques pour un arrangement d'équilibre de notre être. Bon, vous comprenez maintenant que vous n'êtes pas inutilement en relation avec certaines personnes dans votre vie. Vous poursuivez la mise en place de vos structures qui étaient déjà écrites, et vous continuez à les écrire. Cela se passe consciemment si nous veillons à conscientiser notre esprit d'enfant qui redécouvre le vrai monde.

Les temps se dessineront enfin avec clarté pour l'ensemble des initiatives qui pourront être prises pour le futur de nos vies.

Valeur, voleur, rêveur

Eh oui! Ces forces énergétiques traduites par nos croyances du cœur nous amènent tous vers nous-même, à la recherche de cette puissance incroyable que nous développons sur des échelles différentes qui n'appelle qu'une chose : faire ressortir le vrai de l'équilibre en chacun, pour chacun et chaque chose de la terre qui éprouvent un grand besoin de nous sentir tel que nous sommes. Des appels de partout de l'univers nous aident et nous entendent par le vrai de notre être et de notre conscience.

L'argent existe pour une chose essentielle. Le travail de la charge d'énergie dans la dualité de nos valeurs qui nous permettrait de conserver des valeurs et d'en détruire d'autres en nous. Tout se fabrique en nous en son époque pour les temps de l'énergie qui poussera les gens purs vers les meilleures idées pour l'ensemble, dans le respect de la différence dans des combats de la toute-puissance de la vie des mondes en nous et ceux autour de nous.

Yo! Yo, men!

Yo, girl!

Yo, people!

Yo! Yo, peace!

Calme-toi, esprit!

Bouge! Bouge! Réaction de l'âme et de l'esprit en nous.

Le vrai! Du vrai!

La puissance nous parle à travers nous.

Le sourire, réaction universelle du cœur

On voit, on réagit, donc on vit dans le courant du cœur.

Aujourd'hui, on développe chacun la continuité de ce courant et on recherche toujours davantage le lien qui permettra l'ouverture des dimensions de notre cœur. Et de nos yeux nous découvrirons graduellement nos mondes de l'intérieur vers l'extérieur.

Votre monde vous montrera le vrai en vous pour vous permettre de le partager et de le développer dans les mouvements de l'air des temps nouveaux où les êtres souriront toujours.

Par le cœur on grandira et on souffrira, car la vie nous apprend que nous n'avions pas vu cela en nous et que nous devons nous rassembler, en parler et en rire. Aujourd'hui, c'est ce que l'on veut de l'être et ce que l'on doit écrire sur celui-ci.

S'écouter en réaction.

Départ, démarrez !

On comprend bien qu'on ne peut pas parler librement dans les échanges de nos fonctions. On n'a plus à s'intéresser à des facteurs qui ne fonctionnent pas avec nous-même. Dans les vies physiques et de matière, des liens se forment pour créer vos liens familiaux.

L'écoute de vos connexions avec le tout vous amène automatiquement vers vous et vos liens. Cela ne relève pas du mental, mais de vos réactions les plus profondes. Sentir et entendre, vous le faites déjà en vous, quoi qu'il en soit. La balance de votre conscience fera en sorte de vous connecter au vrai de vous à travers d'autres qui observent cette même balance en eux.

Tous se découvrent dans le jeu des réactions les uns des autres. Cela est une vie de compréhension pour nos évènements intérieurs et notre développement à l'entraide bien balancée dans la vie.

Je vous l'ai déjà mentionné : la vie s'occupe de nous. Elle est au fait de notre courant et elle l'écoute en nous.

La dernière chose à comprendre est de savoir que la conscience veut le bien de tous ! L'ajustement de la conscience s'équilibre en nous par nos décisions, réactions et actions de nos vies. Pas besoin de parler de matière quand on vit tous en elle et à travers elle.

Nous commençons à sentir et à observer calmement les gens autour de nous pour réapprendre à nous aider nous-même avec notre propre être à découvrir à travers les autres. Vous devez prôner l'esprit de l'enfant en vous en vue de votre recherche et des jeux des sens.

Acteurs

Les acteurs, ce sont nous et nos systèmes sensoriels dans le courant de notre être que nous dirigeons dans nos actions. Acte de foi en nous-même et à travers des scénarios de vie troublante et énigmatique si on ne considère que notre propre version. Par contre, si vous regardez l'ensemble, vous ferez souffrir les dimensions de vos sens et vous révélerez une direction à suivre. N'attendez pas. Suivez-là. Et si vous devez attendre, alors visez le bon moment.

Apprendre à voir, c'est la guérison du français et le latin du passé de nos racines.

Guérison = *sanitatum*. Ce mot résonnera en nous par notre présent. Il nous fera éclater de joie en riant! On se dira «Quoi? *Sanitatum*?» Cela ressemble au mot sanitaire. Il résonne dans le même sens. Trop drôle! Rions en nous!

De la puissance du non compris dans nos traces du temps qui est en plein ménage et en reconstruction, la société est le fruit de l'inconscience collective. Cette société conditionne l'éducation. Elle nous éduque, ainsi que nos enfants, aux conflits, et les parents conditionnés eux aussi veulent protéger leurs enfants par la «réussite» dans ce système, dans cette croyance partagée dans la société.

Nous éduquons nos enfants dans des conflits pour les protéger des batailles, des guerres extérieures qui, finalement, créent les guerres intérieures de sentiments contre-nature qui développent un trésor d'une grande sensibilité de la population. Nous avons beau leur donner des cours de morale, ils ne sont pas vraiment compris et demeurent incomplets.

La vraie morale réside dans notre identité à ressentir et à trouver la liberté en eux avant toute chose, pour enfin la libérer vers les autres. L'espoir d'un monde meilleur est dans la relève et dans l'identité d'une âme d'enfant qui reviendra chaque fois marquée en chacun de nous dans notre vie.

À chaque fois, les âmes d'enfants renaissent avec cette force d'apprendre. Ce qui les anime et qui se dilue avec l'âge, c'est cette force qui est le terreau de l'humanité, l'éducation naturelle du vrai bon sens. On ne s'exprime jamais trop sur notre sensibilité collective !

La communion des êtres devrait apprendre à s'écouter et à s'exprimer sans tabous perpétuels. Le doute dans un tabou est un moteur que l'on aime faire rugir. Le cerveau est dans l'art de nos corps que nous explorons dans le partage. Il n'y a rien de laid dans l'art du corps, mais dans le cerveau, il y a sans doute beaucoup de grands travaux d'aménagement à accomplir. Le vrai des formes est dans la vie à ceux qui voilent leurs formes pour les cacher au monde des mondes !

Sachez que rien n'est écrit. Tout est à écrire. Comme acteur de la vie, soyez prêt à votre réalisation et restez fort et bon en vous et envers les autres.

Restez acteur de la vie !

Dormez !

Surtout, ne bougez pas. Et surtout, ne faites rien de différent des autres. Soyez endormi dans votre rôle !

Dormeur quand vous le devez, eh bien, réveillez-vous quand vous le voudrez ! Respectez l'acteur en vous dans la vie et sa puissance individuelle pour la collectivité. Le cœur est dans l'art, l'odeur singulière du corps nous informera. Les acteurs s'appellent dans une combinaison de sens et de réalisations professionnelles et personnelles. À chaque fois, vous vous recroisez et vous liez aux gens dans votre propre rôle d'acteur.

Acteurs des sens

Simple pulsion, attraction des corps ou désir construit par confiance et sentiments dans la recherche et la connaissance, la base du désir des sens passe d'abord par la conscience.

Quand, dans une relation, des âmes s'apprivoisent dans la compréhension de la recherche spirituelle, les sens s'embrasent à l'idée de l'extase d'une expérience de transcendance. Les pensées fines et l'intuition décuplées dans l'art laissent entrevoir un décryptage des sens sans équivalence en comparaison avec l'amour aveugle du simple instinct.

La vue, voir le désir dans les yeux, l'art de se mouvoir pour séduire le regard, attiré par les corps, mais aussi par le désir créé dans les liens des sens, le toucher et sa poésie des gestes guidés par l'art et son intuition dans le toucher des mains, de la bouche, des sexes et des corps qui se touchent. L'odorat, sentir les effluves des corps qui se mélangent, les parfums qui enivrent. L'ouïe, écouter les mots doux qui chantent à l'oreille, les cris de plaisirs qui excitent, les gémissements des sentiments. Le gout, celui du sel sur la peau, des liquides corporels qui s'entremêlent, la poésie de l'art qui, par la conscience aiguisée, transcende la beauté des sens dans un échange d'énergie et d'amour conscient.

La conduite en voiture des acteurs de la vie

La vitesse, encore une action du temps comme si on n'arrivait pas nous-même à faire accélérer une chose en nous qui serait pourtant vitale pour la compréhension de nos blocages intérieurs. Nos charges positives nous guideront toujours dans la matrice de notre véhicule, que nous entretenions en nous l'enfer ou le paradis. Cela ne reste qu'une illusion de l'acteur en vous. L'amour vous guidera toujours au plus profond de vos directions et de vos circuits de vie. Le film se dévoilera à vous comme une supercherie de l'acteur qui se ment à lui-même mais qui joue un rôle de vérité pour lui. Une charge bioélectrique se manifeste à lui et il réalise son acte, sa scène, pour trouver le meilleur de lui-même dans son être de lumière.

L'harmonie et la compréhension des instruments du mental et des sens peuvent nous faire tourner plusieurs fois sur nous-même. Ne nous jugeons pas, car nous sommes tous à la recherche de cette puissance de l'univers qui nous traverse tous dans nos rôles.

Bon, vous devez vous interroger sur trois éléments de recherche :

- Vos sens, votre sensibilité : extrêmement important pour vos recherches intérieures.

- Vos idées, votre mental : extrêmement important pour vos recherches intérieures.

- L'intellectualisation des deux systèmes : la connaissance à partir de votre monde personnel de perception de la vie.

Acteurs, comprenez-vous et jouez encore et encore dans la liberté de l'expression de la vie et dans le respect et l'harmonie de valeurs équilibrées pour tous.

La route du metteur en scène

Dans les dunes du désert, sur les plages du bord de la mer, dans les chemins de la terre battue, au gré des sentiers de pierres pointues, sur les pavés, les routes asphaltées, les autoroutes élancées, les circuits endiablés, l'homme nomade a toujours tracé sa route coute que coute en quête de voyages et de découvertes. L'identité humaine de liberté est ainsi faite. Nous sommes les explorateurs de l'énergie, de l'espace et du temps liés intimement. Nous suivons les espaces dénivelés, les virages, les courbes inspirées des paysages construisant des ponts et des tunnels contournant les obstacles naturels.

Dès lors, les routes tracées ont inspiré l'humanité à créer des machines capables de les apprivoiser par une diversité d'ingéniosité et de beauté qui n'ont d'égal que celles des routes à emprunter.

Dans la rue des spectacles

On peut sentir, à travers certaines personnes, des choses inimaginables incroyables, une rencontre des temps imprévus de nos actions du temps passé d'acteurs de la vie. Et là, il y a une attraction de vos charges bioélectriques et de la structure de l'électromagnétisme autour de vous qui raccordent le temps dans l'instant présent pour vous faire réaliser par vos sens intérieurs cette réalité de l'énergie et de vos connexions qui étaient en premier lieu bercées par des échanges simples et des échanges du cœur qui étudient en vous les rues à emprunter. Elle vous ouvrira les portes de votre puzzle intérieur pour vous amener à vous reconstruire vous-même ou à accepter l'aide de personnages qui viendraient réparer votre cœur d'être qui en a grand besoin ! La forme de stimulation sexuelle ou encore l'aspect de la sensualité viendront vous chercher au plus profond de vous-même et là, des questions évidentes surgiront en vous.

Devriez-vous ainsi vous laisser aller dans cette éternelle reconstitution de vos sens ? Est-ce le bon chemin à prendre ? Devriez-vous continuer à vous poser des questions ? Il est chaque fois évident que vous détenez en vous les réponses dans ce chantier de questionnements qui vous amènent à prendre le temps de façonner vos liens (tubes). Le temps d'élaboration des mécanismes de chimie et de valeurs, de foi, de conviction et de jugement personnel. Une activité bioélectrique et électromagnétique se met en place pour vous guider dans votre orientation. Vos mondes intérieurs chantent avec les mondes extérieurs et vous guideront toujours à chacun de vos pas.

L'observation de votre rôle d'acteur dans la rue vous aidera à libérer et à comprendre votre activité bioélectrique de pensées et de valeurs de respect à l'égard des autres êtres qui vous entourent, en commençant par vous et votre corps.

La cape noire de l'acteur qui est en quête

La tempête et vos tunnels sombres et le vide que vous provoquerez dans vos scénarios seront le fruit de vos systèmes de croyances et d'éducation. Et, bien entendu, les perceptions de la vie ! Une perte totale de vos éléments de vie pourrait vous faire descendre dans le noir total de votre être par une recherche inconsciente de vos belles structures à garder et les plus nocives à éliminer de votre énergie. L'ouragan est une violence électrique s'associant à vos systèmes jusque là incompris.

Vous continuez chaque jour à écrire votre être dans un espace de corps et en contact avec le tout qui vous entoure, et tout se connecte. Dans vos cercles d'énergies se cachent des énergies qui rôdent à travers vous et leurs différentes vies, tout comme vous. Et comme vous, elles jouent un rôle extrêmement important pour voir plus clairement, ou simplement pour vous inspirer dans votre vie professionnelle. Tout est toujours en vous. Cherchez votre être, et on vous aidera autour de vous. C'est un partage d'équilibre et d'amour pour tous dans les dimensions complexes des différentes vies empruntées par le temps.

Ne faites pas attention aux apparences d'un seul monde, mais allez en vous pour comprendre vos erreurs et celles que vous avez commises à travers d'autres relations de vie familiale ou personnelle. Il n'existe aucune erreur. Cela n'est en fait qu'une illusion. Vous êtes en quête de vous-même, de vos charges bioélectriques et du monde électromagnétique qui vous entoure.

La force, vous la trouverez en vous.

Le tablier blanc de la domestique

Nous nous réveillons d'une trop longue tempête en nous qui reprend forme et équilibre dans notre cœur et notre compréhension au tout. Nous ne nous battons plus contre le changement. On réalise qu'on doit apprendre l'adaptation de nos idées et ouvrir toujours davantage notre cœur. L'esprit se réanime dans une harmonie, et de nouvelles idées de son rôle d'acteur pourront toujours grandir en soi et se modifier à chaque fois.

Les très bons acteurs qui arrivent avec vos sens à vous faire découvrir leur rôle, et le vôtre qui marche dans leur sens pour arriver à se faire réagir pour l'éveil de vos propres sens. Cela peut facilement se manifester en maladie. Si c'est le cas, observez ce qui anime une dualité ou des contrariétés, et reprenez vos positions de force dans ce combat qui, en fait, n'en est pas un, mais représente plutôt un rendez-vous avec votre passé et votre vie future. Une seule règle importe : l'équilibre des liens pour la vie est en développement de nos atomes électriques. L'éducation par nos rôles d'acteurs.

Quelle aventure pour notre apprentissage !

LA TROISIÈME PORTE

La grande direction intérieure à sentir en nous.

Un troisième pont à inspirer et à expirer dans le nouveau temps de nos dimensions

Une tuyauterie a changé dans notre circulation d'énergie. La plomberie commence à se comprendre dans nos vies et à travers notre être. Voyons encore en nous où passe le froid et le chaud de notre respiration de la vie comme un gaz en nous pour le futur de notre système et la continuité de notre découverte. La coordination de la respiration comme une direction à suivre par les éléments en nous à ne pas lâcher l'énergie qui nous guide et qui nous appelle toujours vers nous-même.

Le corps inspire l'air vers le haut et le bas !

Combinaison du corps et des éléments du temps.

La pierre – le passé en nous et en toute chose !

L'eau – le présent en cet instant actuel où vous lisez ceci.

Le gaz – le futur de vos idées, votre horizon d'avenir.

Respirez la conscience des temps dans l'équilibre.

La respiration du ciel est en nous et s'harmonise en nous.

Le soleil – la conscience et l'inconscience – la lune.

Dans le monde entre nos deux oreilles.

Qui donc nous a foutus là où on est ?

Recherchons ensemble, par cryptage de ces phrases, dans des dimensions de nos sens et des mots. Jouons ensemble et amusons-nous !

Regardez bien ces trois phrases en les considérant comme trois formes, trois lignes de vie :

- Mon Vieux, Tu M'a Jeté Sur Une Nouvelle Planète.
- Ma Vieille, Tu M'a Jeté Sur Une Nouvelle Planète.
- Ma Vie T"a Montré Jusqu'où Sentir l'Univers Qui Nous Parle.

M : **Mercure** = énergie spontanée

V : **Vénus** = énergie de désir

T : **Terre** = énergie d'action

M : **Mars** = énergie de feu

J : **Jupiter** = énergie temporelle

S : **Saturne** = énergie des sens

U : **Uranus** = énergie mécanique

N : **Neptune** = énergie force obscure (peur, manque de compréhension)

P : **Pluton** = énergie du futur, protection

O.K. ! Certains diront que la planète Pluton a été retirée de l'univers. Et alors, une poignée d'individus décident pour vous de ce qu'il en est ? Vous vous pliez à leur jugement, donc à leur éducation. Fiez-vous davantage à vous-même pour votre propre éducation, car tous sont manipulés trop facilement. Et apprenez qu'il existe deux autres planètes invisibles derrière Pluton. (Recherche Google : *Breaking – des astronomes détectent deux planètes géantes au-delà de l'orbite de Pluton.*)

Observation :

Ma Vie T'a Montré Jusqu'où Sentir l'Univers Qui Nous Parle.

Les trois apostrophes indiquent les trois éléments de base.

- T'a : absorption de ta source, ce que tu es.
- Jusqu'où : absorption de l'aide ou de l'entraide, une direction à trouver.
- L'Univers : absorption de l'énergie collective des échanges de conscience et d'inconscience.

L'harmonisation en vous-même de vos particules du temps est importante dans cette étape d'amusement !

La pierre – dans le passé est là en vous, et vous l'attendrez et la verrez.

L'eau – dans le présent, vous la sentirez en vous ou vous la comprendrez.

Le gaz – dans le futur, vous le verrez se dessiner devant vous et vous le créerez.

Bioélectricité et électromagnétisme – liens entre l'énergie et la matière.

La bioélectricité et l'électromagnétisme seront par conscience et inconscience vos guides pour vous aider à vous diriger dans les temps nouveaux.

Oui, le courant s'harmonisera en vous et autour de vous, par le courant des liens du cœur.

De votre matière bioélectrique, vous sentirez autour de vous l'espace immense de l'électromagnétisme qui bouge sans cesse et qui se développe continuellement.

Des trois apostrophes, vous réaliserez votre présence dans une source d'énergie. Vous comprendrez jusqu'où l'entraide peut vous aider sous différentes formes dans une énergie d'absorption collective.

Jusqu'où vous allez et avec quoi ? Le soleil est la lumière en vous. Vous toucherez quoi ? Au bout de vos doigts, l'univers des textures qui s'offre à vous sous l'action de la lune. Les planètes se mettent en place pour tous dans la vie de l'énergie, et le changement en fait partie. La transformation commence par un équilibre intérieur de plusieurs sens et de nombreuses circonstances intérieures qui mettent à jour la volonté du changement dans votre énergie.

- Le lieu de la connexion avec l'autre dans le présent, vous le sentez en vous en premier.
- Deuxièmement, un temps passé que vous connectez par le présent de votre conscience ou inconscience.
- Troisièmement, vous voyez le futur du temps avec la possibilité du temps présent et de vos histoires passées à réécrire.
- Quatrièmement, la conscience qui vous donne chaque jour de plus en plus d'échanges du temps dans la synchronisation des liens et des gens ou situations de vie en répétition.
- Et cinquièmement, l'eau de l'instant présent bouillonne en vous pour former le gaz du futur. L'inconscience qui vous attire dans des univers à comprendre à travers vous. Malgré votre résistance, une force en vous se déclenche. L'agencement continue dans un jeu de charges positives et négatives où vous puisez votre oxygène pour trouver l'équilibre du présent.

Exemple pour les cinq parties :

- Le lieu se définit par l'endroit où vous êtes dans vos idées et pensées au moment des connections avec les autres êtres qui vous font ressentir un lien positif ou négatif. L'important est à l'intérieur de vous. Votre énergie se reconnait par des sensations différentes pour chaque être qui vient se connecter à vous. Une réalité de l'intelligence de nos atomes et de nos cellules qui communique petit à petit avec notre conscience, mais qui a toujours joué son rôle d'acteur par notre inconscience. Ce que nous apprécions par-dessus tout est l'intuition.

- Le temps passé est une force partagée (croyance) en équilibre avec un autre être à votre hauteur qui, comme vous, travaille vers lui et son équilibre autour de lui. Une personne avec qui vous aurez encore du fil à retordre, et cette personne en aura aussi avec vous. Une bataille de forces s'enclenche, ou plutôt continue dans le présent. Savoir réellement ce qui se trouvait dans le passé est si fort pour qu'il réunisse encore les êtres ! Des mots, des croyances et des éléments qui se sont dessinés pour retravailler en eux un équilibre.

- Vous êtes directement amené dans le futur, et cela grâce au passé qui vous y guide par de nouvelles idées. Le tout vise à comprendre les connections et de saisir que c'est dans votre présent qu'il est important de faire circuler l'énergie de la pensée. Toute l'histoire doit prendre une nouvelle forme dans la compréhension de notre évolution. Sans ce changement de perspective, le hamster continuera à faire tourner la roue de façon similaire pour les mêmes idées, et par les mêmes êtres qui n'aiment pas le changement ni la transformation de la pierre.

- L'endroit où l'on recherche des vérités par la science du présent, on en trouve et on arrive à regarder les choses à partir de l'ensemble dans de nouvelles idées. On comprend l'importance de chacun et son travail par rapport à l'absorption d'énergie. La compassion se développe en vous et envers les autres êtres.

- Quels que soient vos objectifs et vos décisions, la vie vous apprend le vrai de vos destinées par l'entremise d'une dimension de votre énergie qui favorise vos déplacements et votre place dans l'existence. La direction de votre vie sera influencée par l'ensemble. Elle l'a déjà été, elle l'est encore aujourd'hui, et elle le sera également dans le futur de vos liens.

L'illusion

La roue et le vide du tourbillon de nos connaissances et croyances peuvent vous amener dans des ouvertures d'associations et de compréhension qui vous feront comprendre vos mécanismes de création imaginaire et sensorielle dans les tubes (tunnels) où les illusions de vos idées et de vos compréhensions de la vie de votre propre monde intérieur se désignent.

Une guerre avec vous-même qui peut vous faire basculer dans toutes sortes de situations. Le tout grand est en vous et sera toujours en lien avec votre être.

Ceux-là vous donnent parfois des ailes, tout au moins l'illusion d'en posséder et de vous envoler parmi les lumières du ciel.

Quel merveilleux sentiment de plénitude et de joie qui surgit dans votre vie sans se soucier d'autrui qui vous observe en se demandant sur quelle planète on est tombé. Le voyage est toujours une aventure pour vos sens et votre monde intellectuel (mental-émotion).

La cristallisation d'un monde d'illusions est en vous et demande à se créer pour la circulation bénéfique d'éléments naturels du corps. Une exploitation minière se met en route dans les schémas de vos pensées. Seuls vos sens vous réveilleront pour un jour vous faire simplement comprendre que cela était une illusion parfaite de vos interprétations pour l'entraide de l'être et de ceux qui vous entourent (donc l'élément vital d'une forme) lorsqu'on est conscient de son potentiel de création.

La route et les chemins empruntés ne sont pas importants. Votre monde d'illusion sera toujours en opposition et en dualité avec vos pratiques et vos façons de vivre votre existence sur terre. Vous réagissez constamment à tout. Il est important de voir en soi notre être qui parle des langues étrangères et qui vous guide chaque fois en vous d'une façon toujours plus profonde dans vos pensées et vos forces de survie.

L'illusion de la vie est la création collective de puzzles qui vous montrent quelques schémas où vous pouvez tous grandir en liens, car les liens ne sont pas illusion. Ce que l'on en fait dans nos esprits et dans nos cœurs est en fait notre propre problème de création. Mais la vérité réelle de vos liens des temps arrive à grands pas dans votre cœur en réanimation. Votre intellectualisation comprendra enfin la magie de l'illusion et ouvrira les portes de la vérité. Basez vos principes de vie qui sont là pour inviter vos cœurs dans la communication de l'échange de vos situations.

Certaines situations vous transformeront dans un monde où la dualité se comprend et se vit si vous restez à l'écoute de votre cœur. Vous arriverez à pleurer et à rire dans des périodes très rapprochées, car la conscience se réveillera à vous progressivement sur ce que la nature vous demandera dans vos échanges.

La croyance en vos forces et en vos valeurs vous apprendra, au fil de votre vie, ce que vous devriez faire quand vous êtes désemparé. Il faudrait comprendre que nous nous sommes trompés dans certaines illusions du cœur.

Apprenez que tout existe et que tout est possible en ce monde. Écoutez vos sœurs et vos frères autour de vous.

Quel que soit leur âge, tous parlent à travers vous et par l'entremise des autres avec qui on voudrait partager tout cela. Éliminez vos illusions des temps de guerre et recréez votre cœur et vos échanges qui parleront aux nouveaux êtres de ce monde, quelles que soient les idées, croyances et opinions que vous avez au fond de votre cœur qui bat à la fréquence universelle du monde de tous les êtres vivants autour de vous. Ce même battement de cœur subsiste dans l'illusion de la mort. La mort entend et ressent votre cœur. La communication du cœur n'est pas une illusion dans la vie. Tout vous pousse toujours au bout de vous-même pour travailler dans la réalisation de la disparition de la souffrance dans ce monde que vous partagez tous par le rythme de votre cœur.

Chaque geste et chaque volonté pure du cœur sont entendus, et les éléments qui vous entourent trouveront une façon de vous raccorder aux gens pour réaliser votre nouvelle construction qui sera évaluée en vous, par vous.

La volonté du bien est une chose qui n'est pas illusion. C'est plutôt une loi fondamentale de votre être. Par contre, la volonté du mal est une illusion qui veut vous amener à tous vous corriger de vos erreurs passées et dans vos fonctions d'échange du mal.

La justice des cieux et des profondeurs de la terre dans l'immensité des dimensions de vos rapports avec vos sens et vos connexions écriront toujours votre être en vous.

L'illusion de l'être se réécrit à chaque fois pour une continuité de transformation de nos futures générations. On n'arrive à rien dans la vie sans efforts et sans détermination de l'énergie dans laquelle il faut trouver le lien vers vous-même et l'animer vers des visions nouvelles.

Le bien est dans notre cœur, même si l'illusion nous fait souvent tourner la tête.

Alors, il vous reste à écouter les effets de votre corps et à comprendre en fait la vraie direction à prendre si votre corps vous parle (histoire de survie).

Dites-vous que la profondeur de votre être vous parle par la matière que vous habitez tous sous des formes différentes, mais qui ne cessent de communiquer constamment l'une avec l'autre.

Quand la direction est fausse dans vos illusions, votre corps vous amène alors maintes fois à faire marche arrière dans vos pensées et votre création personnelle. La puissance de vos pensées et idées vous ont été dictées par différentes cultures et croyances, ou encore sous l'influence d'énergie absorbée dans vos vies de collectivité.

Mais il est temps de les comprendre pour améliorer votre situation psychique, car vous avez interprété cela sans écouter le vrai de ce qui était déjà écrit en vous et de ce qui était en train de s'écrire autour de vous dans votre environnement immédiat.

Nous sommes de grands aventuriers dans la vie, et l'illusion nous permet de découvrir de plus en plus notre être à réaliser et à réécrire chaque jour de nos vies, lequel nous relie dans nos grandes décisions historiques qui ont dessiné nos vies actuelles sur terre.

Chaque décision nous raccorde par des points qui forment des structures dans les temps et les liens familiaux dans le dynamisme de ce qui a été écrit et au rythme de ce qui est en train de s'écrire.

L'influence du temps dans nos vies et dans nos structures de pensées n'est pas une illusion. Observez vous-même le comportement actuel de la vie, et vous réaliserez beaucoup l'impact de vos comportements dans l'énergie.

L'expression *Chercher de midi à quatorze heures* :

12 h (midi) à 14 h [1 + 2 = 3] et [1 + 4 = 5] : 8

l'infini – la recherche de l'infini.

De vieux disques se répètent et gardent une peur profonde relativement à certains changements de leur vie. On a besoin des vieux disques pour comprendre et se souvenir, mais on peut tout réinterpréter dans un cœur criant qui a besoin d'énergie nouvelle à partager.

Les miroirs de nos formes octogonales comprennent donc 8 points (l'infinie possibilité) et nous amènent dans les illusions de nos formes que nous stimulons avec notre mental et nos sens mêlés de croyances, et notre détermination à être heureux et équilibré dans l'ensemble des êtres sur terre.

Le jeu de l'illusion sera toujours là, comme chaque forme octogonale, pour nous faire tourner sur nous-même et réussir à nous reprogrammer en toute situation et en tout changement.

Le temps de nos vies est dirigé par nos atomes qui connaissent le chemin à prendre pour améliorer la circulation de notre énergie que nous partageons tous les uns avec les autres.

À chaque nouvelle vie en difficulté où l'énergie de l'amour se brise dans ces liens, des milliers de formes d'énergies arrivent sur terre et aident les premiers arrivés à retravailler leur point de vue pour réussir à libérer l'équilibre des charges en nous pour l'amour de nos communications futures et notre survie sur la terre qui se réalise dans un rayon d'énergie de communication.

L'être a été écrit. Cela n'est pas une illusion. On le voit dans l'histoire du temps de nos vies historiques sur terre. Aujourd'hui, l'être qui peut retracer ces influences du temps a la possibilité de ressentir en lui les liens par l'écoute de son monde intérieur qui sera de toute façon en relation avec les autres êtres d'une époque où il sera temps de se raccorder tous ensemble. Cela se fera dans la conscience de nos erreurs et interprétations liées à nos mensonges collectifs d'un rêve psychique qui doit se transformer en énergie bénéfique dans la matière de nos actions sur terre. La puissance de la vie nous dirigera toujours pour nous permettre une réunion en nous-même pour écrire en nous le futur de notre être par la balance de l'EIUS en nous.

Comment ne pas se perdre dans nos illusions ?

L'éducation de nous-même et de nos aptitudes et facultés d'identifier nos équations mentales et émotionnelles pour enfin arriver à l'intelligence qui est la somme et la soustraction des deux forces qui s'additionnent et se divisent.

Il se peut même que cela soit une équation temporelle de vos souches d'atomes qui vous parlent à travers différentes dimensions de la vie. Mais nous nous rejoignons sur les mêmes accords pour échanger et voir nos améliorations dans nos échanges et nos connaissances collectives en société. Dans un passé du présent et dans un passé du futur qui s'écrit en ce temps présent, l'équation de l'équilibre pour le futur de nos vies à tous se transformera pour la survie de l'existence sur terre.

L'illusion que nous avons tous partagée est de ne pas croire à l'éternité de nos âmes en perpétuelle évolution. L'indifférence à cette matière temporelle nous a empêchés de comprendre l'importance de nos lieux de vie et de nos échanges. Une effervescence de lumière et de connexion incroyable.

Dans la vie bioélectromagnétique que nous activons tous par nos têtes et nos sens de l'émotion, des formes d'énergies se dessinent dans des formes déjà existantes de nos racines du temps que l'on peut modifier et comprendre par notre environnement qui, malgré notre indifférence, nous apprendra les traces et la façon de se comporter avec nos semblables et la nature de l'inconscience de nos sens qui se déclenche pour une connaissance intérieure de nos situations énergétiques.

Cela vous semble illusoire, alors continuez à rêver ou allumez l'illusion de vos vies en vous-même, pour vous-même. N'oubliez pas que ce que vous croyez faire pour vous est en fait une illusion. On travaille toujours pour l'ensemble de la collectivité. Si votre direction est convenable, la vie vous guidera dans vos efforts et votre détermination. Rien n'arrive pour un seul élément; tout se relie. Nous parvenons ainsi à comprendre nos erreurs et notre difficulté à changer les choses en nous-même.

Parlons travail, voilà une illusion!

Non, voilà une éducation qui nous entrainera à améliorer notre sort. Non, encore une fausse illusion…

Les gens ont faim, les cœurs se perdent, la conscience s'oublie. Ça, ce n'est pas une illusion. Nous le sentons en nous. Tout se transmet. Par conséquent, ce que vous faites, pensez ou créez sera toujours en dialogue avec la vie sur terre et les besoins de celle-ci et de ceux qui y vivent.

La lumière s'éteint ou parfois s'allume en nous dans le monde entre nos deux oreilles. Cela n'est pas une illusion. Il peut y avoir des jours avec, ou des jours sans. Voilà le résultat de nos rythmes dessinés dans nos vies. Il peut y avoir de longues périodes dans la noirceur de notre être : un chemin à parcourir à la lampe torche ou à la lueur de notre téléphone. Se sentir éclairé de l'intérieur et partager cette lumière avec les autres. On partagera nos impressions colorées avec le monde qui nous entoure, et l'univers atomique se lie à travers nos échanges.

Certaines personnes vous éclaireront et, d'autres fois, vous noirciront dans différentes dimensions de la vie où les couleurs harmonieuses du partage de vos échanges reprendront leur droit de refleurir dans vos cœurs meurtris.

Voilà les portes de nos mondes entre nos deux oreilles. Ces mondes seront toujours soutenus par nos valeurs et nos idées de rêveurs en ces mêmes univers de valeurs. Et nous volons et volerons de nos propres valeurs et de nos propres rêves pour l'illusion de notre évolution, ou plutôt pour la recherche d'équilibre de la charge d'énergie en nous.

L'illusion est le contraire de la réalité. La contrariété se retrouve encore ici, mais dans le but extraordinaire de mettre en place dans notre être une combinaison raisonnable de notre EIUS.

L'oxygène respiré

La nuit des temps se révèle à vous.

Vous rencontrez des gens avec qui la communication des temps ouvre enfin ses portes par vos sens. Un mécanisme se met en place à chacune des bouffées d'air que vous respirez. Vous franchissez progressivement l'apprentissage en sachant que le mauvais est sans doute difficile à comprendre mais qu'il peut s'avérer très utile pour reconstruire le bien dans les temps présents.

Dans la voltige de l'oxygène, toutes les formes de vos messages de rêveur se respirent à travers vos maux et vos joies. Un immense ballet de mouvements qui vous fait rêver vers une forme différente où les idées se modifient par leurs formes et leurs sens en vous-même à chaque respiration.

Les directions de la respiration où on inspire et on expire, axes énergétiques pour la rencontre de deux mondes que vous habitez déjà pour votre futur où on apprend à prendre et à rendre l'énergie pour la survie d'un échange équitable. Mais voilà les moments de grands changements. Il est important de saisir que vous devez trouver un équilibre dans cet échange avec l'oxygène en activant votre corps dans une activité amusante, car le mal rôde en vous à chaque fois que vous avez peur de vos choix, et une dualité de l'oxygénation commence. La raison existe en vous et vous guidera vers un choix ressenti en votre être.

Même si les circuits se mettent à chauffer et que vous n'arrivez plus à fonctionner normalement, prenez le temps de décanter de vos longues journées. La source en vous s'active pour la recherche des bons circuits et l'équilibre par l'entremise de la masse de vos pensées qui forment un jeu de respiration, malgré cette source qui est si forte et parfois orientée vers la colère ou la joie en alternance. Elle pourrait exploser en vous dans un but de désorientation de votre espace psychique. Cette situation entraine des angoisses ou des étourdissements dus au manque d'oxygène vers l'équilibre qui manque d'énergie d'auxilium.

Dans cette explication, vous devez comprendre que votre énergie est une charge électrique qui recherche un moyen de respirer en s'exprimant par les mots et l'échange pour retrouver en elle son propre rythme d'équilibre.

Certaines situations ou la maladie fragilisent nos états émotionnels dus à nos propres valeurs pour lesquelles nous souffrons généralement à petit feu.

Votre énergie de circulation libre ne sait plus comment fonctionner pour vous sauver de vos idées.

Vous devez comprendre que la vie ne veut pas que vous souffriez. Elle souhaite que vous la compreniez à travers votre corps, vos idées et vos actions physiques qui vous permettent de retrouver l'équilibre de votre oxygène (forme de survie).

À chaque changement de vos univers, vous traverserez les champs des temps et des consciences collectives qui se lient avec puissance à l'univers collectif que nous partageons dans nos perceptions. On vous observe dans les dimensions autour de vous. Vous devez observer votre monde de respiration, ce qui pourra vous aider petit à petit à comprendre vos mécanismes liés à vos mondes.

Nous sommes tous connectés à la même place, à travers des chemins de culture où le cœur et nos interprétations d'histoire parlent à l'énergie de nos sentiments.

Le but pour chacun d'entre vous par l'oxygène est naturellement de bouger quand vous devez mouvoir et de respirer fort ou moins fort lorsque nécessaire. Une mesure en lien direct avec les émotions et les pensées de votre univers.

Les paraboles des ondes dans l'air sont en vous et autour de vous. Ce à quoi vous pensez a des répercussions. Il en est de même de ce que vous désirez ! Rien n'est mal et rien n'est bon, mais tout finit un jour par se connecter. La vie se résume à savoir l'importance de nos liens sur terre et ses forces uniques d'adaptation par les temps d'évolution.

Cette terre qui est notre maison et qui vous a amené à comprendre que chacun fait du bon boulot pour sa survie et pour se relier à ses connaissances intuitives. Apprenez à voir un Nouveau Monde en vous qui vous apprend à sentir en vous par vos sens et à observer la bonne ou la mauvaise voie sur laquelle vous engager.

Les charges négatives et positives sont cruciales dans le début de notre orientation dirigée par nos sens et les mouvements nécessaires dans nos sentiments tout en respirant.

Nous partageons tous sur terre chaque sentiment qui est partagé dans l'oxygène, et les éléments des particules vous répondent à travers vos propres comportements et sentiments à développer. Rien n'est immobile dans l'énergie psychique. Un travail en opération à chaque instant de notre vie. Chaque pensée peut s'enflammer dans nos champs d'électromagnétisme.

Quand le vent souffle sur vous et que vous avez du mal à respirer, vous trouvez une façon naturelle de vous placer différemment pour mieux respirer et calmer votre souffle en détresse. Et si vous ne pouvez pas comprendre cette complexité de la nature qui nous fait bouger, observez-la encore et observez sa grandeur de liberté dans les mouvements à déployer. Un sentiment complexe d'amour sur lequel s'accrocher, une idée agréable qui va bientôt arrêter de souffler pour calmer vos idées confuses. Car tout se calme dans l'observation de sa propre nature compliquée, et on peut commencer à saisir le partage du souffle de la respiration. Vous partagez avec vous-même à chaque fois ; soyez vigilant et empathique envers vous-même et à l'égard des autres dans le partage de la respiration.

Dans la nature, les hommes ont créé un marché de consommation avec des produits transformés qui suivent un mouvement de respiration dans des souffles de pensées : cigarettes, cannabis, drogues, produits alternatifs, pharmaceutiques et thérapeutiques, etc. qui aident certains dans la transition de leurs idées chimiques programmées dans leur être profond.

En général, nous abusons de tous ces produits. Quoiqu'il en soit, le jugement est une éducation de la vie et nous avons le droit, dans notre vie de consommation, de consommer par l'appel des sens du corps ou encore par curiosité et expérience de l'être psychique en nous. Un besoin de donner un sens nouveau à sa vie, souvent par besoin ou par survie de l'âme qui doit trouver une force en lui et toujours en lien avec les autres liens autour de lui pour l'ouverture des portes d'énergies de son monde partagé. Certains êtres tenteront de ne pas se perdre dans des consommations trop fortes, et d'autres n'en auront jamais besoin. Mais ceux-là échangeront beaucoup dans les échanges de respiration tout en absorbant les idées nouvelles des consommateurs perdus. On se nourrit les uns les autres par nos créations et nos liens.

Une vraie consommation d'oxygène liée à vos pensées de cœur qui provoquera un lien vers l'univers qui vous écoutera. Et là, des liens particuliers pourraient se déclencher en vous par l'entremise de la nature.

Les animaux communiqueront avec vous par des liens uniques sur des fréquences du cœur partagées. Vous sentirez le chemin des signes et vos sens s'éveiller par la retenue et parfois la colère qui animera la source du vrai en vous. Vous continuerez malgré tout à donner à manger aux gens qui vous prennent vos énergies et que vous servez vous-même, car l'échange est une éducation sur l'oxygène. Dans les moins et les plus des sentiments, vos observations vous mettront à l'épreuve pour comprendre en vous et en eux la vérité des sentiments partagés dans vos échanges. Vous êtes eux, ils sont vous ! (Les formes des miroirs sentimentaux.)

L'amour et la colère vous réuniront dans vos vies et vous transformeront par l'essence même de vos circuits d'énergie et de l'histoire de vos comportements atomiques qui traceront des nouvelles lignes. À noter que j'utilise le terme atomique pour définir une puissance d'intelligence de nos énergies à même nos atomes.

Les points vous attendent pour créer en vous les plus belles choses que l'univers n'aura jamais vues sur terre dans les nouvelles couleurs des échanges sur terre dans l'énergie de l'auxilium (la source, l'aide, l'antidote [remède]).

Pas de panique ! C'est si simple, le changement, quand on veut vraiment aider notre être et ceux qui nous entourent. C'est vraiment nouveau et vous êtes déjà en train de lire le Nouveau Monde en vous.

Le temps est venu d'écrire votre être par l'histoire du temps et de comprendre, pour ceux qui viennent tout juste d'arriver sur cette terre, qu'ils seront bientôt prêts à recevoir les autres enseignements de l'énergie puissante de l'univers et des dimensions que l'on partage déjà dans nos perceptions.

Une dernière étape qui sera vue et entendue, ressentie et simplement comprise dans chaque respiration de nos vies à travers des échanges équitables.

L'oxygène des escaliers qui montent se produit réellement avec la pratique, un pied à la fois, l'un devant l'autre. Après, on redescend et on remonte dans la balance de l'oxygène dans nos éléments et nos périodes de temps.

Un pied devant ou un pied derrière marque une période, une particule d'émotion en mouvement qui s'étend comme une étoile en plusieurs points qui acheminent la cristallisation de vos nouvelles idées dans vos tubes de circulation d'énergie.

On monte vite et fort et, une fois en haut, on regarde et on recherche de nouveaux développements ! Mais quoi ? Je n'ai rien compris à tout ça !

On dit trop souvent que les atomes connaissent des choses que vous ne comprendriez pas. Cela bouge constamment dans des échanges d'informations continus. L'eau coule, et l'air fait circuler dans nos estomacs l'énergie et libère les futurs gaz.

La pierre dans l'oxygène est bien présente et vous savez qu'elle est peut-être dure et farouche dans certaines situations de votre vie où les idées resteront arrêtées. Les mouvements physiques aideront vos principes ou valeurs qui se sont transformés en pierres.

Dans chaque pierre il existe de la poussière qui peut, avec des conditions particulières dans les forces psychiques et dans certaines forces chimiques, trouver un moyen de provoquer des modifications pour un nouveau jour et une nouvelle vie dans votre précieux monde intérieur.

La clé sera votre propre cœur dans vos relations d'aide en vos formes déjà écrites en vous, mais qui se modifient. Et vous comprenez que créer et écrire sont des activités qui se ressemblent. Par conséquent, accepter de se faire aider sera un pont à suivre !

Par contre, ce qui est déjà écrit en vous continue son chemin pour une modification dans la survie de l'énergie. Alors, grandissons un peu dans nos respirations. Il faut accepter nos erreurs individuelles et collectives dans le non-sens de l'énergie qui doit circuler.

Protégeons les uns et les autres de nous-même et disons les vraies choses chaque fois qu'elles se développent en nous !

À chaque échange, des connexions se créent entre vous et votre être profond par l'intermédiaire de l'extérieur et des gens que vous rencontrez. Sentez en vous des chaleurs se dégager, et la communication avec vous-même est acceptée dans chaque circuit en difficulté de formation. Vous recevez de l'aide en retour dans d'autres structures de votre être.

Il convient de s'arrêter et de prendre le temps de respirer légèrement, calmement. Chaque mouvement entraine un positionnement de vos schémas. Cela aide le corps et la vie à se réactiver dans votre propre système qui est, ne l'oubliez pas, la volonté des éléments autour de vous. Vous pourrez enfin prendre votre position.

Vous découvrirez pas à pas qui vous êtes dans la conscience actuelle d'être perdu dans le brouillard où nous recherchons toujours la bonne direction à travers l'amour. Votre instinct ne doit pas être confronté, mais vous devez comprendre pour ne pas sombrer dans les méandres des actes inconscients qui brimeraient la nature de votre vie et de vos échanges dans le but vital de l'équilibre de votre EIUS.

Voici un exemple mécanique :

Un simple ventilateur surchauffe dans sa partie arrière car le moteur travaille et fait fonctionner sans cesse toutes les fonctions de l'appareil en marche. Par contre, devant, les palmes ou les hélices en rotation provoquent un vent frais qui se fait ressentir et libère une énergie en mouvement.

Ventilez par l'échange verbal tout en comprenant vos échanges qui se lient avec votre moteur qui a besoin de libérer une énergie libre de mouvement pour un échange équilibré dans l'oxygénation de deux ou de plusieurs êtres qui échangeraient des libérations d'énergie harmonieuses pour l'ensemble.

Atomique = Émotionnel

On parlera ici de charges atomiques émotionnelles qui bouleversent et vous amènent à vous intellectualiser sur ce que vous vivez. Une recherche de bonne recette et, surtout, de fondation dans votre être.

On ne cesse jamais de créer en nous un monde pour sortir de ces sentiments atomiques qui peuvent nous bouleverser et qui nous changeront à jamais afin de nous connecter à d'autres perceptions de la vie.

La transformation commence comme une bombe atomique qui explose en nous dans des moments que l'on pourrait définir de dépression, de manque d'énergie, de coup de blues, etc.

Les charges atomiques des émotions. Pourquoi « atomiques » ? C'est que vos sens émotionnels se modifient continuellement dans les charges atomiques de votre corps, d'où l'importance de comprendre et de sentir en soi le parcours difficile de l'énergie qui doit maintenir un équilibre dans notre corps émotionnel entre nos désirs et nos réalités en lien direct avec le monde électromagnétique qui fulmine autour de vous. Vos données intérieures vous poussent à modifier vos schémas émotionnels en mode survie.

La modification de nos champs magnétiques se produit d'une façon spontanée et continue, car il devient vital que l'on arrive avec nos actions et nos pensées ou autres, de créer de nouvelles charges. Une libération de systèmes de reconstitution s'enclenche dans le métabolisme quand ce champ d'émotions est positif et, dans le cas contraire, cela produit des blocages du rayonnement de l'être. Cela demeure extrêmement instable, car la vie vous apporte tous les jours de nouvelles informations sur vous et des idées collectives. Quelle richesse de transformation pour nous tous de travailler constamment notre emplacement spatial dans notre énergie psychique !

Il n'existe pas de mauvaises charges en vous, uniquement des éléments à modifier, rénover, améliorer et, surtout, à essayer de déloger sans trop se juger, car vous avez besoin de charges négatives au cours du processus de vos modifications.

Une grande variété de charges bioélectriques se forment à chaque instant dans vos charges atomiques. Certaines se figent en guise de temps d'arrêt. D'autres ne font que bouger, tandis que d'autres s'arrêtent par moments, bloquées, et se réactivent grâce à vous ou à une aide extérieure, par exemple : la connaissance, la médecine, l'exercice physique (sport), l'alimentation, la spiritualité, le chant, la danse, la communication sous toutes ses formes d'art, ou simplement dans les échanges du vrai ! Ou encore avec une simple impulsion spontanée de la vie qui nous fait changer naturellement nos blocages. Changer totalement de vie peut aussi vous aider et contribuer au changement intérieur des forces en vous et vous apporteront les éléments importants pour votre mieux-être intérieur.

Vivre dans un système atomique de l'émotion sans pouvoir l'expliquer et sans même le sentir arriver en nous. Personne ne voudra le voir car nul n'y porte attention, malgré que c'est cela même qui dirige vos vies.

Le combat se poursuit tous les jours. On retrouve quoi ? Des dualités de pensées, des dualités de désir, des dualités de volonté non réalisée, des dualités de compréhension, des dualités d'abandon. Toutes ces dualités persistent et chantent avec votre environnement. Tout est ressenti en vous et à travers chacune de vos cellules.

Une grande vie vous relie et la clé sera en vous et dans votre pouvoir de changement. Mais voilà, votre passion pour la vie vous demande intérieurement de la comprendre et de l'interpréter en fonction de votre perception.

Ne pas pouvoir expliquer les choses pourrait s'avérer frustrant et inadmissible pour votre monde. Pourtant, un besoin en vous est de pouvoir scinder et associer les solutions en les soustrayant et en les additionnant, ou encore en les divisant. Une équation logique que l'on a de tout reprogrammer et de percevoir différemment les choses, et de tout effacer pour tout recréer… encore et encore, pour vous permettre de nourrir vos réflexions mentales et d'initier les modifications de vos ondes et de votre schéma intérieur. Cela a pour but de faciliter le voyage de votre EIUS dans votre corps bioélectrique, une réalité dans la matière émotionnelle.

Rien n'arrive par hasard. Tout se réalise et pourrait facilement se comprendre. Faut-il encore comprendre que votre monde le plus incroyable et imprévisible est celui de votre intérieur ? Pensez-y un peu ! Des pulsions bioélectriques de vos sens qui provoquent progressivement des changements de l'être en construction et qui demandent une destruction pour une nouvelle reconstruction par des forces immenses qui s'emparent de votre monde intérieur pour vous guider dans vos choix.

Nous le réalisons tous d'une façon différente selon des besoins en lien avec l'ensemble de la collectivité. La volonté et l'amour de sentir la vie en vous et d'avoir la chance de se reconnecter à d'autres dans un partage de besoins intérieurs équilibrés car dans la vie, rien n'est laissé au hasard. On aura du mal à admettre de nombreuses choses au cours de nos vies. Vous n'êtes pas tout à fait maitre de tout et nous manquons clairement d'imagination pour le réaliser et réussir à dessiner le nouveau bonheur perpétuel. Mais voilà que le changement est à l'honneur dans votre bien-être intérieur et physique ! Il se peut qu'un jour la vie crie en vous et se joue de vous. Vous comprendrez l'importance d'être à l'écoute de votre intérieur.

Le pouvoir de changement est en vous et pour toutes choses, cela n'est pas toujours évident. En vous se cache un talent extraordinaire : le désir du nouveau plaisir. Bonjour à la vie qui vous anime tous les jours. Bonjour à vos nouveaux défis que vous affrontez avec dualité sans trop comprendre.

Vous porterez toujours en vous ce que vous pouvez développer et partager avec les autres. Vous ne devriez pas vous frustrer dans le mal qui sera toujours puissant en vous, car le travail de votre vraie nature se réalise chaque jour autour de vous pour vous permettre de faire tournoyer vos circuits mentaux, psychiques et émotionnels. La transformation est en lien avec vos difficultés à vous adapter au changement des choses.

Il s'agit certes d'une théorie ennuyeuse !

Cela est encore plus fort et vrai quand vous apprenez à accepter ce que vous sentez sans aucune peur de vous-même, et qu'en même temps vous appreniez à percevoir les autres sans avoir peur d'eux. Toute interprétation demande une certaine confiance ; rien n'est parfait dès le début. Si vous n'échangez pas les informations intérieures qui vous parviennent, vous ne comprendrez pas le lien entre votre ressenti et la réalité.

Dans vos échanges de compréhension de ces situations, il n'existe pas réellement d'erreur, mais plutôt une vraie vie complexe, d'où la difficulté première à comprendre la vérité des échanges dans nos absorptions d'énergies.

Nous avions tous imaginé cette complexité de vie sans comprendre qu'en fait, nous sommes remplis de croyances collectives de ce que devrait être la bonne façon d'agir ! Une recette qui magnétise les gens sur des ondes semblables en accord pour des échanges d'énergies de pensées partagées.

Sans trop vous poser de questions, respectez la vie en vous et autour de vous. Laissez couler la vie et prenez position. Cela est difficile à certains moments, mais représente également une liberté que l'on se donne pour se défaire des charges inférieures qui peuvent bloquer l'évolution de nos vies. On voudrait changer, améliorer notre travail et notre apprentissage en la vie qui nous habite où nos cellules d'énergie la dirigent dans une puissance que notre conscience pourra éventuellement comprendre.

Pour ma part, avec le recul, je vois la vie comme je ne l'avais jamais perçue auparavant : sans la juger, en acceptant dans une certaine mesure que l'existence nous apprend avant tout à survivre. Je regarde le passé, le présent ou le futur. Je vois des parents qui doivent divorcer, non parce qu'ils ne s'aiment plus, mais pour leur survie dans leurs charges atomiques qui ont créé des vides et des formes qui ne connectent plus. Une situation où les formes de base uniques étaient compatibles uniquement pendant une période de leur forme énergétique qui est perpétuellement en changement. En effet, ils ne connaissaient pas la force des formes dans les liens des êtres en perpétuelle création.

Voici une forme de danger mutuel de vouloir manipuler l'autre. Cela n'est pas naturel, et se laisser manipuler n'est pas non plus accepté par les courants d'énergie. Ne pas perdre, ne pas s'empoisonner mutuellement et se laisser soi-même intoxiquer par l'affection qui peut virer en infection. Ce n'est pas non plus accepté par l'équilibre de l'énergie (dans l'énergie du feu passionnel de vos échanges).

Les forces de nos mondes intérieurs sont vastes et communiquent avec tellement de dimensions de la vie. Des associations temporelles de nos âmes et de leurs circuits complexes de la vie. Quand on parle de charge atomique, on fait référence à de graves bouleversements et à des changements imminents de nos forces intérieures et complexes qui se raccordent avec toutes les formes de la nature. Cela nous touche et produit en nous des changements, car tout doit se raccorder régulièrement dans les nouveaux champs d'énergie de l'échange qui se modifient constamment dans l'environnement dont nous faisons partie.

Nos univers de pensées trouvent les charges nécessaires à leur modification, mais cela produit, pour certaines croyances, des dépressions, maladies, séparations de couple, mal de vivre, joies, ou encore les montagnes russes du bonheur et du malheur en soi-même toujours partagés.

Selon le système chimique complexe de notre ADN, tout se modifie. Croire en vous, en la vie, en la science ou encore en tout ce que vous voulez, vous aidera à changer vos charges d'énergies pour créer de nouvelles formes d'idées. Vous possédez tout en vous pour produire de nouvelles recettes pour chacun des jours de votre vie.

Des rencontres anodines de vos vies vous feront croiser des gens qui posséderont la vibration adéquate pour vous aider dans votre parcours de vie et dans votre perpétuelle transformation qui est très loin de ce que vous aviez imaginé ou intellectualisé. Tout se déroule consciemment.

Il serait tout de même dommage de rester inconscient trop longtemps, donc vous aussi pouvez arrêter le temps de l'énergie pour créer une forme où tout circulera en vous et à travers les autres. Arrêtez une idée, un sentiment qui aurait pour but de trouver un équilibre pour vous et pour ceux qui vous entourent.

Le moindre son, un simple sourire, un regard, une odeur sont là pour nous tous. La plus simple réaction de la vie est toujours en lien avec le tout pour nous aider à façonner l'existence. Même le contrôle de nos idées basées sur des données scientifiques ou qui sortent tout droit d'une recherche sérieuse est tout autant une illusion de la réalité énergétique. Cette illusion est encore une forme arrêtée sur des idées pour aider d'autres formes de pensée à aller vers une réflexion collective. Sans aucun doute, cela nous aide à accomplir un déchiffrage des fragments de la vie qui vont jouer autour de nous.

Faut-il vraiment arrêter le temps pour créer en nous et dans nos échanges ?

Une partie du temps en nous sera-t-il dû à une composition de nos émotions arrêtées ou bloquées ? Qui jouera un rôle important dans nos connexions mentales et dans celles du cœur et de la confiance en la recherche collective d'une circulation pour l'ensemble des êtres et leur énergie libre qui passe à travers nos tubes dans l'échange de nos liens ?

Vivez les choses comme elles se présentent. Préparez-vous à des décharges atomiques de vos créations de perceptions personnelles et collectives. Restez conscient des forces en vous qui sont déjà écrites, et apprenez à écrire vous-même vos nouvelles formes d'énergies en perpétuelle modification. Sachez vivre le courant en vous. Apprenez à prendre position et arrêtez le temps si vous songez seulement à vos agissements.

La capsule sautée

Au contact des autres, le temps et vos forces d'énergie sont suscités en vous.

Vous allez remonter dans certains temps de vie (situations déjà écrites dans vos formes) de vos consciences passées et comprendre que le temps dans votre cœur est la seule énergie à connaitre dans votre existence. Par exemple, s'il y a eu conflit ou marque vous ayant attribué des atomes crochus avec des gens dans le temps passé, vous serez là encore pour les revoir et les recroiser. En effet, vos tubes d'échanges renferment des souvenirs de vos liens passés.

En vous commencera la reconnaissance et vous apprendrez à les aimer et à reformer un équilibre harmonieux d'amour où l'équilibre prendra sa place dans l'équilibre de l'échange, pour enfin comprendre en vous ce qui n'allait pas dans vos échanges antérieurs. Cela ne sera pas toujours évident à observer au début. Plusieurs invraisemblances pourraient vous interpeller dans vos charges émotionnelles ou intellectuelles. Vous ne voudrez pas croire à cela au début, car vos formes de pensées sont arrêtées, comme la science d'aujourd'hui qui est bloquée par le vrai mouvement de l'énergie qui bouge sans cesse.

Un combat dans vos dualités et vos contrastes pour vos formes partagées et arrêtées sur les mêmes longueurs d'ondes de pensées qui doivent changer ou toutes s'arrêter à un même point de création collective où les capsules vont sauter et la confiance être rétablie entre les êtres qui auront pu, dans le passé, se tuer ou encore ne pas se comprendre sur certains points de l'existence.

(tube = lien)

L'énergie agira dans la forme inconsciente et l'intelligence de vos cœurs vous demandera de reformuler vos champs émotionnels et de rétablir une idée mentale relative à cette capsule qui vient de s'ouvrir en vous pour enfin comprendre le temps dans votre composition émotionnelle et sensorielle.

Chaque contact effectué par l'écoute des sons pourra vous faire réagir dans un monde de systèmes en réaction et en contact de compréhension en votre monde le plus profondément ancré en vous. Une vraie farandole de lumière traversera vos connexions et la ou les capsules sauteront pour aider à se libérer des formes des temps passés. Vos connexions traverseront votre énergie de pensées pour un bon ménage de printemps temporel.

Écoutez donc votre monde entre vos deux oreilles et votre conscience car l'âme, même si elle pouvait vous paraitre animale par moments, aura une vérité à comprendre dans votre inconscience. Laissez-lui du temps et apprenez à mesurer ses pulsions spontanées. Sans aucun doute, votre cœur positif ou négatif est la bonne solution. Cela ne pourra pas fonctionner. Par contre, restez l'être le plus vrai et avec les gens qui connectent avec votre univers à leur univers (la vraie formation d'étoiles dans les formes). Ainsi, vous ferez en sorte de vous unir à votre propre lumière et de rapprocher ainsi les autres autour de leur lumière. Ne perdez pas votre temps dans l'échange de torpeurs. Il y a encore tant de choses à accomplir dans votre vie qui vous attendent pour devenir un être complet. Votre intuition vous amène à effectuer de grandes recherches en vous quand vous retenez vos pulsions spontanées de torpeur.

Alors, que se passe-t-il ?

Vous travaillez une forme d'énergie plus puissante car vous voulez vraiment comprendre, et l'univers vous aidera étant donné qu'il sent en vous le bon de vos recherches pour vous-même et les autres. Observez alors la vie qui vous connectera à des liens (tubes) pour décapsuler vos bouteilles trop pleines.

Les bouteilles à décapsuler dans vos apprentissages seront électromagnétiques, donc favoriseront votre santé du cœur et du corps dans une fontaine de respect que vous souhaiteriez véhiculer autour de vous.

L'échange d'énergie des corps dans vos capsules par le toucher ou par la vue, ou encore le ressenti à distance des éléments chimiques de vos êtres, fournira à chaque fois des réponses à vos questionnements pour être plus efficace. Il vous suffit d'en parler entre vous en exprimant vos sentiments avec simplicité. Les erreurs surviennent pour apprendre à savoir prendre un chemin. Il y a tant de directions à choisir dans la vie !

Les erreurs n'existent pas dans l'énergie, mais bien dans les formes des êtres et dans leur perception qui se limitent à ce qu'ils connaissent, non pas à ce qui est déjà écrit autour d'eux dans leurs formes d'énergie. Voilà les histoires sur terre des cœurs en détresse et dans les pensées en divergence et dualité qui pourraient être modifiées. Une façon de saisir le cœur des êtres qui voudraient seulement sentir l'être dans les échanges qui emprisonnent les idées et les charges de pensées pour une structure collective qui n'a pas toujours la meilleure possibilité dans l'échange libre de l'énergie où chaque coupure et chaque déchirement se raccommoderont dans les temps présents et futurs. Une belle persévérance dans vos échanges requiert des efforts, mais surtout un bon apprentissage dans l'école de la vie à travers vos sens et vos repères familiaux (vos formes de racines en cette vie).

Si vous ne vous exprimez pas assez, laissez-vous du temps et laissez venir le rythme de vos situations intérieures grandir pour une survie de votre énergie vers vous, donc vers les autres. (Si vous brillez, les autres brilleront aussi.)

Par contre, si vous ne cessez de vous exprimer sans interruption, apprenez à la fermer un peu ! Le calme amène bien souvent un repos essentiel et vital pour la survie des esprits trop chargés.

Comprenez rapidement que tout ce que vous voulez dire aux autres, vous essayez en fait de vous l'exprimer à vous-même. Car habituellement, vous n'arrivez pas à vous entendre. Bien souvent, il est plus facile de le dire aux autres pour l'entendre soi-même, dans un écho sonore qui a pour but inconscient de vous éveiller à vous-même. Une grande éducation de vos pensées et non une porte fermée, bien au contraire. On doit parvenir à saisir et à comprendre le moment où on se fait bloquer ou encore freiner par sa propre énergie EIUS, et sentir en nous l'apprentissage de cette retenue qui forme en soi une structure plus intéressante pour le futur de nos vies en collectivité. On choisit ce que l'on veut sentir ou pas en soi-même.

Les charges d'EIUS qu'on manipule quotidiennement sont enchaînées au reste. Donc, modifiez d'abord votre conduite, brisez vos chaines. Tout pourra très bien circuler sur les routes du monde si on faisait un peu attention à notre monde intérieur en lien avec les autres.

Dans votre voiture, vous emprunterez des routes incroyables et même dangereuses par moments. Mais d'où provient le danger ?

Un concept de peur, un problème de conduite, une compréhension et une connaissance des êtres perdus autour de vous qui pourront vous mettre en danger, eux-mêmes vivant mal leur vie. La vitesse de la vie vous fera réfléchir et freiner quand vous le devrez. Il faut comprendre vos désirs et vos pensées qui s'y associent. Soyez attentif, car personne ne le sera à votre place. Votre voiture est précieuse ; elle renferme cet être merveilleux que vous recherchez dans un équilibre de formes agréables. Alors, ne laissez jamais personne toucher votre carrosserie, sauf si vous l'y avez invité par votre énergie de confiance et les éléments de reconnaissance que vous évaluez comme respect mutuel pour un échange dans les deux sens.

Prendre place ou position sur l'autre est un apprentissage, une éducation de votre être dans un bassin d'équilibre.

Votre carrosserie est comme toutes les autres ; elle ne demande qu'une seule chose : apprendre et comprendre ce qu'elle a sous le capot et dans quel but. Faire gronder le moteur de votre voiture si on veut qu'elle roule bien et longtemps avec les autres sur le circuit de la vie. Le poids de cette voiture, sa force et sa détermination à performer sur les routes des villes et du monde.

Devriez-vous comprendre que la grosseur fait la force d'une voiture, ou plutôt sa tolérance et son besoin de protection à soi et aux autres par les difficultés de la vie à surmonter dans ces formes d'énergie ? L'âge de la voiture y est également pour quelque chose !

Pourquoi aimons-nous toujours les nouvelles voitures ? Elles semblent tellement plus belles et performantes que les vieilles et on dirait qu'elles sont plus fiables et rapides. Voici l'arrivée des nouveaux êtres, et de leurs nouvelles formes d'énergie pour la survie en action et en modification dans un espace temps inconscient.

Aujourd'hui, on fabrique davantage, mais avec moins de soin et moins de moyens et d'attention que jadis ! L'avoir enivre nos énergies (accélération des formes). Il reste encore des maitres passionnés par le vrai, donc on retrouve encore dans les nouveautés de très belles voitures performantes.

Cette ouverture de temps vous amènera à prendre le temps de chercher la meilleure voiture pour ses qualités intérieures et extérieures. Vous le sentirez en vous et emprunterez des chemins un peu faussés avec des voitures d'occasion pour une vie ou deux. Juste pour une expérience plus profonde de vos racines intérieures que l'on partage tous sous différentes formes dans nos échanges d'énergie. Le désir de vouloir posséder plusieurs voitures et de pouvoir en faire ce que vous voulez, relève de la recherche de soi-même qui demandera à certains encore plus de moyens, car leur seule voiture ne leur suffit plus ; ils souhaiteront en posséder d'autres.

Se laisser posséder comme une nouvelle voiture qui veut seulement partager l'amour de son innocence ou encore qui a besoin de se faire posséder pour elle à son tour. L'éducation relève du jugement personnel de chaque capsule de votre être.

À chaque fusible qui saute de votre voiture ou à chaque problème mécanique, on devrait observer nos conceptions de la vie et où elles vous emmènent en vous-même pour vos questionnements de l'être.

Il existe dans la nature des capsules pour aider tous ceux qui voudraient chercher le vrai en eux et le vrai pour les autres dans le but de faire circuler de plus en plus l'énergie du vrai de l'éternité de la vie parallèle qui sélectionnera elle-même le vrai du mauvais en vous !

La cour d'entreposage de nombreux véhicules réapprendra sur terre de nouvelles fonctions. Une sorte de remisage de l'énergie qui sera soutenue et épaulée par les autres systèmes de l'univers avec dualité et force. Cependant, l'éducation du bon fonctionnement des atomes n'est pas facile. Les circuits du Nouveau Monde se sont développés par l'essence même de vos êtres en évolution qui demandent une recherche particulière de carburant qui donne un certain contrôle et qui pourrait aider à l'équilibre de tous les sens et de toutes les options de votre véhicule.

Les dimensions seraient simples à comprendre autour de vous-même. Si toutefois vous ne pouvez pas encore parfaitement les voir, puisez dans votre imagination !

Les voitures sont fabriquées par des concepteurs. Il existe des garages de réparation et d'amélioration avec des génies qui partagent une certaine fascination pour l'amélioration des performances de l'humain et de son être !

Les designers qui apprécient les formes et les couleurs jouent les magiciens de l'illusion des sens pour une recherche plus profonde de l'être. Seriez-vous assez stupide de considérer exclusivement l'extérieur, ou envisagez-vous d'autres possibilités de ne pas perdre de temps et de voir à travers vos sens les bonnes réponses rapidement ?

Quelque peu efficace pour beaucoup de gens, le vrai est la route à prendre de toute façon. Je réitère que les erreurs n'existent pas ! Les recherches collectives du vrai des êtres et de leur respect mutuel seront toujours de meilleur gout pour tout le monde, surtout pour les cœurs qui empruntent les mêmes chemins et qui sentiront leur rapport avec la vie et leur destinée intérieure.

Il ne faudrait pas oublier chaque petite main et chaque mouvement de chaque corps qui passeront des heures et des heures dans la fabrication de chaque pièce de la voiture qui proviendra d'un peu partout dans le monde selon des valeurs qui ne ressemblent en rien à ceux qui achèteront d'après eux ces voitures et qui s'exclameront : « Je suis une bonne personne et moi, j'ai de bonnes valeurs ! »

Oups, si seulement vous saviez distinguer le vrai du faux de tout cela !

L'univers choisira pour vous, au plus profond de vous, votre prochain voyage et votre prochaine vie de groupe ! On ne peut échapper aux forces de la vie. On doit être gentil, et tout ira bien ! (L'êtes-vous vraiment, sous la bonne forme d'énergie de vos désirs ?)

Ha, ha !

Franchement, soyez plus lucide ! Il n'existe pas de capsule aussi puissante que celle dans laquelle vous êtes pris et où se cache l'être du vrai qui ne veut que sortir toujours plus en puissance dans ses intuitions sensorielles de partage. Où se cachent les vraies formes de l'échange dessinées dans les temps des pensées partagées ?

Vos retenues et votre travail personnel, dans un but d'ensemble du cœur, seront toujours entendus par les éléments invisibles autour de vous, dans une recette d'actions et de pensées bien assaisonnées.

Les phares de votre véhicule peuvent s'allumer quand vous voulez et, en plus, vous avez plusieurs positions optionnelles. Des pays qualifiés de modernes qui favorisent la propre étude de votre être en vous donnant le pouvoir de réaliser que vous êtes en train de vous conduire. Votre propre modèle qui ressemble aux autres, ou qui est malpropre ou parfaitement en ordre, vieux ou jeune, etc.

Comprenez qu'en fait la vie vous aide à vous réaliser à travers des richesses qui vous cherchent pour sortir de vous-même par l'effort, la retenue, la dualité, l'amour, la performance.

Vous serez toujours en quête des façons d'éclairer ce qui vous entoure pour essayer d'atteindre vous-même le plus profond de la vie sur terre et de l'univers, recherchant simplement un équilibre des êtres.

O.K., encore du blabla !

D'accord, alors cessez d'éclairer les autres et arrêtez de les pointer du doigt comme si vous aviez trouvé la bonne façon de vivre et que ce n'est pas leur cas, simplement parce qu'ils n'ont pas le même train de vie que vous, ou la même perception que la vôtre. Car la vie trace en nous des chemins différents qui se rejoindront dans les charges d'énergies que nous partageons. Activez vos clignotants de détresse et observez vous-même le triangle que l'on recherche dans nos vies, la forme d'une famille et le respect de chacun. Remarquez que c'est différent dans le cœur de cette famille. Le triangle, source d'un de vos points de départ d'une vie à l'autre qui vous aidera à voir encore le temps en vous, et c'est la recherche du cœur et sa compassion.

Les clignotants de droite et de gauche jouent d'un côté et de l'autre. Après, on place les feux de détresse pour ne plus analyser par la gauche le mental de l'information, et celui de droite celui de l'émotion dans nos relations de création sentimentale.

La seule façon de pouvoir utiliser nos deux hémisphères du cerveau serait encore d'aller se replonger dans le triangle de la racine de nos temps et époques passés. Mais avons-nous tous vraiment vécu cela, ou sommes-nous en fait à chaque fois le fruit des traces du temps des énergies qui restent autour de nous et qui nous aident chaque fois dans nos formes ? Un jugement à partager dans nos sens pour l'éducation de chacun au cours de votre vie et dans la recherche de votre être.

Les lumières du tableau de bord pourraient bientôt vous indiquer que vous allez manquer de batterie ! Vous le sentez déjà ou vous avez déjà senti cela se manifester à plusieurs reprises. Il s'agit d'une vidange importante à faire régulièrement. Tout ne peut pas toujours aller vers le haut, donc tout ce qui monte redescend forcément pour une éducation de notre énergie que nous véhiculons en nous.

À vous de vérifier vos niveaux et votre ordinateur de bord, les freins, la suspension, la transmission, le démarrage à distance et le bon carburant à utiliser pour le besoin de vos capsules qui sauteront au cours de votre vie !

LA QUATRIÈME PORTE

L'équilibre
dynamique du cœur.

Un quatrième pont pour les êtres

La raison intérieure sera toujours là en vous et à suivre par le cœur pour la mise en place de toute chose dans notre univers. La raison – action de la lune !

Les messages du tout dans les faces de nos prismes d'énergie reflètent avec nous-même une partie des autres êtres. D'ailleurs, voir à ce propos la section des prismes d'énergie en visitant mon site Web *www.studioperception.org*

Dans un mouvement, une forme que l'on diffuse dans notre propre univers en contact avec les autres. Action ou raison pour une conjonction où se cachent des blocages du temps.

Mouvement de la nuit dans nos pensées qui restent sans action immédiate mais qui jouent un rôle dans nos situations présentes et futures d'après notre attitude face aux évènements qui surviennent dans nos vies.

On sentira, par l'action de l'énergie, une force qui tournera notre regard vers nous-même dans le but de voir les actions des messages diffusés vers l'intérieur de nos sentiments.

Tabarnak d'arnaque de partage – câlice de liberté – criss ! Je ne sers à rien – Ciboire ! Je ne vois rien – Ostie ! Quoi, la valeur ? De quoi ! Des sens des mots qui s'embrassent dans l'énergie du feu. L'action et les raisons sont là.

L'équilibrage dynamique qui se fait en vous et dans les actions intérieures de vos sentiments et croyances vous suit et se rebelle d'une façon tout à fait naturelle par rapport à vos formes.

La pluie tombe en vous et des formes bioélectriques se créent. Vous les entendez déjà en vous ! Par l'innocence des formes des mots, l'être se créera en vous et vous le ressentirez par vos actions du cœur et ses inactions, sources inévitables de difficultés dans la ronde de la lune. La dynamique de vos valeurs se réécrira en vous et en votre énergie bioélectromagnétique. L'action commence en vous, toujours dans la raison du monde et de ses besoins d'équilibre et de liberté.

La coupe est pleine !

La vie veut circuler dans l'air du temps et dans nos mots articulés de sens où le corps comprendra tout par l'action d'échange entre vous et votre conscience de vous-même. Vos actions vous inviteront au changement ! Cela se fera dans une direction variable de quatre points : nord, ouest, est, sud.

Votre être se dépassera en vous, un choix ou une raison de la nature qui veut survivre en vous. La nature choisira en vous la raison de votre équilibrage dynamique en vos pensées et réflexions.

Pour vous aider et vous protéger, des êtres seront là pour partager avec vous des liens dans le but de comprendre la force de chacun dans sa position respective, avec ses choix et ses possibilités de changement. Équilibrage dynamique du monde des temps qui prendra un sens nouveau, quoique déjà écrit.

Nous emprunterons les ponts de la pensée et on cherchera l'harmonie par l'écoute et l'observation.

Est-il important de savoir que votre corps est une âme submergée dans une énergie qui communique et qui fait actionner vos sources d'énergie en fonction d'un besoin plus grand que vous ne pouvez imaginer ?

Cette énergie fondamentale, pure et libre, émane sans aucun doute de vous-même et de vos créations.

Les formes varient en fonction des forces que l'on crée et dont la nature a besoin pour se régénérer, tout comme vous, votre vie et certaines choses que vous trouverez irrationnelles.

Comment vous aider à vous redonner un regain d'énergie ?

Chaque inspiration que vous prenez et chaque pensée sont calculées par votre source dans l'oxygénation de votre respiration. Vous pouvez lire à ce sujet la section ayant trait à la respiration et la pensée, en accédant à mon site Web : *www.studioperception.org*.

Tant que l'on ne comprendra pas l'énergie, on verra un peu n'importe quoi avec nos sens et nos pensées collectifs.

Commençons par un système de sens et de pensées extrêmement puissants qui dirigent et actionnent nos décisions.

Les géniteurs de l'inconscient (nous-même et nos parents, et les parents de nos parents, entre autres) baignent dans leur source d'énergie puissante et inconsciente dans les moments enflammés de leurs relations charnelles. L'inconscience de l'énergie puissante à ne pas juger quand vous ne connaissez pas les principes de l'énergie qui relient chaque mécanisme de la pensée qui a une puissance de croyance ou un concept de vie absorbé dans un bassin de mots reliés à des sentiments électromagnétiques.

De puissants systèmes s'ouvrent dans ces moments passionnels qui provoquent autour de nous des ouvertures vers un tourbillon d'énergie qui provoque des nuages d'énergie qui recherchent la lumière de connexion de la porte que vous étiez en train d'ouvrir dans vos échanges d'énergies inconscientes.

On vous observe ! Êtes-vous gêné de le savoir ? Je ne pense pas, car vous ne le sentez pas toujours et vous ne le voyez pas encore.

Mais comprenez que ces énergies patientes, dans des vagues bien précises, des systèmes électromagnétiques circulent tout autour de nous et se connectent avec tous les autres circuits d'électromagnétisme de l'univers.

Une grande quantité de capteurs sur le corps s'actionnent et, par vos charges de mémoire bioélectrique qui se situent au plus profond de vous-même, la communion intérieure recherche une association parfaite des plus remarquables.

Cela génèrera en vous des aspects à travailler pendant votre vie et dans l'éducation de l'enfant qui naitra, ou simplement dans l'évolution de vos échanges pour un bien collectif. L'énergie se connecte et sera toujours prête à envahir votre être.

La vie apprécie l'inconscience pour développer des charges bioélectriques puissantes et porteuses de changement.

L'attirance de charges spécifiques qui se connectent pour un meilleur monde et pour nous expliquer qu'il nous faut nous dépasser dans nos formules de l'amour et le bien-être de chacun dans nos échanges qui recherchent l'équilibre.

La conscience de l'inconscience, voilà la porte de notre naissance et de sa grande puissance se révélant jour après jour en nous.

L'inconscience vous amènera toujours vers la conscience de la naissance en fonction de votre force intérieure selon vos charges de valeurs conscientes ou à apprendre. La toute-puissance existe dans la forme consciente et inconsciente.

On prône depuis si longtemps, partout sur la planète, dans différents formats, une puissance immense qui nous dirige, nous écoute, etc. Plusieurs édifices gigantesques, temples, églises et architectures diverses, nous indiquent la réalité d'un monde invisible qui nous relie tous.

Le monde du passé comprenait déjà depuis très longtemps le monde de l'invisible, mais avec les moyens de l'époque sur la perception des choses, ne sachant pas toujours comment l'interpréter pour une liberté de l'énergie.

Par cette faculté de l'imagination, la philosophie religieuse prône depuis si longtemps dans vos champs de perception intellectuelle, les créations de la vie qui se sont développées. Une toile s'est dessinée autour de vous et en vous par vos liens. Votre énergie est déterminée par vous-même et vos absorptions du passé.

Toutefois, sachez que nous sommes des êtres sensibles et que cela nous relie les uns aux autres par les charges de ressentiment qui se confrontent et s'aident pour le balancement des émotions partagées.

Dans la mort, certaines âmes continuent à se faire bataille et à chaque fois qu'elles reviennent, la nature leur donne une nouvelle bataille par le corps et les sens pour apprendre la formation intérieure de leur énergie et de leur partage. Voilà la naissance de vos nouvelles formes auxquelles la nature vous relie.

La vie de l'âme est éternelle et vous n'oublierez pas que vous êtes précieux pour la terre et que l'on continuera à vous aider par le développement de vos sens dans d'autres dimensions de la vie que vous réaliserez prochainement pour une réalité de partage.

Il est si grand, cet univers en vous, et vous êtes si enthousiaste à en faire la découverte à travers des échanges d'amitié sous différentes formes ou des échanges de compétences intellectuelles à rationaliser dans une énergie de pouvoir partagé. Pour vos arrêts du temps, je vous propose de consulter le volet consacré à ce sujet dans mon site Web : *www.studioperception.org*.

Cette énergie de pouvoir vous amène tellement dans vos désirs, que vous la suivez et vous découvrez des réussites dans votre vie, de même que des expériences d'énergie puissante qui vous plongent dans le mal de vous-même avec le temps que vous avez arrêté en vous-même. Et vous le ressentez à partir de formes d'énergies de désirs ou d'intellectualisation.

On ne juge pas, on observe le mal en nous. On en prend conscience, on le sent et on ne veut plus le sentir, donc on change de direction ! Les erreurs dans la nature existent bien, comme nos formes qui se trompent de sens et de direction, le temps d'une expérience.

La souffrance existe.
La douleur existe.
La lourdeur de la décision existe en nous.
Le mal existe.

Le courant de l'énergie nous parle et nous invite à une bataille dans nos formes, qu'elle soit bonne ou mauvaise pour notre propre éducation de l'énergie qui favorisera le partage pour les vies futures.

L'important, c'est de se rapprocher de son être par les liens d'autres êtres.

Les formes qui nous dirigent dans la pratique où les religions séparent les êtres dans leurs liens de fréquence d'énergie par les mots et les sens des mots.

Parfois, croire, c'est savoir (création de formes du cœur de l'énergie). Mais pas toujours ; la vie révèlera à chacun ses secrets sur l'existence.

Alors là, on commence à comprendre certaines choses qui se passent en nous. La peur de se tromper, encore cette fois, c'est terminé !

La forme se tiendra dans notre énergie bioélectrique grâce à nos liens du cœur que la vie a tracés à travers nous-même et nos attitudes pour l'équilibre de l'énergie qui a appris à synchroniser les formes qui se ressemblent dans les mouvements d'idées pour un partage ou une association.

Le doute des idées intellectuelles et vos connaissances sèmeront encore le doute dans votre conscience, mais davantage dans votre cœur et dans vos sens.

Le rassemblement que crée la nature qui vous entoure et qui vous guide à travers vos sens. Un fil conducteur à suivre pour vos formes. Voilà bien des énergies puissantes. Nos sens qui développent beaucoup de peurs et de doutes en nous. Un travail, une révélation de vos énergies en partage de vos formes. C'est là, en vous ! Cette connaissance de l'énergie à découvrir dans vos échanges.

Un œil sur la nature de la terre et sa beauté complexe vous invite à effectuer un grand voyage entre vos deux oreilles où se développe votre univers de connaissances. On porte dans nos cœurs un voile que d'autres portent sur leur tête pour montrer aux autres où regarder en premier. (La tête étant le bureau central des sens du corps.) Cela sans qu'eux-mêmes ne regardent vraiment la fonction naturelle de leurs échanges réels dans l'énergie avec les autres qui les entourent dans cette même énergie qui rappellera la justesse du cœur de tête à des êtres.

Les fausses illusions seront tout de même dessinées, se battront encore et souffriront dans les rêveries qui doivent correspondre aux besoins de chaque énergie sur terre.

Regardez autour de vous et en vous. La nature est diversifiée et complexe. Donc soyez moins arrêté sur vos idées et vos concepts, mais restez toujours le plus juste possible pour vous et les autres.

Ne vous laissez pas dominer par les mauvais sens des choses et des mots exploités par le génie humain de certains pour englober les richesses sans partage. Un grand pas devant et un grand pas vers l'arrière sont en train de se faire. On ne peut pas tous porter un voile. On doit par contre le porter pour le sentir au moins une fois sur le cœur ou sur la tête pour une tradition de formes passées de nos énergies qui se sont arrêtées à un point pour l'ensemble qui avait du mal à voir ou à sentir les vraies formations des liens qui doivent garder un sens positif dans n'importe quelle circonstance, car vous n'avez pas encore constaté l'ampleur de vos liens dans la vie.

Une façon métaphorique ou physique, quelle serait la différence dans l'énergie ? Eh bien… dans la volonté du changement ! Dans nos idées et pensées à créer dans l'inconscience la future conscience et pour jouer avec sept dimensions de vos formes d'énergie dans la nouveauté des sept jour de la semaine.

- Votre jardin intérieur est la connaissance de vos atomes du passé et du futur.
- Vos stimulations de la matière quand le corps a des réactions par l'entremise de votre lien avec la nature qui vous entoure dans le but de vous informer personnellement de votre réalité.
- Vos observations par votre chemin jusqu'à la force de la nature qui vous lie à un autre être par une force d'attraction magnétique pour un alignement des formes qui se connectent.

- L'espace en suspension dans le vide où vos idées prennent forme.

- Une réserve cachée et inconnue jusqu'ici individuelle et unique, mais toujours en lien avec un vaste réseau de pensées et de sentiments partagés (absorptions).

- La conscience des structures qui se manifestent constamment au changement.

- Vouloir trouver son équilibre et sa force dans une position confortable et active.

On ne pourra pas être insensible au sens des choses. Par contre, le Québec (province du Canada) nous indique un lieu de création comme berceau du Nouveau Monde qui soulève la fleur de lys de la liberté.

On perçoit les premiers signes du langage modifié du français dans les temps. Une volonté collective portera un jugement à cinq expressions initiales de la religion qui va révolutionner les ressentis des êtres vers la vérité qui était dite et pas encore réalisée dans les cœurs et dans les actions du changement, mais en marche d'évolution dans les cœurs des êtres qui voulaient respecter ce qu'ils ressentaient à travers les mots.

- Le calice est la liberté pour tout le monde ; celui-ci est trop plein = sens de sentir en nous le vrai.

- Le tabernacle à la vue de tous, coupé du partage et de l'uniformité = sens de voir encore l'or qui devait juste être dans les yeux de tous.

- Ostie, du mot hostie, a pris les valeurs et les sens qui enflamment les cœurs = sens gustatif qui nous éveille à ce que l'on se met en bouche.

- Ciboire, un mot de désespoir qui devait pourtant seulement nous servir à voir la vie dans ce monde = un sens de la vue qui s'exécutera en pleine nature de nous-même.

- Criss provient du mot chrétien Jésus-Christ : on ne peut plus le sentir = le sens de l'odorat qui nous guidera encore dans nos connexions intérieures.

Tous ces sens n'appartiennent qu'à vous-même, libre de les changer et de les faire vivre enfin dans le bien, et non dans un jugement. Cessez de trop changer l'esprit que vous avez accepté de porter initialement en vous.

Les pensées associées à vos directions qui ne sont pas raccordées au cœur ne créent que des traces d'énergie qui dérivent dans l'espace. Une vraie perte d'énergie ! Juste par manque de connaissance de votre énergie qui voyage sur différents plans de la vie et sur différents temps de vos formes.

La transformation de la pierre et de l'eau, et également celle du gaz; tout passe par un fluide d'électricité (énergie) que nous échangeons tous quotidiennement sans cesse, sans le voir, sans y toucher, sans comprendre, ni l'entendre ! L'être créera ou découvrira la vérité qui vient de son cœur et de sa conscience de conscientiser des choses autour de lui et, surtout, de ce qu'il a en lui comme développement.

Le corps est l'élément de notre énergie qui absorbe la matière, la pierre de l'idée qui résiste, comme vos concepts du temps dans vos vies. Vague du temps passé, matière de particules de vos mémoires ! La conscience de l'intérieur sait cela !

Ignorez ce que vous détenez comme information, et mourez encore et encore, sans comprendre que vous reviendrez dans le même état. Petite particule, qui es-tu ? Serais-tu en lien avec la connaissance et le développement des sens des mots dans les formations d'échanges ? Que puis-je faire pour vous, particules magnifiques de mon être ? Comment atteindre en moi-même le vrai de mes choix et du bien du monde en même temps ? Et comment prolonger en moi-même le désir de découverte ? L'union du tout de vos sens est sans aucun doute la route à suivre et à fréquenter.

Le temps va s'apprendre !

Dans le passé, vous observiez les mémoires de vos temps qui jouent en paraboles !

Dans le présent, vous réservez toujours le temps présent de vos envies actuelles !

Dans le futur, vous regarderez les désirs de vos pensées et vers où elles iront !

Quelle direction vous appelle dans la profondeur de votre énergie EIUS ? Nord, est, ouest ou sud ?

Ainsi, dans la conscience du temps, vous naviguez en tout temps. Vous prendrez le temps de découvrir votre histoire, vos traces d'énergie dans vos temps, et vous accepterez l'ambiguïté et le défi du temps en vous.

Créateur, soyez l'artiste des temps nouveaux !

Se mettre au courant de votre propre charge d'information et de vos connections intérieures ; à quoi pensons-nous toujours ? Vers quoi allons-nous ? Pourquoi changer ? Ou pourquoi comprendre le changement en nous ? La dureté de nos pensées du temps passé qui résonne et ressort de soi.

Pourquoi le temps ressort ? C'est qu'il est grand temps de comprendre l'importance de votre être pour l'impact de vos décisions et de vos échanges à travers le temps qui sont d'une simplicité et qui volent en paraboles dans l'espace de votre monde.

Le grand monde entre vos deux oreilles et ses circuits des formes de la pensée dans une combinaison de matière ressentie.

La pierre = le passé.

L'eau = le présent.

Le gaz = le futur.

La conscience des trois temps = le courant, la bioélectricité et l'électromagnétisme.

Comment allons-nous choisir ces éléments ?

La formulation de la bonne recette dans la nature qui nous dessine à travers nos combats et nos liens d'amour.

La pierre est en vous, la folie de la réaliser est là aussi. La nature vous aidera. Si vous arrivez à déplacer des montagnes juste par votre cœur, vous chercherez à l'extérieur ce qui se passe à l'intérieur, mais pourquoi encore ?

L'inspiration des sens et de la vue du regard si enivrant qui nous parle à travers les yeux du monde et les yeux de votre cœur.

Vous pouvez voir de plusieurs façons dans votre tête. Par ailleurs, il vous est possible de traduire des particules de votre être et de les partager. À nouveau, vous pouvez voir que nous sommes reliés plus que tout. Il existe tant de variétés de pierres, comme il existe beaucoup de courants à la dérive à découvrir avec le cœur, avec une volonté de vouloir partager.

Personne n'a raison et personne n'a tort dans une mesure de pureté des énergies qui se comprennent (formation pure de connexions dans vos formes).

Nous dessinons parfois mal nos valeurs et nous sentons en nous le mal des choses. La pierre si dure en nous est tellement difficile à se modifier que les lumières de l'univers doivent venir nous aider. Le courant est pourtant là. Vous sentez cet échange qui se partage de l'énergie par vos communications. Par la suite, à travers tout ce magma de plaisir, vous comprendrez encore que vous restez sur une immense faim de connaissances de votre monde intérieur. Les picotements de votre énergie se feront à nouveau ressentir au cours de votre vie. Vous résistez encore au changement, malgré tout ce que vous venez de comprendre (formation de l'être qui dessine en lui sa propre destinée par la conscience de ses liens).

La guérison se fait dans la forme de l'échange d'énergie. Quand vous l'échangez, vous vous reconnaissez comme étant une partie de vous dans un miroir de la vie qui réunit les êtres entre eux. Doit-on dire que cela est le vrai échange dans votre monde de compréhension ? Oui, vous voyez enfin et vous commencez à vous écouter. Vous regarderez dans vos valeurs et vous choisirez vous-même, pour vous-même, dans la connaissance que vos choix influencent la vie des autres.

L'énergie sera toujours là pour vous faire la guerre en tout temps dans vos absorptions d'énergie de votre source. La pierre de la terre est dure, mais vous l'êtes aussi dans vos idées que vous avez commencées à interrompre par la conscience de vos actes.

La souffrance physique sera présente pour vous rappeler à l'ordre dans votre recherche du bonheur à trouver. Les secrets de votre propre recette de l'énergie qui est maintenant consciente des autres. Si vous vous soignez, vous prenez soin des gens autour de vous, et ainsi de suite.

Vos combats sont ceux de l'ensemble de l'énergie qui ne veut pas comprendre que nous voyageons tous ensemble. Que vous priiez ou non, que vous soyez Blanc, Noir, Métisse, ou de n'importe quelle autre race, vous êtes avant tout l'énergie de la terre, l'être dans la charge de votre EIUS.

Vous pouvez enfin comprendre que ceux que vous connaissez, vous les connaissiez déjà, ou vous partagez simplement certaines formes d'énergie avec eux qui se connectent et s'attirent entre elles. Par contre, pour certaines raisons, vous aviez beaucoup de choses à régler et à comprendre pour un nouveau développement de l'énergie dans vos rapports d'échanges. (Dans vos tubes = dans vos liens.)

Ce qui vous attire vous ressemble et porte des formes identiques qui aiment échanger dans une paix et une compréhension de la nature qui les réunit dans leur énergie. Bien des choses que vous devez et que vous ferez prochainement pour le comprendre.

Vos yeux vous parleront et communiqueront dans un bain de couleurs. C'est le début de la reconnaissance de l'énergie. Ce que vous savez, vous le partagez pour enrichir les directions des autres êtres à qui vous communiquez votre vision de l'énergie, car il est important de partager tout ce que la vie vous transmet à travers vos ressentis et impressions pour faire fonctionner la balance de la raison qui aura un sens à trouver dans vos nouvelles pensées.

Les trois éléments du temps en vous dans les absorptions vous feront réaliser l'importance du partage dans vos pensées et actions.

Quand l'énergie fera partie de la pierre de l'être, vous comprendrez et changerez certaines idées dans l'eau, et vous continuerez à rêver dans le gaz pour le futur. L'énergie se partage actuellement dans le réseau électromagnétique de vos idées et directions dans le but de vous associer pour des échanges. L'être découvrira la vérité qui vient de son coeur, donc de la source intérieure de son être. Sa propre forme personnalisée par la vie. Vous le sentirez à partir de votre corps et dans votre cœur, cette matière qui peut devenir dure comme de la pierre résistante, comme vos concepts de la vie. Vagues de petites particules du passé de vos mémoires protégées par votre cœur dans votre conception de la vie actuelle. Vous découvrirez la lumière en vous à partir de votre instinct de survie.

Votre être renferme des cristaux dans vos mémoires du temps à travers des lieux, des situations, ou encore des rencontres qui laissent des traces importantes qui guideront votre univers pour la conquête de l'équilibre de votre être. Vos valeurs changeront de formes avec la compréhension du monde qui change et celui de l'énergie qui cherche à survivre.

Vous découvrirez des miroirs qui vous feront vivre les plus belles expériences dans vos échanges. Mais ceux-là pourraient aussi être les plus douloureux en fonction de votre composition dans vos différentes formes d'énergies absorbées depuis votre naissance. Une nouvelle histoire s'écrira à partir de votre vision de l'être.

Grâce à votre inconscience des formes de la vie énergétique et des éléments dimensionnels, votre vision du cœur comprendra progressivement, par la conscience des nouvelles découvertes de l'énergie, des êtres en formation.

Vous sentirez un échange puissant d'énergies quelle que soit la distance des corps en communication directe avec vos formes d'énergie, de la racine des temps jusqu'à aujourd'hui.

La chaleur de vos idées envahira votre monde psychique de la conscience de vos cœurs respectueux et loyaux au gré de vos échanges. Les portes sensorielles des temps s'ouvriront à vous. Il vous sera utile de comprendre, pour une recherche globale en vous, vos situations sensorielles.

Vous emprunterez les ponts des portes pour y accéder. Votre pensée constituera votre arme de force. Vos ondes produisent des forces dans une matière en perpétuel mouvement. C'est la règle élémentaire à connaitre à propos du poids de vos pensées. Une force extraordinaire de combinaison complexe et simple à comprendre pour le futur.

Contact avec son être

Dans nos pensées et désirs sur l'envie de rapports, rapprochez-vous du corps ou de l'envie de partager des liens d'entraide pour former des liens durables dans nos relations au fil du temps.

Une énergie intense qui passe en vous comme du feu, une flamme qui vous fait décoller du sol. Le désir, on le sent en soi, on tente de le contrôler. Vous essayez de comprendre vous-même ce système qui peut se déclencher dans une période de votre vie qui avait besoin de redéfinir en vous un changement dans vos pensées. On se parle à soi-même, ou on passe à l'acte engendré par nos désirs.

L'énergie du coup de feu de l'inconscience reste puissante en vous. Vous la gardez dans une retenue de sens qui parfois enclenchera une explosion de sentiments pour une rénovation complète. Une forme de compréhension avec l'oxygène partagé qui ne porte pas les mêmes scripts que vous et qui pourrait, dans une période difficile de la vie, vous affecter dans votre propre formule de pensées. Une ligne directe de la pensée et du désir de sentir le bien en vous que vous protégez fermement par des excuses. Voilà un impact de miroir dans vos formes qui vous lient à un autre être par votre ressemblance. Vous aimez ce que vous ressentez mutuellement chez l'autre qui a des formes semblables à partager dans l'énergie des sentiments au cours des recherches de la vie sur votre bien-être.

Les conséquences de tous vos désirs vous ramènent toujours en vous. Un être unique et seul dans la folie de l'énergie de la vie et de sa compréhension collective qui a besoin, pour sa survie, de s'unir aux autres dans des échanges équilibrés pour l'entraide mutuelle de l'énergie.

En 200 ans sur la terre, on a utilisé ce système pour faire « fois sept » dans la population mondiale. On pourrait facilement définir cette période comme les « Lapins débiles en chaleur » ou « L'appel de l'inconscience en masse ». De vrais coups de feu ! Une véritable éducation sexuelle et culturelle d'une réalité avec votre monde de conscience et votre monde d'inconscience.

Vous sentez que le désir et le cœur tentent sans aucun doute de vous expliquer quelque chose de type divin dans vos fonctions mécaniques, comme s'il existait de nouvelles lignes à suivre ou une formule spécifique pour activer l'énergie dans l'être de chacun avec une formule différente pour tous, mais qui prend naissance dans un bain collectif d'idées qui dirigent les êtres dans des directions précises.

Il y a le besoin d'être de plus en plus nombreux sur la terre pour mieux comprendre et mieux apprendre le plus rapidement possible les fondements de nos désirs les plus profonds et les plus ardents dans nos pratiques d'échanges.

Manque d'équilibre de l'être et de la terre.

Comme des enfants, vous essayez ce qui vous semble bon pour le corps ou encore, vous vous laissez flotter dans le courant de vos sens et vous trouverez toujours une étincelle à allumer en vous par les autres.

Le combat du désir pour celui qui décide de résister par la foi des valeurs intérieures et une électricité qui va monter en puissance avec le temps ; cela reste une dualité importante qui pourrait se retrouver dans la personne qui ne peut comprendre son être et ses limites déjà inscrites dans le guide intérieur de la survie des sens (forme intuitive).

Mais la beauté et la pureté de se retenir avec un cœur d'amour si pur pour un autre amour si pur, ne peuvent qu'être comprises par les grandes charges de l'univers. Tout se passe dans nos charges de créations émotionnelles.

La bioélectricité que vous allez faire circuler en vous et que vous dessinerez par vos valeurs et vos croyances, bouge constamment, comme d'ailleurs tous les éléments. Où cette force de l'innocence vous porte-t-elle à la manière d'un dragon de légende vers les flammes de vos énergies intérieures qui devront encore trouver les limites de votre cœur et de vos désirs ?

La puissance de la croyance est chaque fois modifiée en fonction de votre cœur ; ne croyez pas le mot à mot, car à travers les mots se cachent des sens puissants qui se connectent avec les directions à suivre qui vous attirent et captent vos mouvements dans un champ de sentiments qui demandent une compréhension détaillée de ces mécanismes intérieurs.

Le contact en vous, de votre être, et de la libération dans la recherche, est défini par vous-même comme étant la contrariété ! Gardez cela en tête. Il s'agit du vrai contact. Le contact de l'être dans sa matière de création. Le contact ultime avec son apprentissage de lui-même et de la vie qui s'est collectivement arrêtée dans le temps des mots de l'opposition. La contradiction des sens ; vous respirez par le haut et par le bas ! La grande puissance qui a perdu son sens ou qui oublie quel sens prend la vie dans la nature.

La contradiction est en fait le contraste de tout en vous.

Cela se passe dans votre monde entre vos deux oreilles soutenu par vos pieds sur terre et dans vos mains.

La dualité de vos sens ne se laissera pas faire et ne se laissera pas dominer par un ouvre-bouteille de l'ensemble. Vos pensées, pourtant, raccordent vos sens inversement. Aussi, vous n'accepterez pas le changement de l'être !

Le combat de la matière de vos temps a commencé en vous. Le passé de vos idées sera dur à combattre et le présent de l'eau fera toujours bonne figure pour vous aider dans vos figures de pensées. Les particules se changeront en gaz pour aider à susciter un changement. Voilà où était la perte de lumière dans vos cellules qui se manifeste par votre manque de compréhension en votre vie intérieure.

Où sont les preuves et l'évidence que l'on ne cherche pas encore à vous détourner de vos projets et de ce que vous aviez décidé par le passé ? Voilà la pierre dure au gré du temps qui persiste en vous et qui touche la profondeur des sentiments que vous gardez à tout prix sans avoir modifié les choses en vous.

On naît et vit avec des sentiments immenses d'associations qui nous différencient dans nos liens du cœur. Plusieurs défendront leur idée jusqu'à la mort (vie électromagnétique).

Votre vie, actuellement bien présente dans la création collective du temps passé, éveille une présence de structure importante dans le présent où l'eau coule pour modifier les formes en mouvement. Un partage d'impressions et de sens chargés de pensées. Ces charges de pensées émotionnelles sont des liens (tubes) à travers l'énergie temporelle et l'énergie du présent en collectivité, pour une énergie qui a un sens dans le futur, toujours d'ordre collectif. Tous les projets futurs que vous souhaitez réaliser sont en train de changer en vous. La contradiction vous appelle à changer des choses ou à chercher à se battre plus fort. Elle cherche à trouver un accord entre vous et l'univers de votre énergie, et de lui expliquer avec cœur l'importance de votre action pour le meilleur de tout le monde. Le gaz se disperse dans vos pensées pour appeler l'aide demandée.

Croyez en cette réalité d'appel en vous que vous pouvez invoquer. Car oui, votre univers intérieur est en communion avec l'univers qui vous entoure. Des particules de vos pensées et de vos désirs s'uniront toujours aux liens du cœur. Tout est écouté et entendu dans l'univers.

La conscience comprend certaines grandes évidences, mais le tout était caché en vous et dans vos traces du temps. Vos traces du passé sont si dures et toujours comme de la pierre en vous, dans vos systèmes ; aucun moyen d'écouter autre chose que la difficulté de changer qui se fait sentir par un mal-être en vous et dans votre esprit.

Le contraire des miroirs existe bel et bien en vous et dans vos illusions de vous-même ainsi que dans vos croyances et vos espoirs intérieurs. Il serait facile de s'y perdre. Vous écouterez donc l'histoire du temps de votre conscience et de tous ces symboles du temps en vous.

L'opposition du temps passé si dur et fascinant existe en vous. Quelle autre beauté se cache en vous-même dans ce temps passé de vos vies antérieures et qui dort depuis si longtemps qu'elle peut se refléter dans vos illusions et devienne votre miroir ? Dans la quête de votre lumière par votre monde caché entre vos deux oreilles.

Mots et musique vous appellent dans vos sens, et les interprétations du temps vous parlent encore avec tellement de force qu'on ne peut que les écouter dans un champ de contrariétés.

La divergence du temps actuel en vous est omniprésent dans vos sens. Quand ? Le miroir est la seule fenêtre en vous. Vous ne pouvez résister à aller vers ce qui brille, car la contradiction du temps se présentera toujours en vous. Dans les tubes de votre monde intérieur, les tunnels les plus noirs et les plus blancs de vos sens vous amèneront à actionner des pensées dans la lumière ou dans la pénombre de vos émotions. Donc, dans le présent, on garde le miroir et on le suit sans penser au reste.

La contradiction du futur, vous n'en voulez plus. Le temps s'arrête encore dans vos idées. Mais encore là, vous regarderez le miroir qui brille et qui vous appelle, car vous-même vous ne voyez plus rien en vous. Le futur gaz se mêle et s'assombrit avant de briller réellement en vous et parmi vos idées. Ô, matière de la pensée, force de mon énergie d'imagination, où es-tu ?

Le futur n'existe plus dans la contrariété. Il vous faudra un miroir, une lumière que vous trouverez dans les temps des cœurs en reconstruction pour un futur plus clair pour le monde et qui réanimera votre lumière en vous, si la conscience s'éteint et que nulle lumière n'éclaire votre monde dans la recherche de vous-même et que vous ne sentez plus rien et ne voyez plus rien. Voilà une belle illusion de vos sens ! La vie bioélectrique est toujours, là en vous, dans des réseaux souterrains. Vous n'êtes pas mort.

La mort, c'est le magnétisme du temps et de la conscience de la vie qui vous y amènera. Le miroir de la conscience existe bien. Pourtant, où est-elle ?

Tabarnak de conscience en câlice de ciboire, d'ostie de criss !

Dans le miroir de la conscience ! Où êtes-vous, putain de merde ?

La contrainte vous oblige à vous assoir seul dans le noir.

Vous sentez malgré tout la vie en vous. Elle existe, mais elle ne vous habite plus. Mais que se passe-t-il dans votre vie ? Dans vos créations collectives de contrastes profondes ?

Où êtes-vous encore ?

O.K.

Vous prendrez un peu de temps.

O.K.

Vous vous reposerez.

O.K.

Cela vous aidera à y voir plus clair.

O.K.

Vous vous éloignerez un peu du tout.

O.K., mais vous saviez bien que vous ne pouvez pas vous éloigner de votre conscience en dualité. Allez donc respirer par le bas et par le haut… Ça vous fera du bien !

Vous allez partir au loin vous promener un peu en vous, sans personne pour vous faire obstacle. Juste vous et vos temps, et votre conscience de contrariétés et tous vos sens qui s'y rattachent (formes en recherche de structure).

Vous respirerez et écouterez, calmement, votre énergie tourmentée.

Au loin, vous serez mieux en vous et vous trouverez le voile de la lumière de vos divergences.

Une question demeure en vous… Suis-je assez loin de moi-même ?

Votre tête se frappe à une réalité de votre être. Votre être est vraiment quelque chose d'électrique et de bioélectrique et en relation magnétique avec la nature qui vous parle. Vous ne le connaissez pas vraiment, mais il est constamment en vous et en lien pour vous le faire sentir.

Votre corps fatigué, votre cœur assombri et votre conscience perdue dans le néant.

La contradiction est dans la respiration de la tête vers le bas. Même si vous essayez de respirer vers le haut, vous n'y arrivez pas car l'énergie du bas se retrouve aussi en vous dans une inversion de direction.

O.K. Alors, allons découvrir votre très bas en vous au plus loin dans vos racines.

On ne peut être plus bas pour ceux qui ne croient pas à l'existence de la conscience d'énergie partagée dans nos échanges et dans l'écoute de la réparation de votre survie. On se nettoiera de tous en ces lieux. On ne croira en rien en ces lieux. On ne ressentira rien en ces lieux. Mais on sera toujours conscient de notre mal et de notre manque de lumière en nous-même.

Où est l'énergie de survie ? Où sont les mots et leurs couleurs ? Qui a éteint la lumière encore une fois, si les harmonies des sens émotionnels ne se retrouvent pas ?

Oups ! Merde ! C'est vous et vos formules d'interprétation ! Vous n'avez rien fait.

Vous vouliez juste être heureux en vous et agencer vos désirs sans vouloir comprendre les conséquences de vos idées et de vos croyances du temps dans vos pierres qui demandent une transformation dans vos tubes. Et voilà que vous ne savez plus où vous en êtes dans votre vie, mais se dessine enfin l'harmonisation de vos contraintes. Alors, qu'est-ce que vous pourriez trouver ?

L'accord de vos liens dans votre famille et avec vos amis et tous ces liens du cœur en position contraire. Et le sens des mots qui se noircit ou se blanchit par les accords des 316 structures osseuses de votre base en forme humaine.

L'addition est l'unité de l'être : 3 + 1 + 6 = 10.

La ronde de votre énergie de base dans tout ça est en opposition et doit apprendre à bouger pour aider l'énergie à circuler, réceptionnée et analysée par votre charge bioélectrique.

La contradiction associe vos mondes du toucher et du ressenti perpétuellement pour découvrir votre être qui doit se révéler à vous-même. Et là, la toute-puissance en elle-même est en lien avec l'énergie collective.

Quel est ce puissant système d'opposition à revenir souvent vers vous-même et vers l'ensemble des liens ?

La charge de cris et de pleurs dans nos changements et dans nos vies pourrait prendre une autre direction ou une nouvelle forme, car votre monde intérieur vous a entendu et se connecte à tout pour vous présenter votre chemin de vie et vous mettre en lien avec des êtres qui, comme vous, recherchent l'équilibre de leur forme déjà écrit en eux et dans la matière de l'énergie qui recherche la forme dans sa charge de l'EIUS.

L'attraction sexuelle sera toujours un guide qui vous provoquera et qui fera en sorte, pour certains, de choisir une direction visant à tenter de comprendre les liens d'énergie que vous recherchez et dont vous avez besoin ou non ! (Contraintes)

Des chemins remplis d'embuches et de bouleversements qui aident encore votre conquête vers le bonheur de votre être (formes inspirées et expirées).

La contrariété est le contact de l'être vers vous-même et l'équilibre, contact de nos sens à ressentir à travers votre matière de pensée émotionnelle. Le mal commence à avoir du sens, si vous comprenez votre force personnelle à toujours aller vers vous-même dans l'éducation de vos absorptions d'énergies.

Le contraire dans la sexualité que vous comprendrez, on parle de contact à son être pour activer des charges qui vous aident à trouver votre bien-être dans vos formes de partage.

Le contact sexuel est la plus belle chose à échanger dans la vie quand le vrai de notre être est là et que l'autre est présent également.

Un travail de l'énergie se produit et des contacts avec vos sens s'animent. On reconnait dans la force de l'énergie des dualités, des traces du temps, des contrastes et des souffrances de l'âme de dimensions inversées.

L'amour est un acte de débranchement vers vous et la beauté de l'être pure en vous. Avoir envie de ressentir les différents chemins que la vie peut vous apporter pour votre monde intérieur par un ou plusieurs contacts rapprochés.

Certains d'entre vous auront plusieurs partenaires avant de découvrir l'union des pensées pures et leur force formidable dans les échanges et les sentiments de l'équilibre.

L'énergie a fait de nos vies des dessins tous très différents et uniques dans l'échange. Elle vous répondra comme vous lui avez toujours parlé, à travers votre cœur et vos actions, qui devront trouver un moyen de suivre de nouvelles formes.

Comme je l'ai mentionné, chaque particule, chaque atome de votre être échange constamment avec la nature dans tous vos actes et par les étincelles de votre cœur. La puissance de l'énergie sexuelle peut être retenue ou libérée. Vous choisissez.

Vous êtes le maitre de votre sexualité, de la conscience de votre corps, mais vous n'avez aucun droit sur le corps d'autrui sans invitation réelle du cœur et des sens dans un équilibre de la vie. La nature vous aidera à continuer à vous diriger vers votre être intérieur, car les puissances de votre énergie sexuelle pourraient y être libérées sous forme d'énergie pure pour votre bien et celui de ceux qui vous entourent.

Les cristaux de la sexualité sont libérés pour nos temps passés, présents et futurs. Voilà encore une belle panoplie d'étincelles à comprendre par l'être.

Le passé de vos mémoires de contraire sexuel vous appellera dans votre éducation pour vivre en vous-même des situations de l'esprit et de la conscience à nourrir avec cœur. Encore une fois, vous voudrez, par vos désirs et vos envies, voir toujours plus loin en vous-même et dans votre être. Attention à l'énergie dans l'illusion puissante de la vie et ses paradoxes.

Où êtes-vous par une nuit d'échange corporel ? Seriez-vous en harmonie avec votre conquête dans vos sens et conscience ? Dans l'abandon à ce plaisir qui, par la suite, se transforme dans la réalité en un bonheur incroyable et parfois, avec le temps, en une prison aménagée par vous-même dans des échanges inconscients de la nature qui domine avec conscience les formes de l'énergie.

Le maître créateur de vos ardeurs sexuelles vous libère tellement et partage énormément avec vous pour éveiller vos valeurs ou celles de l'univers de l'équilibre pour tous qui commence en chacun de nous. Particule de l'univers sexuel, votre mission est semblable à celle de tout le monde : la libération et le bonheur de l'énergie libre pour tous.

La conscience se réveille sur la sexualité de dualité de contraste, action naturelle de contact avec son être pour comprendre, le plus profondément possible, où se tient votre être.

Création de bonne santé bioélectrique qui aide la conscience et qui nous rappelle que le mot valeur pourrait être simplement chaleur (accord respectueux).

Cette charge de chaleur vitale où le corps et la santé de l'être émotionnel veulent survivre et appellent l'utilisation des sens pour développer un certain respect des ressentiments. Cristal de vos angoisses intérieures et si profondes en vous dans le passé qui va revivre et se retravailler dans le présent pour votre futur en construction avec vos pierres.

Les cristaux du présent en charge constante s'animent par vos instincts de la conscience de cette puissance en vous (*jumping*), comme s'il n'y avait pas d'autres solutions que de se laisser soumettre à sa puissance sexuelle qui anime tous vos sens pour la connexion de vos besoins.

Pour les êtres qui auront besoin de l'échange de cette belle énergie et de faire parfois du mal ou du bien, ou encore et toujours sous forme de découverte de son être intérieur qui nous appelle par notre être unique qui veut briller dans l'échange. Le présent vous appelle à vous retenir pour l'amour de vos valeurs et que votre être aime plus que tout, eh bien, écoutez-le. En effet, l'être intérieur est celui qui veut survivre et se sentir de mieux en mieux avec lui-même. Un travail de votre bioélectricité se déroule dans votre corps.

L'avenir de vos actes sera en lien avec votre passé et votre présent qui font leur œuvre. Vous serez attiré par le passé dans vos vies présentes, des êtres déjà rencontrés pourront vous activer ou vous emprisonner grâce à vos liens de croyances qui dansent avec vous dans l'interprétation de l'énergie qui devrait toujours être ressentie en vous.

Une vie nouvelle de nos échanges sexuels sur le Web. Un échange ressenti à distance et échangé avec plaisir sans aucune attente, juste du plaisir pour le plaisir. Nous partageons simplement nos éléments bioélectriques en échange de ressentiments.

Vous pourrez ressentir en vous ces échanges et le bien ou le mal que cela suscite dans le corps de l'esprit de l'être dans sa dualité de fabriquer l'équilibre à partir de son cœur.

Bon, votre conscience est limitée par la déformation de la croyance des liens. Mais elle peut aussi vous diriger correctement par les liens en octave de vos vibrations qui doivent circuler à nouveau dans le futur de l'équilibre de tous.

Et quand les liens se créeront, vous dénouerez tous vos nœuds en vous et, enfin, l'amour de ces liens se transformera en octave libre et déchargé par l'énergie de la nature et des êtres.

Votre énergie associera un Nouveau Monde de besoins dans l'ensemble collectif pour aider à continuer au mieux votre chemin intérieur de création spirituelle. Vous emprunterez les ponts de votre monde intérieur et découvrirez toutes les situations intérieures que vous avez créées dans vos désirs du temps et votre passion pour vous sortir vous-même de vos situations intérieures. Des fenêtres comme celle-ci :

« Oh ! Je désire tellement cette femme ou cet homme dans mon lit et dans ma vie. Je veux cette personne. Elle est en lien avec moi. » Cela signifie le reflet du miroir de la pensée unie, ou l'illusion du miroir.

Ces fenêtres de votre énergie vous expliquent que vos charges d'énergie voudraient comprendre avec cœur et conscience les éléments de vos désirs et pensées et, surtout, pour un échange de charges bioélectriques qui permettrait aux deux êtres de comprendre mieux et de sentir mieux les choses en réalité en eux, et particulièrement de voir les miroirs partagés qui attirent les êtres les uns vers les autres dans un champ de pensée partagée.

Personne ne devrait en accuser une autre à propos de son état intérieur d'énergie et de conscience de la vie et de ses ressentiments remplis de sentiments que l'histoire nous a légués dans nos comportements.

Les formes des temps s'agencent vers des êtres pour leur faire comprendre et leur faire ressentir le bien et le mal dans leurs tubes d'échanges (relations). Des associations impressionnantes qui commencent à se multiplier dans le monde grâce à l'écoute de votre cœur pour les autres. Des formes octaves vous relient à la base de votre racine jusqu'à aujourd'hui, pour un échange pur d'empathie et d'amour universel envers ceux avec qui vous partagez l'oxygène autour de vous dans cette énergie qui doit être partagée.

Les sens se sentent à travers les fenêtres du temps de nos vies intérieures et pour nos vies futures !

Le respect de tous nos actes sera une étape extrêmement importante à respecter. Voilà l'énergie qu'on doit ressentir en premier lieu pour soi-même et pour les autres, dans la contrainte et le contact de son être qui cherche l'équilibre intérieur en lien avec ces tubes d'échanges.

Voyageons ensemble dans nos sens et la contrariété du temps.

Le passé, en latin, du mot amour = *diliges*.

Le présent nous informe à propos de l'amour par le passé et sa signification et son sens des temps anciens dans la langue latine, la mère de notre base linguistique, qui a développé nos sens émotionnels autour de sa forme qui a créé en nous, par la nature et nos perceptions collectives et individuelles, des tubes d'échanges pour nous diriger.

Proposition du présent : diriger.

En contrariété, on pourrait dire : *dilem*, délit, dualité, dénouement.

Dure : comme le passé du temps en nous.

Voilà les charges bioélectriques à surveiller en vous et à travailler dans votre vie.

Par le cœur, tout circule en vous de votre guérison et de votre futur dans ce monde d'énergie libre et heureux avec tous.

Suivez votre monde intérieur par votre cœur et ce que vous ressentez en vous dans l'amour et la passion des gens autour de vous. Comprenez maintenant la haine et sa dualité. Prenez votre temps à chaque étape en vous.

Écrivez vous-même votre être intérieur, source de lumière pour le monde, et en premier lieu pour votre survie.

Le cœur, en latin : *cor*.

Le passé nous frappe par l'entremise de cette matière biologique qui nous relie à travers nos formes. Le passé est important dans vos sens.

Le latin vous l'apprendra par vos sens ; tout n'est pas écrit. Cela est écrit avec vos nouveaux sens de compréhension du temps qui doivent encore se développer en fonction des sens des vieilles langues du monde.

En latin, le passé : *praeterita*.

Notre présent signifierait, dans nos sens actuels : priorité.

Comprenez-vous ?

Le cœur : *cor*, en latin. Au présent moderne, on penserait à corps.

Corps, en français, donne le *corpus* en latin des temps de tous nos sens qui pourraient se transformer en contradictions.

Comme le mot « voir » du français vers le latin donne « vide ». Comme le présent, vous sentirez la vigilance du vide à avoir avec vos sens qui vous parlent. Écoutez-les ! Comprenez-les.

Pour trouver en vous le vrai de votre cœur et comprendre de plus en plus l'être qui s'accordera toujours mieux avec vous. Vos sens seront vos interprètes dans les dimensions du temps et, surtout, écoutez votre cœur = votre corps à chaque détresse. Faites l'analyse de votre état d'être qui veut naitre en vous dans de nouvelles compositions.

À la recherche, à la vie, à la mort. L'éternité est là pour nous tous.

Attention au « je » du français, car le monde du temps passé dans notre énergie comprend aussi très bien le latin du temps passé, et le « je » signifie « égo » ou « égaux ». L'équilibre se fera dans la vie et dans la légalité de nos charges partagées dans les temps. Une rotation vertigineuse se produit pour un grand changement dans votre énergie.

Axel du changement

Dans l'axel de votre être, les chiffres varient constamment et prennent des formes chaque fois différentes en fonction de vos efforts à les transformer au contact de vos rencontres et votre capacité à réécrire les choses dans les tubes partagés au loin de votre être (le pouvoir du changement des formes).

L'axel du contraire et du détournement de votre être.

Votre énergie testera toujours vos connaissances intérieures en tout temps pour que vous puissiez sentir encore en vous vos chemins à suivre.

- Liens
- Parents
- Présent
- Futur de nos vies
- Passé de nos vies
- Conscience et inconscience

Une rotation sur vous-même de l'intérieur se fera, un axel complet sur vous-même comme un bon patineur qui aime sentir les mouvements de la vitesse des éléments intérieurs et extérieurs qui tournent autour de lui.

Une intensité montera jusque dans vos yeux. Vous la sentirez et votre intérieur prendra feu. Comme un bon nettoyage de l'énergie qui se transforme en vous à chaque fois que vous allez sentir vos sens augmenter et lier des marques dans vos connaissances et vos lumières de compréhension.

La colère prend place dans la transformation. Elle est tellement présente en certains de vous que cette force intérieure jaillira pour l'inversion de vos mondes. La rage monte en vous et éclate, puis redescend et remonte encore pour éclater en fragments d'énergie dans des périodes de nos vies. Une sensation électrifiante du nord et du sud et de l'est et de l'ouest de votre planète entre vos deux oreilles.

Quand vous dites des choses que vous deviez exprimer à ceux qui devaient connaitre votre mécontentement, une extraordinaire légèreté s'empare de vous. Un sentiment de bien-être se réinstalle en vous. (Il améliore vos formes de pensée et fait circuler l'énergie.)

Oui ! Vous pouvez parler de votre colère, mais parfois il est impossible qu'elle s'exprime selon les situations que vous combattez intérieurement. La composition de la colère est un mélange d'amour, de peur, de stress, de frustration, de sexualité, de conflit de pensées, de bon sens et de non bon sens.

Si on vous avait expliqué le fonctionnement de votre énergie, vous auriez changé depuis longtemps, juste pour l'amour d'un état collectif d'équilibre. Les miroirs des êtres et leurs absorptions d'énergies.

Alors, la transformation du monde commence par vous. Vous voulez améliorer le sort des gens qui vous entourent et de ceux de vos vies futures dans le temps de la matière d'énergie.

Oui ! O.K., on commence d'abord par vous-même et on relie le tout avec amour et colère, ou encore en étant conscient de notre énergie mal interprétée ou mal véhiculée et pour que tout cela en nous travaille sur une charge électrique de notre énergie à découvrir. Il s'agit d'une cacophonie intérieure.

O.K. :) !

Le nettoyage du printemps commencera, quelle que soit la saison actuelle. En soi, on dispose de temps à chaque saison pour le grand ménage !

On est tellement émerveillé par notre énergie si fidèle, qu'on a encore un peu de mal à s'investir dans ce monde en déclin qui manque royalement d'action équilibrée de la pensée.

O.K. : (!

Ce n'est pas grave. On trouvera en nous cette étincelle à partager, qu'il fasse soleil, pluie, nuages, neige, tempête; on la trouvera en nous à travers nos actions futures.

Allons, commençons !

Premièrement, abordons vos connaissances sur vos liens familiaux pour comprendre le parcours de votre énergie et de toutes ses influences.

Les parents

Nos parents le sont devenus maintenant que nous pouvons les voir comme des êtres d'inconscience et de conscience avec les forces et les faiblesses de leurs valeurs qui mettent toujours leurs services dans la fluidité des besoins de l'univers qui les compose.

Dans une empathie sincère de leur parcours en tant qu'énergie, il est important de souligner leur combat intérieur qui, pour certains d'entre vous, vous aura protégés de bien des parcours difficiles ou, dans la situation inverse, aura provoqué des parcours difficiles. Ce sont les formes qui parlent et vos tubes d'échanges qui s'expriment encore. Soyez fort et combattant pour les plus belles formes qui composeront le monde futur de nos échanges.

C'est un parcours dans le temps d'une énergie distribuée et protégée par des marques de valeurs qui résonneraient comme un guide parental que l'on communique et consulte d'une vie à l'autre.

Les parents ne sont pas que ceux qui, biologiquement, ont fait l'action mécanique du corps. Cela reste très important dans le système de reproduction qui résonne en nous. Il est encore essentiel pour nos développements actuels, mais, voyez-vous, cela ne se dessine plus vraiment comme cela dans notre vie moderne qui demande du changement dans nos figurations intellectuelles (mentale + émotive).

Il faut comprendre que les parents de nos temps nouveaux sont ceux qui adoptent de belles attitudes et apportent autour d'eux de l'aide et de bons principes sur le plan collectif.

On peut les aider de deux façons : positivement ou négativement. C'est une réalité. On s'aide bien souvent en poussant l'autre à bout, ou on lui rend service en cessant de le soutenir. Les parents sont des gens qui écoutent les autres. Nous sommes tous parents les uns des autres, et ce, quel que soit notre âge.

Dans l'énergie du vrai, on l'apprendra tous au cours de notre parcours de vie. Les jeunes et les plus vieux que nous aiderons et avec qui s'échangeront de bons conseils dans notre direction à écouter avec notre conscience du cœur dans l'expérience des autres et de leur vécu que l'on ressentira dans nos tubes d'échanges. En fait, nos choix sont faits en fonction de cette force de conscience et d'inconscience du cœur qui est partagée dans les tubes.

Le principe d'un parent est d'aider et d'aimer l'enfant de la terre. Les mondes autour de nous écoutent. Notre montée dans nos liens et connexions du respect et des valeurs aide les cœurs et le changement car nous nous retrouvons dans la même matière électromagnétique.

L'enfant doit être protégé quel que soit son âge et son appartenance. Ainsi, nous apprenons à échanger nos connaissances comme des enfants en processus de transformation du monde, pour améliorer toujours la diversification de nos liens sur terre et entre nos deux oreilles.

Se dessine actuellement la spirale dans nos sens des mots et leurs valeurs énergétiques pour les futurs parents qui participeront au tout de l'architecture de nos vies futures. Une source incroyable qui se retrouve en chaque parent de la terre qui développera son être à travers son échange avec tout ce qui vit en lui-même et autour de lui.

Nous sommes déjà tous en plein travail de recherche de ce que l'on est réellement en tant que parent sur la terre.

La libération des charges par la communication parentale. Un vent de réflexion et de vrai échange sur nos sens intérieurs et nos valeurs.

Le regard de communication s'exprime instantanément avec celui qui nous aidera à nous diriger, et ce, qu'on regarde avec nos yeux ou avec nos sens multiples. Les vents d'information nous traversent et déclenchent en nous des libérations de lumière qui nous dirigent dans nos actions parentales.

Peut-être — On verra — Oui — Non = charge électrique d'énergie.

Il est tout de même amusant de constater que le mot « parent » nous ouvre la voie de deux éléments de notre EIUS : l'un féminin, et l'autre masculin. Ces éléments nous informent à propos de nos formes intérieures sur nos pensées et directions à suivre par les grands schémas dessinés et déjà écrits de la vie.

Les recettes n'ont pas toujours bon gout !

Le guide de vos impressions peut vous orienter vers ce qui ne vous convient pas du tout, pour aller encore au bout de vous-même et de votre chemin de vie. Vous vous attacheriez à ce qui n'est pas bon pour vous, que ce soit alimentaire ou autre, car vous devez trouver en vous votre vrai bon sens.

Ce procédé naturel qui vous dirige avec cœur doit vous permettre, au fil du temps, d'apprendre ce qui vous lie ou vous attire. Il y a beaucoup de choses qui devraient en fait vous repousser, mais qui, pourtant, vous attirent. Pourquoi la nature nous inverse-t-elle ainsi ? Et pourquoi sommes-nous en train de nous mentir perpétuellement dans notre esprit psychique ? Vous êtes en mode survie, mais pas encore en vie dans l'être.

Quelles seraient les bonnes recettes à réaliser en nous-même pour prendre enfin le contrôle de notre être et réussir à l'écrire de nous-même sans se laisser trop aller aux éléments de la vie qui est toujours en lien avec nous-même ?

La programmation d'une bonne recette qu'on aimerait tous échanger : trouver dans notre vie la ou les personnes qui nous complètent et avec qui nous nous sentirions entier et propulsé vers l'avant dans notre énergie. Imaginer et croire constitue un programme intensif de vos schémas, encore une fois un piège de l'esprit et du cœur. Vous aimez projeter ce qui vous enferme plutôt que de vivre la vie comme elle doit être vécue pour enfin progresser dans le sens de votre être.

Si on se sent complet et sécurisé, cela est extrêmement bénéfique pour de nombreux systèmes de notre équilibre de confiance et nous permet de réaliser énormément de belles et bonnes choses. On ne peut pas se réaliser seul. Mais la vie nous explique que tant qu'on se mentira à soi-même, on ne se réalisera pas.

Le mensonge envers soi-même dans nos pensées relève des éléments des temps vécus et des idées de mensonges véhiculées autour de nous qui sont perturbants et qui nous incitent au doute d'une recette suspecte.

Nous avons tous besoin de repères dans notre vie.

Une maison a besoin de fondations solides dessinées par un architecte. Quant à vous, le terrain sera d'abord analysé par un expert (vous) avant de pouvoir y construire quoi que ce soit. Voilà ce que l'on recherche dans un partenaire de vie.

Pourquoi beaucoup de pays reconstruisent-ils des maisons dans des lieux qui seront à nouveau détruits par la nature ? C'est comme si on acceptait de se détruire soi-même pour ensuite recueillir des fonds pour les pauvres sinistrés. Avons-nous perdu la conscience de la valeur de la vie humaine sur terre et notre énergie dans l'univers ?

Où est le bon sens de nos croyances ?

On ne jugera pas ce qui a déjà été fait et ce qu'on fera. Seulement, nous ne sommes plus des enfants ; nous sommes des êtres d'énergie.

Aujourd'hui, vous libérez et partagez les connaissances dans le contexte où vous deviez reconstruire des lieux. Vous feriez avec conscience des endroits et des circuits de la nature de la terre. Pour une bonne recette, les lieux sont importants pour tous les mondes, malgré les interférences auxquelles vous faites actuellement face.

Les traces du temps de notre latin nous apprennent encore autre chose sur le mot français « interprétation » vers le latin, qui nous donne « et solutionnant ».

Est-ce que l'interprétation de nos agissements est vraiment la meilleure recette en nous ? Serait-elle la meilleure à suivre comme solution ?

L'interférence

L'interférence de liens synchronisés avec vos sens vous fera régulièrement la démonstration de votre être et de votre présence dans une loi d'attraction qui éveille en vous le sens de la foi et de la science des formes, combinaison orchestrée dans les formes des bâtiments sacrés et les formes de la nature. On a réalisé aujourd'hui nos associations de sens dans ces temps nouveaux où l'heure est à la découverte de la vérité des lois qui passent par nous et notre être profond. Ne pas voir et ne pas interférer avec son être véritable représente peur et mauvaise interprétation. Les liens et les êtres se relient où que vous soyez sur terre.

Ensemble, nous chargeons nos vies symboliques et les dimensions de nos esprits qui nous donnent la force de traverser des situations déjà bien orchestrées par nos liens. La loi est en vous et la réaction de vos nouvelles découvertes vous allume sur l'importance de la chaine de la vie sur la race humaine.

Le départ des plus grands bals du monde a débuté en vous par votre interprétation de la vie.

Vous êtes arrivé dans le monde des interfaces où vos SUES vont prendre leur décision sur l'interprétation que vous voudrez donner par la souche de votre cœur qui révèle la science de notre partage d'amour (**SUES = sens unis d'énergie sensorielle**).

L'amour se sent en nous et se partage inversement dans le temps. Nos bulles se sont ouvertes vers les ports et les ponts de nos accords entre nous et les autres êtres sur terre. Nous avons mangé le même pain et nous utilisons les mêmes systèmes d'information.

La préférence d'aller dans le sens contraire du courant sera vue et ressentie par les autres. Ils se demanderont pourquoi tel individu n'agit pas comme les autres, en s'interrogeant sur la direction qu'il prend. Il jouera le rôle de la différence pour ouvrir les portes des liens entre eux. Il sera le contact entre tous ceux qui le regarderont et qui ne le suivront pas, mais il aura transmis des idées nouvelles des lignes du cœur et de la conscience de personnes différentes : les fous, les artistes, les drogués et les originaux ouvrent la voie à des sentiers que tout le monde empruntera un jour.

Offrir son courage et son dévouement à la vie et en consacrer son existence par pulsion de son être profond sera une réalisation future pour chacun dans nos interférences entre la science, la foi, le mental et l'intuition. Ça croustille dans vos oreilles ! Mais quel est ce son de friture que vous percevez ?

Oh ! Des interférences de portes qui ont du mal à s'ouvrir sur la création de demain de vos nouveaux moyens de communication. Voilà enfin le bon moment de voir ce qui pousse en vous !

Les premières impressions sont toujours basées sur les vieilles connaissances. Les sentiments qui s'y rattachent sont toujours un bon départ et demandent une nouvelle fleuraison de vos idées en évolution sur la réalité de votre être. Restez amusé comme un enfant. Un jeu s'installe entre vous et votre être. Les devinettes joueront dans la danse de la pensée, selon votre interprétation longuement réfléchie, ou encore une compréhension instantanée de votre intuition. Le jeu de votre énergie et de ceux qui vous entourent ressemble à un match de soccer ou de hockey. Vous êtes le ballon ou la rondelle ! Le but est d'arriver à faire s'amuser les joueurs ensemble dans un jeu d'équilibre, d'observation et d'écoute. Chaque match est un défi et une réalisation. Cela demande des efforts de la part de chacun. Pour se diriger au filet, chaque joueur donne le meilleur de lui-même pour contrer les obstacles, et vous vous approchez le plus près possible du but.

Chaque match n'est pas toujours gagnant et vous n'atteindrez pas souvent le filet. Tout se joue en équipe. Il faut accepter d'être le joueur en position attaquant ou en position défenseur. Vous ne pouvez pas être toujours celui qui a le ballon ou la rondelle dans vos démarches intérieures. Il y a trop de joueurs, et chacun a sa place bien établie dans un long match pour la vie égalitaire. Il sera important de savoir prendre toutes les positions sur le terrain ; savoir être dans la peau de l'arbitre et sortir du jeu est important. Il faut savoir réaliser que vous devez prendre des décisions pour ceux qui n'arrivent pas à comprendre la justesse du cœur et des lois de la vie.

Vos décisions seront souvent critiquées par les partisans, mais ils sont aussi là pour vous déstabiliser dans vos choix. Soyez clair envers votre cœur et respectez votre monde intérieur. Vous êtes la personne qui, par moments, a été désignée par la vie pour trancher des situations avant que le chaos ne prenne du terrain.

On vous écoutera si vous êtes en confiance et catégorique dans vos décisions. Il ne sera pas toujours évident de prendre des décisions pour un ensemble, mais voilà qu'aujourd'hui, si la vie vous pousse à être l'arbitre pour les autres, vous devez être en mesure de faire des choix collectifs.

La position de gardien de but comporte deux côtés : on est bon ou on est mauvais. Ne vous laissez pas influencer par les charges de pensées des partisans. Suivez le jeu, ne lâchez pas des yeux le ballon ou la rondelle, et faites de votre mieux.

Le jeu du ballon ou de la rondelle est la charge, le feu en vous qui cherche l'aide le soutien. Le jeu sera tout le temps inversé dans le match au cours de vos échanges de feu qui pourrait très bien prendre la place du joueur comme protecteur et défenseur, après être passé par le rôle d'attaquant et s'être retransformé quand vous arriverez au filet comme un ballon ou une rondelle.

Que dire des positions éloignées quand on devient soi-même spectateur du feu où on n'a pas le choix de crier de joie ou de se mettre en colère, dépendamment quelle tournure prend le match et quelle équipe on veut gagnante ?

Le feu qui se propagerait vers les spectateurs en alternance avec le terrain est très puissant et peut contribuer à affecter les joueurs et les spectateurs, avant ou après le match. On aurait cru que ce feu influencerait plusieurs positions à la fois et que d'autres autour de vous le ressentiraient. Pour un match dans le monde entre vos deux oreilles qui se relie l'un à l'autre dans des mouvements de masse. Le terrain est si grand et peut paraître souvent si petit, selon les déplacements du feu parmi les êtres qui interfèrent les uns avec les autres dans un esprit d'entraide.

L'interférence de la racine du temps, en latin : *prohibente*. La *prohibente* joue dans le feu et nous permet les actions suivantes : écarter, éloigner, empêcher, défendre, interdire, préserver. Amusement fantaisiste du présent de nos sens libres de la vie qui nous donnerait : « *pro il bande* » !

L'imagination du présent cultivé nous donnerait : « prohibition ».

Tout ce qui nous sera interdit nous enflammera dans l'envie d'une recherche de compréhension collective de nos charges véhiculées dans notre être.

LA CINQUIÈME PORTE

Se voir et se reconnaitre en quelqu'un.

Le cinquième pont du miroir

Qu'est-ce qu'un reflet de miroir ?

- Une personne que l'on regarde avec qui on connecte par nos ressemblances intérieures (voir, sentir, entendre les formes identiques).

- Une personne avec qui on sent qu'il y a quelque chose à aller puiser, une attirance de l'âme bien souvent détournée. Des nœuds dans les tubes peuvent constituer des traces du temps dans vos échanges. On ressent alors une certaine tension.

- Dans un groupe de personnes avec qui on aime rester et prendre du bon temps pour l'énergie de groupe (formes de bons sentiments partagés).

- Un membre de notre famille chez qui on se reconnait soi-même dans nos gouts et dans notre caractère (association de formes du mental et de facultés similaires).

- On peut se voir dans des humains, mais on peut également se voir dans les yeux des animaux (échange de sentiments dans des formes de communication empathiques).

- On peut se voir dans la nature (forme de base unique de se sentir en lien avec les éléments qui nous entourent).

- Il existe jusqu'à plus de 58 faces de miroir qui, comme base, représentent le diamant parfait pour nous permettre de trouver la forme.

Dans la grande famille géométrique, il existe 60 familles qui comprennent la complexité de nos découvertes personnelles des reflets de la vie à travers nous et dans nos échanges familiaux et sociaux. La nature nous associe pour un changement en nous.

Voici quelques descriptions de miroirs. N'oubliez pas qu'il en existe bien d'autres que vous avez sans doute déjà rencontrés ou êtes sur le point de voir en vous à travers vos liens avec les autres.

Le beau miroir

Le beau miroir est celui qui vous aidera à voir en chacun des reflets de votre propre miroir en rapport avec vos liens dans les temps de vos vies superposées dans des schémas miroitants de sens dans l'énergie qui essayera toujours de joindre des ponts pour la compréhension de nos formes compatibles (structure des énergies des êtres dans un bassin d'inconscience où tout se relie à d'autres structures par un miroir). Une harmonie pour ceux qui nous entourent. Le vrai de la compréhension et de l'amour pour tous dans un futur monde plus juste sur la puissance de la vie.

Vous découvrirez, à travers vos reflets, vos propres mondes intérieurs. Ceux-ci vous relieront et ceux-là vous amèneront à aller vers les autres avec une intensité parfois déconcertante. Les diverses forces des reflets du miroir presque parfait s'attirent à travers une incroyable attraction.

Attiré par vos liens bioélectriques, votre être vous parle à travers des liens électromagnétiques de ce monde qui cherche des rapports d'échanges en lien avec la première porte de la survie pour la construction des ponts entre les structures de formes pour la survie des cœurs dans les êtres, et vous dirige toujours en vous-même en allant vers les autres. La nature lie de grandes structures pour le cœur des êtres qui cherchent le vrai en eux et dans les autres.

Miroir, miroir, qui est le plus beau de vos miroirs ? Eh bien, pour l'instant, votre beauté est fort similaire et se livre bataille ! Mais dis-moi, miroir : est-ce notre reflet ou une illusion de notre âme perdue que l'on voit dans le miroir ?

Eh bien, continuez à regarder d'où vous êtes placé et un jour vous comprendrez ou vous verrez en vous ce que le miroir voulait vous montrer dans votre être intérieur. Continuez à écouter les sens de votre cœur et éveillez toujours davantage votre conscience envers votre monde intérieur.

Le miroir peut être difficile à atteindre. Réussir à s'y voir ne demande pas de connaissances particulières, mais plutôt du bon sens. Il suffit de croire en soi et en son jugement qui nous est appris par la vie et ses diverses étapes. Écoutons le monde. Écoutons la vie se dessiner en nous dans nos sentiments échangés.

Ne jugeons pas le monde et ne jugeons pas non plus la difficulté d'atteindre le miroir ensemble. On travaille en son sens, donc vers nous-même. On a déjà de toute façon l'impression de l'apercevoir, ce miroir. Existe-t-il plusieurs facettes comme le diamant 58, pour entrer en contact total avec l'autre, donc avec soi-même ? Je suis toi, tu es moi, dirait le miroir au plus profond de l'être qui s'y ferait.

Je retarde le fait d'aborder des situations qui forment des points de miroir où les êtres se lient dans l'énergie de leur mal intérieur pour se sentir bien, pour ne pas être seul dans cette forme d'existence, mais toujours en lien avec le vrai de l'énergie qui nous apportera des miroirs de vérité.

Je crois que je sens et je comprends. Aujourd'hui, je décrète que tout sera bon pour l'être qui veut comprendre le vrai de lui-même dans ce monde émotionnel rempli de structures et de formes, dans le respect du cœur de mon être à venir. Le miroir des éléments de base passés, présents et futurs de conscience en vous. Faut-il y croire, quand les liens vous entourent le cœur et que brillent en vous toutes les couleurs de la vie qui résonnent dans vos sens ?

Doit-on nous laisser porter par la vague d'un sentiment ressenti qui nous captive et qui nous tire encore dans toutes les directions de notre monde intérieur ? Pourtant, si beau miroir, je te vois en moi. L'équilibre de la dynamique doit être aussi bien conscientisé. Il est beau, le miroir… Il est beau, l'amour en nous que l'on sent dans ce partage d'énergie. Parlez donc à ce miroir qui se présente à vous ! Ne le repoussez pas car vous apprendrez toujours plus à travers ce qui brille en vous-même et ce qui vous connecte aux autres dans des échanges qui ne seraient que des interactions envers vous-même et ce que vous êtes vraiment.

Le miroir de l'amour

Être et se sentir renaître par l'amour et se sentir parfaitement compris, épousé jusque dans ce que l'on juge en nous de plus laid et qui se transforme en beau en nous-même. Cette étoile qui s'enfonce dans la pleine lumière de notre cœur ouvert pour nous révéler une source d'eau en nous. Pour lui offrir ce que nous avons de plus merveilleux et de jamais échangé. Le vrai de l'être dans les schémas formés de la vie pour une aide, une vraie écoute des cœurs des êtres en lien avec le tout des formes. Un partage de sécurité pour que nous puissions nous sentir enfin accompagnés, pour nous appuyer sur ces rayonnements de conscience du monde qui veut rassembler les éléments en appelant le vrai de l'être.

Effleurer son être et sentir frissonner les racines de son âme dans un échange mélangé qui vous permet presque de caresser votre monde intérieur de sensations partagées. Une vraie synergie d'énergie pour sentir enfin l'être, non pas la femme, ni l'homme, pas même la mère, ni le père, ni l'ami, ni le sauveur. L'énergie des êtres dans une harmonie grandissante dans laquelle vos connexions vous font danser, les soirs de pleine lune, autour d'un feu.

Que votre réunion libère le diable créé par le manque de connaissances de vos pensées des temps et de vos formes par où la vie s'embrase par la découverte de l'être profond des échanges partagés dans les miroirs de vos univers. Que votre éveil sexuel soit vos yeux en vous-même pour un champ de réflexion dans un temps de compassion, dans la rénovation des êtres qui s'aident enfin et qui s'aiment. Vouloir l'amour pour que les sagesses remplies de folie se prennent enfin par la main comme des enfants. Que cette présence en vous se répercute aux quatre coins de la terre sous le souffle brulant de l'amour, de votre amant ou maitresse, de votre époux ou épouse, ou encore dans l'échange d'un soir sans lendemain. Vivre la sublime alchimie de l'amour dans tout son soi. Ce sera notre plus belle et notre plus grande expérience mystique créée par la nature.

Si naturel, si beau, si fluide, que nous gazéifions les éléments de pierre en eau dans l'optique de l'échange des miroirs de notre univers que l'on partage avec les êtres que nous rencontrons tout au long de notre parcours existentiel.

Le miroir de l'amitié

Rien ne pourra jamais séparer pour toujours des miroirs d'amitié. Plus tard, on sera toujours là pour eux, sans aucune condition car ils auront été créés avec des valeurs ou des échanges extraordinaires de respect et d'aide mutuelle qui perdureront à travers vos temps futurs. Vous ne pourrez qu'aider vos vrais miroirs de l'amitié que vous sentez en vous-même.

L'amitié sera aussi forte et même parfois plus forte que le miroir de l'amour. L'amour en amitié est une trace de respect indélébile.

Les réactions de l'énergie avec un ou des miroirs provoque dans le corps un échange de chaleur et de connections entre les personnes qui échangent leur reflet, donc le rayonnement de leur bioélectricité. Et cela se fait à distance grâce aux connexions que nous pouvons créer par le Web, par exemple. Dans des échanges qui accélèrent dans la masse électromagnétique de tout ce qui séjourne réellement en vous pour l'apparition de formes d'énergie.

La nature de nos échanges par la voix intérieure de sensations diverses s'effectue réellement dans la matière de l'électromagnétisme qui entre en réaction avec nous, quelle que soit la distance. Une expérience nouvelle pour notre être dans la communication par courriel et texto. Avec une communication, nous ressentons de plus en plus nos organes internes et on voit intérieurement la personne. Nos tubes en communication sentent de plus en plus consciemment la profondeur des êtres en communication.

Ces expériences nous rappellent simplement l'importance du temps et de nos vies et liens d'énergie dans la matière invisible qui nous entoure. Nous avons tous à la portée de notre être la possibilité de travailler et de comprendre cela avec amusement de la vie et de ce qu'elle nous incite bien souvent à faire. Je vous le dis !

Nous n'étions pas au courant de ce courant en nous et de sa force d'impact dans notre vie. Nous n'avions jamais pris cela fort au sérieux, même à certains moments avec beaucoup trop de légèreté, dans notre conscience. On acceptait nos réactions émotionnelles et, bien souvent, on comprenait qu'on s'emprisonnait en elles dans les schémas visuels de notre position que nous avions créée à cet effet dans le grand monde de l'inconscience.

Le miroir de la nature

Un programme est formaté dans chaque plante sur terre qui éveille en nous une ouverture de jeux d'observation et d'écoute. Le miroir nous anime par le vrai de nos sens, la dualité de ne pas croire en cette puissance humaine qui interagit avec nos développements et où nous devrions découvrir prochainement notre nouvelle vie.

La discorde des miroirs de la nature qui reflètent nos comportements par rapport à leurs souffrances ; vous êtes le miroir des lieux que vous habitez et la vie biovégétale qui vous communique des liens de croissance qui améliorent vos systèmes et ceux que vous devrez combattre. Le vide communiquera bientôt avec votre cœur d'enfant.

Comment toucher autrement la fragilité de nos vies et du manque de cœur qui empêche les êtres de vivre librement avec l'équilibre naturel de leur être ?

Le miroir de la nature nous appelle et nous fera la guerre jusqu'à la symbiose de nos êtres. Elle surveille constamment nos réactions et nos communications avec ce qu'elle veut apprendre à chacun de nous à travers nos miroirs qui peuvent nous amener dans un champ d'illusions. Par contre, nos sens, eux, jaillissent de la pureté de notre être. Il suffit d'en parler pour avoir la confirmation évoquée par nos sens.

Le miroir de la frustration

Un miroir d'étincelles bouillonnant qui nous empêche de continuer notre réalité, un partage de frustration des formes dans l'abandon et dans la dépendance de substances. Une harmonie unique qui emprisonne la plus grosse de nos douleurs dans la formation des cœurs, une formation dans la racine qui amplifie les frustrations des reflets de ce miroir qui préfèrent fuir et qui aiment la solitude ou la présence d'un miroir à qui on ne doit rien expliquer, mais qui perçoit uniquement le vrai de l'essence.

Le miroir de la frustration est la plus intelligente et la plus fragile de nos énergies dans l'échange qui peut transcender des forces incroyables dans les liens à distance d'êtres qui se connecteraient par ce lien. L'inconscience sera toujours un plus pour l'explosion des miroirs de la frustration qui ne voudrait pas se reconnaitre soi-même dans sa propre forme.

Le miroir et ses compositions

Voilà des formules d'idées et de sentiments qui se lient à différents degrés de notre développement intellectuel qui nous amènent à communiquer par des points de reconnaissance de nos pensées ou ressentiments absorbés autour de nous. Par les tubes, les éléments se reconnaissent par les reflets dans nos formes similaires. On éprouve un plaisir incroyable à travailler et à partager dans cette optique qui renforce certains de nos sentiments et de nos pensées dans la construction d'une future société unie et structurée par des sentiments et des valeurs ressentis, donc conscients de notre force d'union et de nos faiblesses.

Les miroirs sont une éducation qui nous permet de voir et de comprendre nos absorptions et les facteurs de cette énergie qui englobe nos vies.

Le rendez-vous dans octave

Vous ne vous croisez jamais au hasard de l'énergie qui se reconnait dans vos formes. Vos liens se reforment dans un monde que l'on ne voit pas et sur lequel vous n'avez pas encore raccordé vos connaissances actuelles.

Vos atomes qui, avant et après, avancent et évoluent toujours dans la vie tout autour de vous. Une guerre s'est formée un jour en vous demandant de trouver dans votre être une façon de reprogrammer vos créations intérieures pour retrouver une réorganisation de votre circulation d'énergie bioélectrique.

Il est important de comprendre que nous sommes rassemblés par progression de notre harmonisation et que ce sont nos atomes qui nous dirigent les uns vers les autres pour une réparation temporelle de nos échanges. O.K., ce que je vous raconte vous semble être du chinois !

Visualisons une masse d'énergie qui se promène sur la route et, soudainement, une force en vous s'empare de votre conscience rationnelle d'orientation sur cette route et vous dirige vers tout autre chose, et vous ne savez pas encore pourquoi. Vous êtes bien trop occupé dans votre vie, ne serait-ce que pour y réfléchir.

Mais l'attraction de vos atomes a besoin de communiquer à nouveau avec certains êtres pour rebâtir en soi-même et dans l'autre un lien qui ne fonctionne pas dans le passé et qui, dans le présent, aura une très belle charge d'échange dans un soutien mutuel de recherche d'échanges équilibrés.

Nous sommes en plein processus de recherche de notre EIUS qui croise et coince les gens dans des dualités ou des colères dirigées par la langue de base de la mauvaise compréhension des sens et de leur importance.

Rien ne sera parfait. Oubliez vos films et vos histoires du passé et recréez de nouvelles visions d'un monde radar en vous qui travaillent tous les jours dans des forces d'équilibre que la vie a besoin de développer à travers vous. La résistance sera périlleuse, mais peut-être pas impossible.

Un temps où on se sent envahir par des forces négatives ou positives. Les outils de direction de votre EIUS sont mal interprétés et ne veulent pas comprendre et réinterpréter la vie collectivement. Voir cela en soi n'est pas indispensable. Comprendre ce que l'on ressent est essentiel : un sentiment puissant ! La force des formes se développera toujours par vos sentiments, voilà la charge de votre EIUS. Une fabrication par votre organisme qui doit être analysée par vous pour comprendre d'où vient cette émotion et comment vous l'interprétez.

On peut tous se tromper dans nos interprétations et se raconter un tas d'histoires pour soi-même et se sentir bien. Un devoir indispensable pour la survie de l'équilibre de votre être. Les rendez-vous octave ne se racontent pas ; ils se vivent chaque fois avec beaucoup d'intensité et de grandeur. Une panoplie de liens très surprenants dans notre conscience que l'on découvre par des forces de coïncidence incroyables.

En latin, coïncidence s'exprime ascidie, qui se retrouve en nous, comme tourner – arriver – produire, et l'écoulement émotionnel qui s'y rattache et qui nous frappe intérieurement sur la réalité de l'énergie.

La conscience de notre énergie se charge par la déflagration de notre émotion quand nous relions des contacts réparateurs. La force des mots n'existe pas dans le monde autour de nous. Il existe juste des charges puissantes reliées à un être de cœur de tête et d'idées qui se charge et se décharge par certains contacts avec la nature.

Certains mots de sens lient et brillent et vous font décoller les pieds du sol, et certains autres liens vous feront par contre très bien toucher le sol de la réalité de la vie et de l'énergie de celle-ci. La brillance en vous et dans le monde que l'on partage à la recherche de notre EIUS. Les charges électriques et positives de nos accords.

Les rencontres se basent généralement sur des accords de cinq charges qui comprennent tout en nous dans un jeu de contradiction du plus et du moins, selon un mélange de sens partagés.

- Voir de la même façon et le sentir dans la même direction, comme si vous vous touchiez vous-même et que vous goutiez la même chose dans vos visions partagées.
- Entendre les mêmes choses, comme gouter ce que l'on voit et toucher en même temps ce que l'on sent tout en écoutant.
- Sentir les mêmes parfums d'une vision de vie incroyable que l'on entend comme une forme à toucher que l'on voudrait gouter.
- Toucher la vie avec la même importance et la voir sans pouvoir vraiment la contourner de son parfum qui ouvre la porte des douces mélodies qui retentissent dans une magie de saveurs ressenties.
- Gouter semblablement les mêmes recettes dans l'espoir de voir dans la même direction qui touche notre être et qui nous permet de voir et de sentir enfin la vie différemment pour enfin entendre s'exprimer notre vrai être.

L'extraordinaire étoile de cristal que l'on recherche dans nos liens pour chaque fois améliorer nos rapprochements avec notre EIUS, et donc le rapport avec la vie et sa grande diversité.

Plusieurs sentiments seront utilisés pour actionner des mécanismes de circulation de l'énergie. À travers le temps, vos atomes et ceux des autres se retrouveront pour effectuer ce que l'on appellera des réparations d'étoiles. L'étoile qui se formera dans nos cinq sens nous permettra de réparer des liens (voire sentir – entendre – toucher - gouter).

L'attraction sera forte en nous et, bien souvent, elle se traduira par la force d'amour ou la colère. Une infection des liens entre les êtres qui ne vont que suivre la folie de la vie de leurs atomes à la recherche de sens, toujours en création par nos pensées et nos possibilités de voir la vie en blanc ou en noir.

Par l'amour ou la colère de ces énergies qui se transforment en vous comme de précieux cristaux qui sont en accord avec vos sens, une étoile de cinq à huit sens. Cela fait de vous une personne unique qui, aveuglément, suit avec simplicité la recherche d'équilibre de son EIUS. Car nous nous dirigeons par nos réactions intérieures. Nous avons beau les mentaliser et les intellectualiser, la force des sens prendra sa place dans nos vies avec force en nous-même. Cela peut nous piquer dans le corps et dans l'équilibre de notre monde intérieur qui a bien besoin de rénovation de temps en temps pour laisser place à la nouveauté et à l'innovation des visions que nous avions de la vie. On le sent en nous, cet EIUS, dans tout ce qui nous rattache aux autres et à nos valeurs.

La projection de nos réflexions englobe nos pensées collectives. Ce que je décris par l'exemple est une suite due à l'ensemble des connaissances de nous-même, l'interprétation qui dévoile toujours plus les champs incroyables de nos capacités à développer un futur extraordinaire.

La poudre d'étoiles qui se mêle dans nos relations sera bientôt visible pour tous. Et nous distinguons le vrai du faux de chaque petite étoile que nous échangeons dans nos rapports. Quelle hallucinante formation aiguisée par nos sens qui permet à nos systèmes de se reconnaitre et d'échanger sur les points en formation de nouvelles formes !

La magie de nos étoiles est une puissance qui peut nous permettre de prendre de nouvelles décisions intuitivement, d'où l'importance de suivre notre monde intérieur et les rapports qu'elle crée dans le but de se rapprocher de son être comme un phare du bord de la mer en nous que nous élevons en nos cœurs et que nous connectons les uns aux autres.

La lumière que l'on dégage comme un phare en pleine mer qui nous empêchera de dériver sur les roches. Notre être fonctionne en quête de son semblable en émettant des rayons puissants dans le brouillard et les tempêtes de nos vies intérieures.

Les phares s'élèvent au plus haut point en nous, s'éclairant mutuellement pour aider chaque navire en recherche, toujours en observation de ce qui se passe intérieurement. Son propre navire a détecté quelque chose ;

un rapprochement naturel, une confiance, ou encore, au contraire, des éléments de bord à travailler avec la dualité.

Nous aimons également rechercher d'autres lumières aussi puissantes que nous-même pour éclairer notre esprit. Chaque rencontre de lumière de phare en phare nous apporte des indices sur nos besoins profonds qui sont en lien avec le tout en nous. Chaque rencontre de nos semblables nous éveille le cœur et nous fabriquons en cet instant des cristaux d'échange qui nous aident mutuellement à reconstituer des choses en nous qui sont perdues ou abimées par notre propre monde intérieur et nos interprétations dans les temps ou dans les formes de la matière végétale ou animale.

L'amour s'y installe et active le cœur jusqu'aux parties intimes ; l'envie d'échange intime pour un partage profond de notre lumière qui s'est reflétée en nous-même, où le plus grand des échanges profonds se réalise dans l'écoute et le partage simple qui leur donnent enfin le droit d'échanger des forces immenses sans se toucher, mais en atteignant réellement l'énergie mutuelle de nos êtres purs dans un équilibre parfait.

Comme deux enfants qui se regardent dans un miroir : Miroir, miroir, dis-moi qui est le plus beau de nous deux ! Eh bien, continuez à regarder d'où vous êtes placé et, un jour, vous comprendrez et continuerez à écouter vos sens. Éveillez toujours plus votre conscience dans votre monde intérieur.

Certains miroirs peuvent être difficiles à atteindre. Réussir à y percevoir son reflet ne demande pas de connaissances particulières, mais un bon sens, et de croire en soi et en son jugement qui, en fait, nous est appris par la vie. Écoutons le monde, écoutons la vie ! Ne jugeons pas le monde et ne nous jugeons pas non plus si on n'atteint pas le miroir ensemble. On travaille vers lui, donc vers nous-même. De toute façon, nous avons déjà l'impression de voir ce miroir.

Existe-t-il plusieurs facettes dans le miroir pour bien s'y voir, comme le diamant parfait de 58 faces pour entrer en contact total avec un autre être et pouvoir lui dire « je suis en toi, toi tu es moi » ?

L'harmonie de l'énergie de l'octave, une union claire et respectée dans l'environnement de la terre qui permet des liens de conscience et de pureté des idées.

Qu'est-ce que l'octave ? Il s'agit d'un lien nouveau de respect et de communication des vies et des cœurs pour tous. L'octave, comme l'octogonal, est plus profond et parfait et a plusieurs faces de miroirs du temps présent, passé et futur.

Le lien de la vie marque l'infini et touche le calme et la croyance en la vie qui nous entoure et l'importance de chaque lien. Cela étant, les liens dans la vie mettent en accord deux cœurs conscients de la souffrance des univers partagés qui méritent réparation pour les cœurs. Un tentacule qui attrape nos formations d'étoiles et tout notre être. C'est au contact d'un lien octave que l'on peut ressentir en notre profondeur, par la nature de notre être, l'immense travail de réparation qui se forme autour de nous dans nos familles et nos combats.

Nous ne pouvons pas contrôler les liens magiques de l'octave. Nous pouvons par contre rester fidèle à nos choix intérieurs, toujours en lien avec les autres et avec la nature qui nous entoure. Et elle nous répondra à travers un lien octave.

La symphonie musicale de notre cœur et de notre conscience ressemble à des particules de l'énergie qui nous aidera à nous raccorder les uns avec les autres et en nous-même. À travers les liens d'octave, nous nous relions tous par le cœur de nos valeurs. Être de lumière et d'énergie sur la terre. Écoutez en vous !

Par l'appel pur des états de conscience en la foi, continuez vos prières, et dans une organisation pour l'ensemble, un équilibre juste pour les cœurs purs. Pour l'action en vos pensées et le respect de chacun dans sa recherche de l'EIUS. Voilà où sont vos droits dans la vie éternelle. Le choix de valeurs et de pensées collectives ou non… Elles seront maitres de vous en ces liens et connections des temps qui s'occuperont toujours de votre être.Une charge puissante, l'octave qu'on pourrait suivre avec le cœur de transformation comme quatre lignes de sens des temps de la langue française des quatre directions.

Oracle (1) — Ostie(2)
Ordinaire(3) — Ordre (4)
Compassion(1) — Calice(2)
Connard (3) — Configuration(4)
Travail(1) — Tabernacle(2)
Tableau(3) — Terre(4)
Aide(1) — Astie(2)
Arnaqueur (3) — Atmosphère(4)
Volonté (1) — Valeur (2)
Voleur (3) — Volume(4)
Épatant (1) — Erreur(2)
Étonnant(3) — Être(4)

1. Octave (passé) - 2. Octave (Québec)
3. Octave (France et Belgique) 4. Octave (futur)

L'inversion pourrait être apprise par l'être comme un miroir mystérieux à définir avec un autre être.

Orgasme(4)	**O**ral(3)
Orage(2)	**O**riginal(1)
Calme(4)	**C**ontrariété(3)
Caprice(3)	**C**adeau(1)
Trouvaille(4)	**T**orture(3)
Trésor(2)	**T**entation(1)
Âme(4)	**A**mant(3)
Amer(2)	**A**mour(1)
Vie(4)	**V**iolence(3)
Vent(2)	**V**alorisé(1)
Étoile(4)	**É**tincelle(3)
Épine(2)	**E**nnemi(1)

4. Octave (futur) 3. Octave (France et Belgique)
2. Octave (Québec) 1. Octave (passé)

Les temps et les formes émotionnelles rattachés aux mots nous transportent dans la dimension de création inconsciente de nos octaves et de nos valeurs de voleurs, et nos mesures qui, par une combinaison de rapports intérieurs avec nous-même et en contact avec un autre être semblable, feraient déclencher en nous un lien de pureté et de fréquence où tout disparaitrait dans les deux êtres pour laisser place à l'accord du cœur libre et brave.

La compassion des mauvaises formules orchestrée dans le monde entre vos deux oreilles est dans une phase de réalisation inversée de la formation parfaite de nos liens futurs qui avaient besoin de fournir des charges positives et négatives, pour enfin créer la nouveauté de nos rapports et de nos idées sur la vie, pour les jeux du plus et du moins dans l'équilibre des cœurs.

Unir des pensées

Chaque union de pensées représente pour chacun une sorte d'attraction des êtres qui, en ce moment unique, communiqueraient à partir d'ondes identiques.

Si l'union des pensées est un fil conducteur puissant, comment cela pourrait vous être utile ? La communication orale, écrite, symbolique, colorée, gustative, odorante, tactile, etc.

Ne vous braquez pas contre les grands mouvements. Concentrez-vous d'abord sur vos unions de pensées et de liens qui resteront puissantes au cours de toutes vos transformations.

Unir différents sens et accorder tout votre monde intérieur est la nouvelle création qui s'ouvre devant vous pour toutes les nouvelles pensées qui vont se rejoindre. Les êtres qui reviendront seront des gens remplis de discipline qui ont travaillé jadis très fort pour leur survie, ou encore leur liberté de pensée.

L'union des êtres qui s'uniront prochainement dans la construction d'une vie meilleure pour tout le monde sera appelée à innover par les sens, car tout est écrit aujourd'hui, ou presque. Il faut réussir à traduire correctement vos sens dans la vie et redéfinir l'énergie autour de vous qui vous aide à vous définir chaque jour dans vos connexions.

Nous sommes unis de l'intérieur même de notre être et nous agissons bien souvent en conflit avec lui. La vie se charge de nous charger, car nous ne voulons pas unir nos sens dans la transparence du cœur pour l'ensemble.

Les effets que vous observez par vos sens sonores ou encore par votre ressenti, l'union de vos rapports électromagnétiques à distance. Si vous restez attentif à votre monde entre vos deux oreilles, vous allez facilement sentir et entendre les liens intérieurs qui vous unissent à vos membres familiaux ou encore à des personnes que vous appréciez et qui entrent directement en contact avec vous par cette énergie d'échange, d'où l'expression « On se comprend, on est sur la même longueur d'onde ». Qu'allez-vous ressentir ou entendre ? Les charges électriques des flux électriques, une symphonie d'actions qui résonnent en vous et qui communiquent des éléments importants qui vous permettront de comprendre l'importance des liens entre individus. Expérience troublante pour certains d'entre vous, mais cela est tellement naturel ! Ne retournez pas en arrière, écoutez et sentez en vous la magie de la vie à laquelle vous êtes lié. Chaque contact entre les êtres où vos perceptions vous emmèneront dans vos sens profonds pour chacun bénéficie d'un apprentissage privé. Le vrai de la vie émane de vous et se lie entre nous et par nos sens. Nous planifierons mieux nos contacts et l'importance de nos liens.

Voici quelques accords à observer dans votre monde des SUES. SUES : sens unis d'énergie sensorielle par une force synchronisée. Il s'agit d'un nouveau jeu de l'être qui vient du subconscient et qui marque la communication dimensionnelle.

La vague de SUES est l'écoute de votre être et le contact entre les mondes bioélectriques et électromagnétiques par l'entremise de vos cinq sens de base, et se combinent afin d'ouvrir progressivement vos autres sens dans votre être par vos perceptions.

La première face est de visualiser votre cerveau, comme l'instrument de votre être à communication multidimensionnelle qui vous met à l'écoute de vos recherches intérieures. Vous pourrez montrer vos connaissances et votre croyance en cet être qui vous habite.

Par les SUES de l'audition, vous allez être bien attentif et entendre l'accord quand vous et un autre être aurez développé le même sentiment de confiance synchronisée. Une situation intérieure qui est amenée à se répéter et qui fait partie de vos nouvelles applications de recherche.

Votre être vous signalera un lien de confiance par la sonorité d'une charge, chaque fois que la personne sera à proximité de vous ou encore quand cette même personne pensera à vous à distance.

Il est important de comprendre que vous êtes maitre de votre bateau et qu'il demande à être dirigé dans vos associations et pensées claires et ordonnées, comme un bon capitaine. La barre de vos pensées doit être chaque fois bien déterminée dans vos directions. Si les lignes en vous de vos opinions ne sont pas bien tranchées, cela vous amènera à la dérive dans l'océan des ondes qui perturbent et qui ne donnent aucune direction (espace delirium - voir la fin du présent chapitre).

Une fois l'ouverture de votre être vers l'aptitude sonore et vos marques de pensée, il vous sera important de comprendre que la barre doit être maintenue adéquatement entre les deux mains de votre position.

Cette manœuvre d'ouverture et d'appréciation des sonorités d'union de l'énergie se joue et s'apprend avec le vrai de votre être.

Dans la douceur et la guerre de vos liens des êtres qui vous entourent, vous capterez vos SUES.

Chaque son de vos liens écoutés et perçus par vous comme l'énergie électrique, sera informatisé en vous grâce à votre équilibre. Ce dernier cessera et reviendra toujours à la base du cœur qui vous aidera à acheminer vos liens.

Les sons ne seront pas les mêmes et seront toujours liés à un sentiment que vous devez partager avec l'autre être et qui reliera des accords autour de vous.

Les SUES représentent un lien qui s'ouvre grâce à votre empathie et ses charges de valeurs. Voilà comment visualiser tout cela.

Nous avons tous beaucoup de cannes à pêche électriques, et nous lançons nos lignes tout autour de nous. Ces lignes ont besoin d'énergie pour tisser les liens du futur dans nos mémoires atomiques et la formation de nos idées présentes.

Voilà une partie qui nous indique d'où proviennent nos comportements que le mental élabore avec notre vraie nature et nos liens des temps dans notre énergie en perpétuelle évolution.

L'énergie se connectera en vous par vos miroirs atomiques semblables. Elle pourra apaiser l'être et, ensuite, comprendre les choses qui ressortent de certains liens bien précis. Seul l'être qui entend doit essayer de comprendre les principes de son filin et comprendre la chance qui s'offre à lui d'entendre enfin le vrai des liens.

L'être qui réceptionne les SUES devrait par moments exprimer les choses verbalement, ce qui aidera le mécanisme de son énergie à trouver, dans l'influx des échanges, de l'information d'inspiration pour se solutionner lui-même.

Le contact des SUES avec la conscience vous mettra en ligne directe avec les liens à suivre des tableaux du Nouveau Monde. De nombreux liens peuvent être créés pour percevoir un son d'influx électrique.

Vous êtes la porte et le mécanisme des autres, et ces derniers le sont à leur tour pour vous. Nous comprenons mieux l'importance de penser dans les mêmes directions pour unir en nous notre être et favoriser l'union des autres êtres autour de nous, et ceux à venir.

Les SUES sont des unions qui vous amèneront à vous soudoyer à votre propre être, car il doit s'écrire, cet être, après avoir trouvé les traductions de votre cœur.

Les SUES du visuel de l'énergie se fait encore entre vous et la matière. Une variété de couleurs se dessine au contact de votre être et ses capacités à créer des réactions. Vous pourrez voir une couche de la vie qui vous entoure et qui vous lie dans la matière.

Toute la puissance de nos unions est éveillée par nos schémas de pensée, et l'évolution des choses qui suit la volonté de notre être profond améliore l'éveil et la connaissance pour tous. Les interactions avec les particules de nos pensées nous dirigent dans des chemins aveuglés et éblouis de cette vision de l'énergie.

Le transfert de l'énergie est toujours en activité dans nos communications constantes. La vision de notre monde d'échange dans un prisme qui divise nos pensées par rapport à nos perceptions.

Les valeurs que nous cultivons à travers la diversité de la population sur la terre nous indiquent ces mondes autour de nous et leur réalité. Il ne faut pas avoir peur de la vie dimensionnelle que votre être explore pour les autres. Par contre, il faut connaitre l'impact de nos paroles sur la circulation.

La fluidité et l'écoulement simple et facile seront toujours le chemin vers lequel on devrait se diriger. Pourquoi gravir la montagne quand on peut prendre l'ascenseur ? Pourquoi courir dans la vie quand il suffit de voir que c'est vous qui courez après vos idées sur la vie ?

La course de la compréhension sur les schémas que notre être nous ouvre comme vision sur la dimension de nos charges et des charges qui vivent et qui circulent autour de nous.

La première compréhension est l'évolution de nos sens et le désir profond de dire le vrai et de sentir le vrai, et d'avoir un vrai rapport grâce à notre vision.

Les SUES olfactives tendent à nous équilibrer dans nos souvenirs d'enfance et nos gouts dans des associations qui nous dirigent dans nos choix d'alimentation et dans nos choix de partenaire de vie, ou encore dans nos choix d'achats. Une puissante structure qui pourrait facilement nous faire tourner dans des sens différents et nous permettre l'expérience olfactive et l'importance de ce sens qui peut interagir avec un souvenir, ou encore des émotions qui se cristallisent dans notre être.

Les particules qui se reflètent en nous comme des miroirs dans nos mémoires, ou encore qui éduquent les formations de nos nouveaux miroirs. L'importance sera toujours dans l'attention que vous porterez au parfum, et ce qu'il éveillera en vous.

La vie veut que nous soyons unis par les odeurs et l'évolution des mémoires en réaction à ces réseaux qui dessinent en chacun de nous des réactions fortes utilisées à fortes doses par les industries pour diriger notre consommation.

L'amour sent, la peur sent, la richesse et la pauvreté sentent aussi, la vie sous toutes ses formes émet les odeurs qui dirigent nos choix et les directions que nous prenons.

L'union des pensées et des odeurs nous informe sur le travail effectué autour de nous qui influence la matière. Unir les choses en fonction de leur odeur ; la sélection se fera en vous pour vos choix, de préférence. Cela peut vous adoucir ou vous agresser. Les sens unissent les pensées et nous font découvrir la matière de nos pensées à travers des sens nouveaux, comme une certaine traduction peut nous révéler.

Traduisons le sens vers le latin du mot présent. Divisons-le en deux pour nos hémisphères cérébraux. Inversion du temps de la traduction en latin de « pré » vers le français : « mangé ». Et dans le latin « sent » vers le français : ré = note de musique.

Le présent nous indique : alimentation par l'écoute.

Les SUES qui dilatent, apaisent ou stimulent les ondes en nous pour aider les systèmes émotionnels à se libérer par l'imagination de ce que vousentendrez qui dessinera en vous des volontés et des interprétations différentes en fonction de ce que vous vivez et de ce que vous ressentez.

Les SUES de la vue se fragmentent en fonction de notre état intérieur. Nous ne voyons pas la même chose à chaque fois. Nous regardons comme nous sentons et projetons nos idées.

La sue, ce terme à la fois féminin qui nous permet de suivre un chemin dans la vie et qui persévère en nous comme la vérité de notre être. Dans le futur, des traces d'évolution en nous, les SUES de l'anglais nous parlent de solliciter, d'intenter un procès, de poursuivre en justice. Voilà donc à quel point nos sens sont importants. On peut croire en eux jusqu'à la fin ; on en est dépendants.

Alors, comment reprendre confiance dans une industrie qui joue et manipule nos sens pour vendre ses produits et qui les mélange avec des sentiments fabriqués pour nous faire par la suite souffrir si nous n'atteignons pas cet objectif d'acquisition. Par contre, on pourra ressentir le bien en question si nous possédons enfin cet objet tant convoité.

Fragilité et être absorbent! Pourquoi ne nous a-t-on pas dit que nous étions fragiles aussi?

Une justice s'enclenche dans nos êtres actuels. La révolution et la justice se font à travers nos sens qui désirent sentir et comprendre la vérité.

Réunir ce que vous connaissez déjà de vos sens, communiquer les vrais sens de vos perceptions avec les gens qui vous entourent. Vous verrez que l'information qui vous a tenu jusqu'ici à cœur vous aidera à programmer vos intuitions futures. N'arrêtez pas de chercher et n'arrêtez pas de découvrir l'union de vos pensées et de vos sens.

Unir des pensées se fait progressivement et avec un apprentissage graduel et collectif. Il est important de partager et de communiquer ce que vous ressentez pour l'autre.

Vos SUES susciteront en tout temps vos perceptions tactiles, visuelles, auditives, temporelles, gustatives, émotionnelles, intuitives, mentales, rationnelles, créatives, etc.

La suspension de vos SUES flotte dans l'union de vos pensées et de la vie réactionnelle électromagnétique autour de vous. Ils vous guideront vers les premières notions de votre être qui s'écrit par vous et votre pensée. Savoir créer la réaction de l'équilibre en votre être est déjà en vous; il suffit d'apprendre à l'identifier.

Identifié : idem.

Comprendre et voir les mêmes choses, miroirs et connections, liens de l'énergie de vos énergies de pensées et d'idées dans le partage des SUES.

Interaction avec la matière énergétique par vos SUES

- Voir des nuances de couleurs et chercher leur origine quand il s'agit de vous et de l'univers qui vous met en lien avec cette grande machine énergétique et ses mécanismes à réécrire avec un bon cœur de tête dans la simplicité qui se dévoile naturellement en vous. Ce qu'on pourrait appeler l'éveil le serait, en quelque sorte. Les transformations de votre vie que vous aviez déjà écrites dans le temps demandent une nouvelle ouverture de composition pour les temps futurs et vos débordements émotionnels. En comprenant les bactéries, la chimie de vos associations dans des formules naturelles de la vie respecte les échanges harmonieux.

Les hallucinations pourraient prendre un nouveau concept de compréhension qui se résume en une antenne de réception de son environnement qui veut survivre avant toute chose. Problème de charge atomique quand on ne peut définir ou accepter ce que l'on sent !

La bataille entre le visible qui nous semble vrai et l'invisible que l'on ne peut pas voir, donc qui nous semble faux. Sauf si nous nous plongeons dans des théories de la physique où là, tout nous semble possible.

- Entendre les premières fréquences auditives en connexion avec votre être qui ne fait que vous expliquer qu'il est temps de voir la vie autrement et de la transmettre aux autres, car c'est dans vos liens que vos SUES se développent et cherchent en vous un équilibre d'évolution entre l'histoire et le vécu.

L'histoire est un sens pour lequel on recherche des mots pour définir ce que d'autres ont vécu et perçoivent de leur monde. Une perception, un schéma de conscience qui nourrit nos films et histoires cinématographiques de charges d'amour et de combat à travers les temps des récits historiques aux récits futuristes qui se fraient un passage.

Entendre une fréquence qui se lie avec nos idées et des liens qui se sont créés dans un ensemble pour s'aider et s'aimer dans une future aventure de la vie qui comprendra les sens de l'énergie des idées et de l'énergie des envies.

La guérison se guérit par l'énergie de la raison en ce que l'on veut bien admettre. Le reste restera superflu jusqu'à la prochaine recherche de réflexion en soi et le besoin collectif de comprendre et de trouver les vérités cachées.

- Sentir une réaction physiologique, donc physique en soi, en raison d'un sentiment partagé par la pensée, ou encore un échange musclé de colère. À distance, on peut vraiment se sentir sans se voir ni s'entendre. Vous n'en parlez pas, mais vous le sentez. Il est parfois nécessaire d'en parler pour aider le développement des consciences à évoluer vers la collectivité d'une matière partagée.

L'espace delirium

Du latin *delirium*, signifiant « délire ».

Deli = gang.

Rium = mémoire.

Ensemble de mémoires en surchauffe = espace delirium.

Cet espace est qualifié de delirium si on vous dit que ce que vous sentez et croyez est faux. En plus, on vous dira aussi que ce que vous sentez en vous est une perte de temps et d'énergie.

Il s'agit d'un endroit étrange où rien ne va plus et où rien n'a de sens. Seule la survie compte dans cette atmosphère troublante où rien ne vous paraitra normal à vos aptitudes nouvelles.

Ne pas tout dévoiler et ne pas trop chercher, car l'espace delirium peut vous attendre pour un long tour de roue de hamster sans fin. Cela épuise vos forces d'énergie, mais est souvent indispensable pour vous permettre de changer de forme intérieure. Cette face de l'esprit recherche une programmation avec des liens rationnels et collectifs.

Dans la compréhension des faces delirium où les artistes et compositeurs d'histoire ou créateurs de musique nous invitent à voir ou à sentir le temps et la matière énergétique comme une étude à partager.

De Picasso à Mozart, Vivaldi, Rembrandt, Einstein, De Vinci, Michel-Ange, etc., les grands nous montrent leur version de l'être complexe et intemporel.

Un point collectif est à l'ordre de nos sociétés. Il faut pouvoir rejoindre le centre dans la tête du cœur de l'ensemble pour un développement collectif. Une mission complexe dans un espace delirium où nous devons impérativement sortir, mais toutefois revenir avec de nouvelles idées et de nouveaux concepts, comme les thèmes abordés dans le présent ouvrage.

Le delirium est un statut de notre société qui ne veut pas encore admettre les sens naturels du courant d'énergie qui nous traverse le corps dans le but d'orienter nos décisions. Une science humaine que l'on définit actuellement comme un état d'intuition complexe à ne pas vouloir accepter ce que l'on ressent.

Voilà où nous intervenons à travers nos intuitions, nos SUES. Car, malgré la dualité de ce qui est exprimé tout haut, les principes énergétiques s'écoutent par les portes et les ponts de notre énergie intérieure.

Votre volonté intime et profonde.

Expliquer aux adultes ce qui se dessine vraiment en vous à travers vos propres recherches de la vie et de l'union qu'elle a avec vous et vos formes personnalisées par la propre nature de l'existence.

LE NOUVEAU MONDE

Rêve – Réalité

Être – Corps

Avoir – Naissance – Racines

Retour passé – Présent, conscience

Futur changement

Développement de chaque mot par les cinq sens, de la racine jusqu'à la fleur de notre EIUS.

Mouvement qui organise notre présence en nos lieux d'amplitude d'énergie dans l'exercice de nos fonctions.

Une concentration vers la direction d'une réalité intérieure. Voilà les fleurs qui se dessinent en vous et à faire refleurir chaque année, pour maintenir votre objectif de vie par la conscience d'un rêve éveillé.

Un peu d'imagination

En premier lieu, il va falloir utiliser votre sens de l'imagination pour entrer dans ce monde que je vous présente qui est ni plus ni moins la vie de l'énergie bioélectrique qui joue avec un monde électromagnétique stimulé par les charges atomiques dans votre être.

Vos connaissances actuelles seront brisées, vos orientations en vous seront perdues pour la nouvelle vision du monde qui traverse toute forme de vie sur terre et auquel nous sommes tous attachés.

Prenez-vous comme exemple. Enlevez superficiellement votre mental et votre sensibilité intuitive. Faites également abstraction de votre corps. Regardez uniquement la masse d'énergie qui brille et qui fusionne avec tout ce qui l'entoure. Voyez comme il est facile de monter la charge de l'énergie et comme il est facile de la faire redescendre.

Il est évident que nous n'avions jamais vraiment vu tout cela par nous-même. Mais nous en avons aujourd'hui l'imagination psychique pour nous y aider et s'imaginer cette résonance de couleurs et de sens qui traversent en nous les temps de la vie et ses dimensions de perceptions qui font de chaque être un élément unique et mutuellement indispensable.

Malgré nos sensations fragiles et les prises du pouvoir mental, nous sommes au fait que la superposition de nos comportements crée une boule de plus en plus grosse, prête à exploser pour de nouvelles connaissances sur nos échanges. Charge alimentée par notre manque de connaissance relativement à cette matière d'échange d'énergie qui nous habite et que beaucoup appelleront esprit et, par la suite, âme. Les Asiatiques l'appellent déjà l'énergie depuis fort longtemps : le chi. D'autres cultures la définissent de toutes sortes de façons.

Nous façonnons notre monde intérieur par le simple monde extérieur que nous captons. Seul le monde des têtes de cœur nous dirige dans nos choix.

Par exemple, deux hommes se situent à des points stratégiques différents de la vie. L'un des hommes vit dans la rue et mendie du matin au soir. Il se révolte contre la situation de notre vie. De grandes idées d'amour sortent de la bouche et du coeur de cet homme de grands médicaments pour l'âme dans la poésie de sa philosophie de vie. Cet homme qui ne veut pas suivre le mouvement populaire et qui préfère le critiquer et vivre aux dépens des âmes perdues, en quête de faire à son tour une bonne action de sa journée trop chargée de bêtises collectives qui ne servent pas toujours à favoriser le bien collectif de la société planétaire. Cet individu brillant et démuni devant un tel champ de bataille des cœurs humains préfère en tirer profit et laisser la vie le nourrir et permettre des liens de fleuraison venir vers lui pour l'aider à réanimer son cœur en perpétuel combat et ainsi pouvoir aider ceux qui se soutiennent par une réaction de l'énergie d'entraide et de partage.

L'autre homme puissant et fortuné travaille dans une immense tour de la ville dans un des plus hauts gratte-ciel, juste au-dessus de l'homme qui quête dans la rue. L'homme d'affaires accumule et obtient des profits exorbitants avec parfois des pertes et des déceptions. En lui est né un jour un grand guerrier qui est là et qui reste par-dessus tout déterminé à prendre sa place et à la garder dans cette jungle des affaires.

Dans un jeu de la ronde financière qui nourrit le monde, ses décisions font parfois en sorte d'appauvrir d'autres secteurs de la planète. Lui aussi dépend des autres et est tributaire du marché financier et de ses gros joueurs qui font de leur mieux en fonction de leur aptitude à trouver l'équilibre en ce domaine.

Cet homme au parcours professionnel brillant déborde de stratégies et de concepts théologiques sur les buts de sa carrière qui, dans son cœur, donne à chacun du travail et lui permet évidemment de profiter à son tour du système en remplissant généreusement ses poches extensibles.

Ces deux hommes se ressemblent tellement ! Chacun d'eux possède une énorme capacité d'intelligence et chacun voudrait le meilleur pour tous, mais ils écoutent deux choses en eux : leur cœur et les gens qui ont besoin d'eux. Par leur énergie, ils sont connectés aux besoins du monde.

La grande majorité des humains se retrouve entre les deux hommes et se battent pour obtenir le meilleur ou encore pour ne pas tout perdre, et réunissent leurs forces dans un combat intérieur de développement de leur cœur dans les étapes de la vie sur les éléments qui leur font plaisir et qui leur procurent d'agréables sensations intérieures.

Aujourd'hui, les réseaux mentaux et les réseaux émotionnels se connaissent et entrent progressivement dans la phase de fusion des deux mondes des hémisphères du cerveau, pour enfin adhérer au Nouveau Monde qui regroupera progressivement de l'entraide et des recherches solitaires grâce à leurs efforts et leur détermination à développer les plus beaux liens que la vie n'aura jamais connus sur terre.

Sentir profondément ce que l'on dit et voir ce que l'on pense ou sur quoi on travaille ! Faire des efforts en sachant que cela sera bénéfique pour notre entourage et notre environnement. Toucher les couches des applications de la vie qui se chevauchent et qui nous demandent tous une responsabilité dans la force de vouloir réécrire le monde de la vie sur terre. Ces liens tracés autour de nous, en partie par notre création et par l'aide de la création de nos parents, entre autres.

Le temps va s'emparer de nos doutes et la vie nous donnera graduellement de nouveaux outils de reconnaissance par des liens de synchronisation et par nos sens.

Une nouvelle conscience sensorielle qui nous connectera dans l'influence que l'on a les uns sur les autres.

La science de la foi sera un nouveau programme de connaissances et d'amour que nous écrirons ensemble grâce à notre être intérieur qui demande de nouvelles aptitudes de développement qui sont déjà là et qui demandent enfin à s'épanouir.

Au gré d'une balade, au détour d'un champ ensoleillé, mes sens cherchent le partage avec les fleurs sauvages. Elles poussent sous le vent et s'ouvrent au soleil levant. Elles partagent avec mes sens leurs essences, leurs parfums si complexes, leur beauté infinie dans une diversité qui fait d'elles un ensemble harmonieux. J'aime les fleurs sauvages car elles se donnent à ceux qui les respectent et les admirent. Je n'ai pas le cœur à les cueillir, même si, au fond de moi, je voudrais en faire un bouquet dans un vase. À quoi bon les voir périr, même si la nature les fera refleurir ! Je n'ai pas le cœur à cela ; la nature fera toujours bien les choses. Je n'ai juste qu'à écouter mon être…

Les courants de société ressemblent à des cours d'eau où nous sommes des saumons. Nous ressentons la vibration du courant et nous communiquons tous pour survivre. Très peu de saumons pourront remonter à la surface, donc la force se portera dans chaque élément naturel qui vous entoure. Les forces sont autour de vous : avec vous ou contre vous.

Tout ne se sera plus vraiment perçu de cette façon dans le futur. Vous comprendrez l'importance de la pression de groupe et vous procéderez à un détachement en petits groupes qui amènera le changement. L'influence pourrait très bien émaner de vous et de votre nouvelle prise de conscience en vos charges d'énergies.

La vie est chaque fois en processus de recyclage. Nous tirons trop vite et sans aucune connaissance sur les anneaux collectifs d'énergie, et elle finit par casser.

Comment créer sa propre destruction collective ? Eh bien, comme un enfant, en s'exclamant : « Oh ! Je ne le savais pas ! »

Nous savons trop bien les choses en nous. Nous avons la grande aptitude de sentir, voir et utiliser différents sens de notre énergie pour comprendre les superpositions d'histoire et de vie qui, jusqu'ici, nous ont formés comme nous sommes avec ces liens.

Le plus remarquable, c'est que nous savons très bien que, comme nous, la vie ne peut pas tout recycler, et qu'il faut par moments procéder à au moins une modification importante. Les changements à effectuer sont là, en nous, à la recherche perpétuelle du bien et du bon sens.

Vous allez créer en vous des réflexions de miroir et vous vous demanderez et manipulerez ce que vous ressentez, car ce courant de développement pourra enfin changer nos vies à tous. Il s'agit d'en parler en riant et en étudier la provenance à partir de vous-même en lien avec tout le monde.

Ce que vous sentez en vous

Votre monde vous fait sentir des liens d'échanges dans votre société. Voilà pourquoi vous absorbez de l'énergie qui, très souvent, ne vous appartient pas, mais qui est le fruit de l'ensemble des éléments partagés de la vie énergétique.

Chaque fruit partagé dans nos formes doit passer par l'auxilium de l'énergie de la langue du passé :

- La source : l'absorption de l'énergie depuis votre naissance jusqu'à maintenant – programme = temps présent.

- L'aide : l'absorption de l'énergie psychique – équilibre mental et de l'émotion = temps passé.

- L'antidote (remède) : absorption de l'énergie collective des échanges – conscience/inconscience = temps futur.

Acceptez la recette de la vie et le travail en accueillant de nouveaux concepts intérieurs, dans la formation de nouvelles orientations de la vraie vie.

Le sens et les directions de vos combats resteront en vous. La vie évolue toutefois rapidement, donc il sera intéressant de continuer à exister dans un monde qui s'améliore dans nos échanges de partages.

Votre futur ne se fera pas à partir de l'ensemble ; il se construira toujours en se démarquant des autres, en étant toujours plus juste et plus équilibré par rapport à vos formes de naissance, car la vie a voulu que vous naissiez ainsi pour des raisons de bon sens et de circulation du véritable rôle de l'énergie dans nos échanges temporels.

Les valeurs sont dans les pensées partagées et dans les émotions distribuées qui brillent dans nos liens et qui permettent la formation des liens du vrai bon sens de la vie. À travers des couches superposées de la vie brilleront ceux qui savent reconnaitre en eux les directions à suivre pour leur évolution dans les cœurs de tête partagés.

Ainsi, la vie n'est plus un travail difficile, mais une vocation de votre être en transformation qui voudrait perpétuer des vérités de l'énergie des cœurs de tête.

Le temps n'existe pas, mais il perdure ! Oui, il existe dans des combinaisons de réactions qui reprennent vie quand les êtres porteurs de nœuds se revoient pour dénouer les liens et reformer de bons accords pour un futur plus facile et plus fluide à la recherche de l'EIUS.

Nous créons en société nos formes d'échanges dans une ou des perceptions de la vie qui nous faciliteraient les choses dans un besoin de survie pour, par la suite, comprendre en nous que nous avions encore peur de nos propres interprétations.

Si cela lie des schémas d'anciennes vies, il serait également possible de lier de nouveaux schémas qui vous demandent une nouvelle façon de voir la vie et de changer ce que vous pouvez ressentir.

Soleil : *sun* = sens = lumière qui dirige nos sens = énergie du présent et du passé pour un temps futur.

Mercure = mental, force du contrôle de la pensée et idée, ingéniosité = énergie spontanée.

Vénus = vue, pouvoir voir en vous par vos sens les pensées et idées, l'ingéniosité, et trouver la reconnaissance visuelle des formes qui développent votre énergie de désir.

Terre = lieu de vie = énergie d'action du présent causé par le passé, et pour le futur dans l'énergie ressentie de sa Lune magnétique qui active toute information électromagnétique entre la matière et la vie de cette matière.

Mars = affection – infection = énergie de feu.

Jupiter = jonction de l'énergie parentale féminine vers l'énergie masculine, et inversement = échange = énergie temporelle.

Saturne = le saut = SUE (sens – union – énergie) = énergie de compréhension des sens.

Uranus = unir les forces des temps avec le cœur de tête = énergie mécanique.

Neptune = énergie obscure du bouleversement et du contact avec votre être.

Pluton = EIUS protecteur = énergie du futur.

Les déclenchements de situations et d'ouverture sont causés par les mouvements de l'énergie. Par la suite, votre interprétation sera une création continue jusqu'à l'harmonisation de vos pensées – émotion – action – culture – expérience – croyance – connaissance – survie, etc.

La perception de vos histoires vous amène à comprendre ce que vous ressentez. Beaucoup de charges temporelles sont mises de l'avant pour vous permettre de comprendre votre énergie et vos mémoires temporelles dans vos relations. Il ne sera pas toujours évident de les organiser judicieusement; l'envie de vous sentir prisonnier et le désir de vous sentir victime seront toujours présents en vous.

Le changement est atomique et complexe dans les fluides de l'énergie qui nous relient tous. La survie et le bien-être de votre être seront en quelque sorte la plus grande mission de votre vie. Il faudra cependant réussir à baisser les armes que vous avez construites en vous, dans le but de poursuivre de nouvelles constructions mentales et psychiques.

Chaque cycle énergétique a un réel impact sur nos comportements et perceptions. Acceptez la recherche de la contradiction et retrouvez le calme en vous. Déclenchez le mode survie.

Le gros tas

Eh oui ! Un gros tas de mots qui prend son envol dans nos perceptions des sens de la vie et qui se livre une bataille contre les autres.

Cherchons-nous une raison à tout ?

Aujourd'hui, pourrions-nous affirmer que l'univers immense entre nos deux oreilles recherche par action et production, ou encore par réaction, un chemin dans une source qui est en lui et qui définit la vie autour de lui ?

L'énergie !

Nous aimons réagir au bien-être et à la réussite. Enfin, le sentiment intérieur que cela nous procure et les autres sentiments sensationnels que l'on peut définir comme bons ou mauvais en fonction des perceptions personnelles.

Un mécanisme inépuisable de tension, d'amour et de guerre ; le jeu devient dangereux quand on passe à l'acte de tuer ou quand on détruit les autres par la parole ou la pensée. Pourtant, certains ne perdent pas leur temps avec les mondes intérieurs des autres, et arrivent uniquement à voir en eux-mêmes. Il s'agit du présent que nous considérons tous comme individualiste, chose qui n'est pas totalement juste d'un point de vue dimensionnel. Dans les charges accumulées, nous travaillons de nombreuses formes en nous sans trop comprendre pourquoi !

Par exemple, je me sens imprégnée par les anciens textes philosophiques qui animent en moi des associations d'histoires ressenties ou vécues.

Pourquoi ?

Une recherche de la paix et de l'amour dans votre monde intérieur à partager avec le monde entier.

On aimerait ressentir cette réalité de rêve qui raccorderait vraiment nos histoires du temps et les sens de nos mots. On vit ou on flotte dans un rêve qui pourrait se manifester avec le temps. Actuellement, tout est resté dans nos racines des temps qui se composent d'idées et qui doivent faire encore un long voyage jusqu'à notre action concrète. Blocage de génération ou inversion de sentiments que nous ressentons et que nous n'écoutons pourtant pas.

L'application de sens déroute l'humain qui sent le vrai et le faux en convulsion. Les liens de vos contacts sensoriels mettront à jour vos impulsions dans votre énergie et permettront la circulation de la vie en vous et dans l'univers pour un partage des mouvements de l'énergie.

Lieux de vie

La maison, le logement, le studio, l'appartement, le chalet, la caravane, la rue, etc.

Fondation solide qui doit rejoindre le monde intérieur qui sera toujours animé par le lien du cœur en chacun de nous.

Industrie chimique du bien-être, conception de confort et rêverie de bonheur.

Tout existe et rien n'existe.

L'étude des lieux : un plus.

La matière de la fondation : un plus.

L'architecte : un plus.

L'ouvrier bâtisseur du monde, c'est vous.

C'est en premier lieu vous et vos racines des temps et votre compréhension que la vie sur terre remonte à bien plus loin que votre religion ou votre croyance basique et rationnelle de la vie.

Regardez bien les lieux où vous respirez et où vous prendrez votre place en ces lieux qui, jadis, étaient habités dans plusieurs époques de civilisation et dans de nombreuses décennies de millénaires d'habitation.

Recherchez ce qui s'est écrit sur la terre que vous habitez et dans l'être qui voyage depuis si longtemps à travers les univers et les époques des différentes conditions de vie.

L'œil s'ouvre sur votre être de connaissance et une chose retentit dans votre être à chaque fois.

Les émotions chargent d'amour et de colère une réaction qui fait de vous ce que vous êtes aujourd'hui.

La plus grande beauté de l'être, c'est l'action du cœur par le geste, suivie de la pensée du bâtisseur en vous.

Imaginez le changement. Devenez le changement. Ce que vous créez de beau sera réalisé dans le futur. Ce que vous créez par la suggestion mentale de la collectivité de peur des médias ou des projections d'idées qu'on vous propose de sentir et auxquelles vous réagissez. Vous réaliserez le mouvement du changement en vous qui s'observe déjà dans la divergence de vos dualités.

Si je vous explique que vous êtes la plus incroyable des créatures de l'univers, que votre être est tellement rempli de bon sens, de douceur et de justesse du cœur, mais qui présentement comprend tout de travers, vous réaliserez qu'entre ce que vous avez cru savoir et la réalité, il existe des faces cachées de votre existence que vous n'avez pas encore suffisamment développées. La vérité sortira toutefois de vous-même, bien cachée à travers vos rencontres et les nouvelles réactions de vos liens.

Une fois que le mécanisme de la vie est en route et que vous vous tiendrez debout ou non, le noyau terrestre ressentira votre nouvelle présence et, par les charges de l'attraction terrestre, vous sentirez la matière plus dense dans votre corps, ou encore le contraire ; vous pourriez ressentir la légèreté de votre corps.

Les deux impressions sont en lien avec vos hémisphères cérébraux. Une lourdeur de la vie émane de l'hémisphère gauche qui calcule et mentalise chaque aspect de la vie. Et la légèreté ressentie de vos idées de créations vient, quant à elle, de votre hémisphère droit qui libère et voit la vie en rose ; pas de soucis ni de tracas.

Le voyage des transferts de communication atomique de votre être qui flotte dans le monde électromagnétique, se ressource régulièrement par l'amour et l'échange. L'énergie se connectera toujours là où cela compte pour le développement de votre futur.

Le lieu, c'est l'endroit où vous pensez être. C'est le schéma de votre pensée et de vos sens. C'est la collectivité d'un endroit que vous projetez en vous comme votre réalité idéale. Le lieu que vous ne quitterez jamais, c'est bien ce que vous avez créé pour l'état positif de votre vie intérieure.

La libération imaginaire de vos idées mentales et de vos idées irréalisables vous nourrit le cœur et vous procure un bien-être que personne ne pourra vous apporter.

Vous avez enfin trouvé la façon de vous régénérer vous-même dans vos créations. Vous devez laisser de côté vos idées rationnelles, sauf si elles constituent les points de votre libération.

L'être est le lieu le plus complexe à trouver. C'est l'endroit qui se transforme toujours et qui bouge et change d'avis trop souvent.

L'être est une machine de réaction active qui cherche la survie avant toute chose, ou qui serait prête à se sacrifier pour ses idées.

L'être est une éponge de mensonges pour la vérité. Une balance du positif et du négatif pour trouver l'équilibre dans la vie.

Une parfaite égalité se travaille et se gagne. Un miroir de 8 faces se base sur des charges différentes mais empruntent chacune 8 lettres pour se définir. Un miroir de vérité est installé dans les temps de votre être, de vos mondes invisibles.

Voilà les contacts de synchronisation grâce à vous et vos pensées. La vie vous raccordera ainsi par les faces des miroirs de vos liens d'éternité pour la connaissance importante de vos liens et de vos échanges.

Quand le soleil et la lune se superposent, la vision est grandiose. Nous pouvons enfin voir ce que les rayons puissants du soleil cachaient à notre regard. Mélange de lumière et d'ombre, une face claire, une face sombre, pour savoir apprécier et comprendre la vie et ses méandres.

Voir le soleil est un lieu qui est un reflet de la vie sur terre, un lieu de chaleur, un lieu de guérison et un lieu de bonheur.

Cela n'est pas toujours vrai. C'est en fait une illusion de la vie moderne qui nous attire à nous diriger pour la béatitude et le bonheur absolus vers les plus belles plages du monde où le soleil nous colore la peau.

Le soleil sans l'eau et sans la vie qui y habite serait un enfer pour nous. Par conséquent, la vie est beaucoup plus importante que la chaleur. Les deux doivent cependant être réunies pour un équilibre du bien-être du Soi qui nous habite.

Je trouve que l'exemple de la plage nous invite dans nos lieux et nous permet de comprendre que la vie, par la matière de notre être constitué d'eau, est là pour s'agiter et nous faire vivre, et notre soleil est le courant d'énergie qui peut être actif par le choix de nos mots et de nos comportements, en premier lieu pour votre soleil en vous et pour la vie que cela suscite en vous.

Le circuit des mots renferme des rayons de soleil qui emprisonnent des sentiments reliés au sens des mots.

Savoir choisir et savoir réécrire les sens et les valeurs de notre vie.

Le vrai bon sens.

Les liens d'énergie par la distance

Les êtres comprennent qu'ils sont tous unis par la force électromagnétique dans la vie et la mort à travers leurs formes d'énergie partagées.

De nombreux réseaux invisibles nous lient à distance, ce à quoi notre conscience ne peut encore accéder collectivement, jusqu'à aujourd'hui. On est plus que jamais tous intérieurement et physiquement touchés par nos charges communes.

Voici un exemple :

Une mère possédant un énorme instinct de protection a un jour accepté que sa plus jeune fille passe la journée chez son petit copain. L'hiver avait débuté et la mère, quelque peu inquiète des conditions météo, dit à sa fille que si l'état des routes est mauvais, elle préférait qu'elle reste chez son copain. Évidemment, la mère ne voulait pas vraiment que sa fille dorme chez le garçon, mais cette dernière avait déjà tout planifié.

Comme de fait, la neige se mit à tomber et les routes étaient dangereuses. La jeune fille appela sa mère pour l'aviser qu'elle passerait la nuit chez son copain. Sa mère lui dit : « Je m'en doutais ! » Elle s'exprima avec une telle colère intérieure que sa fille la ressentit dans sa conscience, mais pas dans l'immédiat. La jeune fille était heureuse mais inquiète d'avoir mis sa mère aussi fortement en colère intérieurement. La soirée débuta chez son copain, ils ont soupé et se sont installés pour dormir.

Une fois prête à s'endormir, la jeune fille ressentit en elle une puissance accélérer son rythme cardiaque. Elle ne comprenait pas ce qui lui arrivait et son copain non plus. Heureusement, la mère de celui-ci était infirmière et prit sa tension artérielle qui était très haute. Elle resta à son chevet pour la calmer et s'assurer que sa pression se stabilise. Elle lui demanda : « Est-ce que c'est la première fois que ça t'arrive ? » La jeune fille répondit timidement : « Oui, madame, je ne comprends pas ce qui m'arrive. »

L'inconscience des liens des mots et de l'association d'émotions était enclenchée en elle, et la jeune fille vivait l'absorption de tension de la pensée de sa mère qui agissait directement sur son corps.

Oui, l'énergie peut agir de bien des façons dans notre monde psychique en relation avec nos actions et le monde de la contrariété et de la dualité intérieures. Il s'agit d'un pur exemple de la forme que prennent les liens puissants de la conscience et de l'inconscience des corps qui nous unissent tous.

Je vous invite à consulter mon site Web *www.studioperception.org*, dans la section abordant l'énergie en absorption à distance : familiale, collective, animale, végétale, sociale et culturelle.

Les liens familiaux avec emprise à distance peuvent nous entrainer par le cœur à des ressentis puissants que nous avons les uns sur les autres et qui risquent parfois de provoquer des réactions sur notre inconscience du corps uniquement par nos liens.

Cet exemple en est un parmi des millions d'autres qui nous indiquent la dualité et la force que nous avons les uns avec les autres et les liens naturels qui influenceraient notre santé. Les expériences multiples qui ont été réalisées en période de guerre et qui ont marqué la façon de diffuser l'information dans la connaissance de notre force de communication.

Comment communiquer la peur ou l'inquiétude ou toute autre force de sentiment, quand on connait la mesure à utiliser à distance sur les humains pour que la vie se déshumanise ? Cela est assez facile, mais à des fins commerciales ou industrielles ! On se fie à des mesures d'ondes diffusées un peu partout pour influencer les charges d'échanges dans la collectivité des êtres.

Voilà pourquoi nous acceptons l'inacceptable et la raison pour laquelle on ne travaille pas davantage sur les solutions mais que nous ne faisons qu'amplifier nos insécurités face au changement. Comme des souris qui ne feraient que courir dans une roue et qui ne comprendraient que la réalité de la distance de leurs efforts à fournir, quand le cœur est lié par l'amour ou qu'il se liera par la guerre du cœur.

Voici un des exemples d'une expérience qui a été menée sur des animaux pour comprendre et enregistrer des données sur les liens entre êtres vivants.

En effet, un test a été effectué par des chercheurs des pays de l'Est en séparant une mère lapin de ses petits à une distance extrême. En 1966, des savants russes enlevèrent les cinq nouveaux-nés à une lapine. Ils les placèrent dans une cage à bord d'un sous-marin qui plongea en eau profonde. Au sol, la lapine se trouvait dans un laboratoire où l'on enregistrait son activité cérébrale au moyen d'électrodes implantées dans son cerveau. Les lapereaux furent chloroformés les uns après les autres dans le sous-marin, de demi-heure en demi-heure. Au moment de la mort de ses petits, des modifications du tracé encéphalographique non équivoques se produisirent à chaque fois chez la mère. En comparant les tracés des instruments de mesure reliés au cerveau de la lapine, et l'heure précise de l'exécution des lapereaux, on s'aperçut que la mère avait réagi à chaque fois que l'un de ses petits mourait.

Par conséquent, on peut affirmer que, malgré la distance, des liens très forts unissent les êtres vivants. Cela peut très bien être prouvé aujourd'hui, mais commence simplement à se faire ressentir par nos êtres intérieurs et notre conscience collective.

Dans une autre expérience, cette fois effectuée sur des humains, on a pu constater que le cerveau humain réagit à l'observation. L'inconscience du cerveau n'existe pas. Il sait très bien quand il est observé, même à son insu. Inconsciemment, nous réagissons à tout ce qui nous observe.

Les techniques de recherche démontrent une communication assez intense avec le milieu de nos vies qui interagissent avec nos situations et nos places dans la vie. Chaque personne devrait être attentive à l'ouverture d'information de l'inconscience vers la conscience. Le chemin entre l'inconscience et la conscience représente une grande distance dans notre être.

La conscience du déjà-vu, des rencontres familières, de « déjà aimé » ou de « déjà détesté ». Tant d'informations qui nous parviennent de cet état de l'inconscience et qui, pour des raisons de réactions électromagnétiques, atteignent notre conscience qui est prête à accepter enfin le vrai de la communication des temps dans la distance de nos vies.

Le temps est long dans le passé. Si vous le portez en vous dans le présent, il est plutôt rapide. Si vous générez en vous des idées nouvelles du futur, le vent du présent vous transportera dans un voyage intérieur à partir de vos sens.

Les liens à distance de la famille sont extrêmement puissants et joueront toujours un rôle dans notre vie profonde en réaction constante avec eux, quelle que soit cette distance.

La famille se définit par les liens du cœur et le développement de notre attachement. Voilà pourquoi, dans le futur, nous redécouvrirons de nouvelles familles. Cela partira d'un contact précis qui touchera des personnes dans leur être profond et qui, à distance, amplifiera le bien et l'équilibre des dimensions.

La vie liera les accords des cœurs, et le travail effectué en soi-même sera respecté pour son propre équilibre et celui de son entourage. On jugera la distance par le temps des mouvements en nous.

La vie sera en réaction avec nos distances dans notre cœur et il nous livrera bataille dans nos valeurs avec de nombreux questionnements intérieurs.

Le prisme du cœur prendra forme dans vos liens autour de vous. Vous serez le reflet du miroir qu'on vous a éduqué à être, ou celui que vous voudriez être.

La distance

Le vrai de la distance de deux êtres ou plus qui communiqueraient à travers les réseaux sociaux, c'est en premier lieu la facilité d'adhérer à des communications fantaisistes sans trop entacher sa propre vie.

On pourrait voir cela comme un moyen de traverser des frontières que l'on n'aurait jamais franchies, par timidité ou manque de confiance en soi, ou encore simplement en manquant de confiance en ses propres sens et le manque de confiance en nos intuitions qui seront toujours là pour nous guider dans nos choix.

Beaucoup de liens mentaux se libèrent et se créent par le Web, tout autant que dans la vraie vie. C'est ce que les gens appelleraient l'accélération des décisions et des réactions intérieures.

À distance, nous ressentons presque tous les uns et les autres. C'est l'une des plus belles preuves de notre communication atomique.

Nous devons encore poursuivre notre communication pour avoir une plus grande facilité à comprendre les besoins de nos êtres.

Les manques ou les dualités intérieurs révélés par la distance constituent souvent une force générale ayant une emprise sur le corps. Plusieurs histoires vous prouveront la force de votre imagination et de vos pensées directrices qui ont une réaction directe avec votre corps.

Il s'agit de l'attraction d'atomes appartenant à d'anciennes vies qui demandent le raccordement des cœurs dans un combat de sentiments atomiques qui provoquent des attractions par la passion amoureuse ou la colère et la frustration.

Comprenons les malaises des cœurs et développons notre compassion, car nous avons encore de la difficulté à comprendre le haut et le bas de notre potentiel d'énergie à distance. Cela ne relève pas de la raison, mais bien de la réaction chimique qui lie les idées et les émotions dans le temps et qui s'attache, dans certaines situations de vie, entre les êtres qui écoutent.

Les êtres atteindront une grande compréhension par rapport à leur réaction émotionnelle. Ils créeront le bien ou le mal en eux en fonction de leurs connaissances et en fonction de leur cœur.

Comment différencier le vrai du faux ? Eh bien, simplement en votre être intrinsèque. Ne vous laissez pas manipuler par les pulsions et les émotions des autres. Restez fidèle à vous-même et décodez vos propres pulsions.

Surtout, n'oubliez pas de temps en temps de regarder les deux côtés faciaux de votre visage avec un miroir. Si vous remarquez qu'un des deux côtés ne vous ressemble pas, changez intérieurement ou changez physiquement vos destinations de vie. Le corps vous parle à travers vos formes ; observez-vous.

Cela se voit physiquement, car les réactions électriques de nos pensées jouent un rôle sur notre corps. Vous n'êtes pas certain de votre équilibre par rapport à vos décisions ? Laissez le temps travailler autour de vous et diriger vos idées vers une demande d'aide qui verra son acheminement dans des choix plus appropriés pour votre avenir personnel, et le reste suivra.

Prenez votre temps. Si le temps est là pour vos changements profonds et réels, des modifications considérables se manifesteront dans votre vie. Soyez prêt à récolter ce que vous avez fait rayonner comme pensées et désirs.

Effacez et recommencez. Sachez que rien n'est cependant disparu dans vos mémoires atomiques ; tout se construit chaque jour en vous et autour de vous. Réappropriez-vous vos idées.

L'univers répondra à partir de votre monde intérieur. Observez-le. Voilà pourquoi, quand il ne se passe rien de réel dans votre vie comme changement, vous ressentez l'inversion émotionnelle de vos désirs.

Par exemple, je rêve que je change d'emploi ; j'aspire à davantage de profondeur avec mon partenaire de vie, mais je n'accomplis aucune action dans la réalité ; je ne fais que projeter mes désirs de changement. Dans ce cas, vous êtes en train de soulever des charges à l'action de votre pensée positive.

Après un très long moment en suspension dans le positif de vos désirs, il se passera une descente des charges qui inversera vos émotions dans vos désirs, si vous n'avez rien fait pour les réaliser. Donc, dans ce cas précis, vous allez ressentir en vous de la déception par la charge de votre création inversée et de la colère envers votre partenaire de vie. Qui est fautif par rapport à ce ressenti intérieur et à cette création ? Vous-même et les éléments de la vie qui vous accompagnent.

Nous créons nos blessures et nos batailles dans le but d'être toujours en accord avec notre apprentissage de naissance. Quand on parle d'apprentissage de naissance, cela signifie que nous avons absorbé comme énergie comportementale autour de nous depuis notre naissance, ce qui modifie au cours de notre vie beaucoup de choses en nous mais qui s'attachent à des points importants de notre être et qui font partie des valeurs que nous considérons comme parfaites à suivre pour le bonheur de l'individu.

Ce que nous avons ressenti, nous l'avons enregistré dès notre naissance jusqu'à l'âge adulte. Nous jonglons avec les situations. Nous provoquons consciemment ou inconsciemment des situations de force et de faiblesse en nous. Ne jugez pas, mais apprenez. Ressentir le vrai du faux de vos jeux de désirs en vous.

L'action physique amène le mouvement du changement. L'action des pensées soulevées des mondes émotionnels inversés. Par exemple : Je ne t'aime pas et après je t'aime. Cela peut amener des actions physiques inversées. Autre exemple : Je bâtis mon futur en construisant mon avenir professionnel, et après j'agis en vue de le détruire.

Tout peut se renverser tant de fois que l'on voudrait sous différentes formes de notre état d'être. Le but est de trouver sa complaisance dans ces inversions et de ramener l'équilibre dans nos schémas intérieurs.

La distance est une emprise sur soi-même, car rien n'est vraiment distancé dans le monde entre vos deux oreilles. Mais il existe des temps courts et des temps longs de décision qui permettent une distance. Il y a aussi des distances de liens qui se calculent en kilomètres ou en heures.

Être en fusion avec une personne à distance dans des échanges sur le Web est en fait une illusion pour certains et une vérité pour d'autres, car le vrai de vos valeurs vous a amené en vous pour des raisons réactionnelles de réparation et d'accord. Il est possible que l'illusion n'en soit pas une. Seul le temps de vos vies vous l'expliquera en temps et lieu. Vous ne pouvez jamais être certain de rien tant que vous vivez dans l'imagination de vos pensées. Observez ce qui se présente à vous.

L'imagination est une atmosphère importante de votre être. Nous flottons en général très longtemps avant de réintégrer la matière. Tout est question de réactions chimiques et de réactions électromagnétiques. Voilà pourquoi, dans les sociétés où l'imagination et la créativité est peu utilisée, on passe un temps fou dans les méandres de nos réactions intérieures, uniquement pour trouver une façon de se régénérer et d'actionner des éléments chimiques par les situations émotives que nous avons mises en bataille en nous-même.

La connaissance nous apporte une vision sur certains degrés de la vie qui nous associe facilement pour la recherche, mais cette recherche sensorielle est une réalité de nos sens à ne pas juger, mais plutôt à apprécier comme une forme d'intelligence qui dépasse notre entêtement actuel, donc suivez-la !

Le jugement d'une situation à distance serait une occasion de faire travailler des éléments en suspension autour de vous pour une meilleure compréhension de votre être qui interagit toujours avec cet univers invisible autour de vous et vos racines profondes.

La vraie nature des communications à distance née d'une étincelle à travers nos pensées qui communiquent tout autour de nous. La communication sera très forte ou plus faible en fonction des raccords et des liens à rebrancher ou à débrancher.

L'amour, le vrai, sera toujours le plus beau des moyens d'échanges pour les réparations à distance dans le respect de soi-même et des liens des vies des temps passés et pour les temps futurs.

Votre amour se basera sur la marque de vos valeurs et vous aidera dans vos décisions. Restez proche de votre cœur, même si cela vous demande de traverser des champs de mines.

Souvenez-vous qu'il existe des traces comportant une connaissance dans vos atomes et qui se connecteront toujours avec vos liens présents pour vous faire découvrir votre vie future.

À distance, vous pourriez très bien ressentir une personne parce qu'en premier lieu, vous le voulez en votre profond être intérieur. Vous projetez d'une façon très précise votre énergie vers cette personne pour des raisons sensorielles et intuitives.

Vous pouvez très bien formuler une demande envers votre être pour comprendre la personne vers qui vous dirigez toute cette sensibilité. N'oubliez pas que chaque pensée véhiculée est une charge atomique qui amène toujours l'individu vers des réactions naturelles de la vie.

On apprécie toute réaction atomique en général, si cela se passe dans le respect et l'amour. Dans le cas contraire, c'est plus difficile, mais cela constitue un apprentissage. Il y aura toujours des façons pour vous de réorienter d'abord votre cœur vers l'ensemble pour, par la suite, demander en vous-même un changement de vos charges qui sont restées dans la colère et la frustration.

Changez votre vision de la vie, et rendez-la toujours plus belle.

Une formule véhiculée émane avant tout de vous. Vous devez comprendre avec clarté votre recherche, car si vous-même réussissez à vous comprendre, vous parvenez à distance à sentir le vrai et le bon pour vous, et inversement.

N'oubliez pas le bon, la merveilleuse charge positive. Attendez-vous toujours à la balance des charges négatives si votre EIUS ne trouve pas vraiment son équilibre. Voyez-vous comme il est facile de comprendre l'emprisonnement de votre mental dans votre vie qui voudrait tout comprendre et tout diriger à distance ?

Au gré de votre existence, vous suivez un vent ayant des directions qui vous mèneront toujours à distance d'où vous devriez être. Soyez prudent ; la nature est puissante et peut être destructrice et initiatrice de nombreux changements.

Vérifiez vos mesures des temps passé, présent et futur.

La distance du passé

En partant du mot latin « distance » vers le français, on se retrouve dans les temps « à ».

Le « à », notion du temps en nous, est le même « a » que celui de notre être. Des éléments et émotions emprisonnés qui pourraient se libérer « à » distance…

En portant notre attention sur la distance entre le latin et le français, on se retrouve dans une certaine période de temps où la notion de distance reste la même que celle que nous avons présentement avec notre être. Des éléments émotionnels emprisonnés pourront se libérer à distance pour une période de temps déterminée.

En revanche, le présent du français « distance », en le transposant en latin, donne le mot *procul*. Si on le divise pour nos deux hémisphères cérébraux par la base du latin de la souche du sens vers le français, cela donne :

- Pro : pour

- Cul : culture

Une rencontre à distance pour la culture intérieure !

Le futur est le choix de vos mesures du temps de vos sens qui prend naissance dans la base frontale de votre cerveau par l'échange en équilibre de ses hémisphères.

Le lien du temps

Perdus dans les temps, nos liens de forces sont formés par les formules de phrases qui portaient un sens caché des secrets de charges dans chaque mot et dans chaque sens. Des lignes collectives pour lesquelles on travaille tous très fort pour nous unir dans un même flot de pensées afin de jouer avec les réseaux de raccordements du cœur et de l'esprit.

Nous irons dans de vastes champs de fleurs et de débris que nous avons éparpillés sur la terre et nous trouverons tous en nous la conscience et l'espoir assez solides pour transformer notre passé qui était en guerre et où nous étions perdu en nous-même pour enfin nous réaliser en temps qu'être unique.

Quand on se détache petit à petit de nos mauvaises formules adulées par la vie, on parvient à dessiner une continuité de notre éducation.

On se perd et on recherche en nous d'autres points importants qui nous touchent au plus profond de notre cœur et qui font partie des valeurs auxquelles nous croyons en nous.

Et là, il se peut que nos culottes pètent, absorbées dans notre inconscience qui se livre une bataille avec nos choix.

Je vous assure que vous n'êtes pas perdu. Vous étiez seulement inconscient de la force que vous aviez absorbée étant petit, et de celle que vous absorbez encore et qui parle avec vos choix. Il peut souvent régner en vous une bataille de forte dualité des contacts avec votre être et les charges environnantes.

Semez avec conscience ce que vous voulez, mais comprenez que tant que vous ne vous intéressez pas à ce que vous absorbez, il sera ardu de communiquer avec vous-même et le reste des êtres. Même si la collectivité nous entraine dans des paraboles d'absorption collective, pensez-vous que cela est fait pour votre développement et le bonheur de tous les êtres sur terre ?

Dans une inversion, on s'exclamerait : « Oui ! »

Car se perdre inversement à notre conscience collective nous entraine dans des situations de reconstruction qui éveillent en nous jour après jour des aptitudes de changement au sein de nos relations et de nos échanges.

La solution prendra son temps dans nos capsules qui n'ont pas encore sauté. En sachant où nous sommes et dans quel monde, on crée tous les jours nos idées. On regarde autour de nous et on s'oriente en fonction de ce que l'on perçoit et interprète.

Les liens que la vie a créés autour de nous pour un échange harmonieux en octave sont possibles, et cela se réalisera de plus en plus autour de vous. Une belle preuve de l'être et de son parcours dans l'évolution de ses liens à travers le temps. Seule la nature de nos relations mettra à jour des liens incroyables qui dirigeront notre EIUS dans la pensée et l'action.

Le manuel du temps est en vous par l'action.

Éléments indispensables pour la circulation de l'énergie et le chargement de vos batteries :

- L'exercice physique qui stimule et aide les charges de nos pensées à mieux circuler.

- L'exercice du repos et de la détente intérieure profite à notre corps extérieur.

- Le grand ménage de la stabilité du cœur : intimité, famille, amitié, etc.

- La grande respiration par la communication : verbale, artistique, etc.

- Le rêve et la réalité réunis dans l'imagination et la créativité.

- La recherche par la connaissance ou l'intuition de notre corps et de notre être.

- L'alimentation et son équilibre à travers vous-même.

- L'éducation sociale.

L'air

Que retrouvons-nous dans l'air que l'on respire ? De l'eau, du gaz carbonique, de l'oxygène et beaucoup d'autres éléments importants, et parfois nuisibles ou essentiels. Tant de choses que nous partageons au quotidien !

La toile de nos communications informatiques nous ouvre les yeux sur les fréquences qui nous entourent dans ce monde invisible qui communique chaque jour avec nous par le biais de notre être et de nos capteurs de réception, que cela soit inconscient ou que cela devienne quotidiennement conscient. Cela ne nous donne rien de plus de le savoir.

Mais de savoir admettre la beauté des informations qui flottent tout autour de nous dans des chants de fréquences différentes nous allume et peut nous faire comprendre l'importance de nos pensées et associations dans la collectivité de tout ce qui respire sur terre. Tout est échangé et partagé.

Partager la bonne recette de chaque respiration vers soi-même nous donnera à tous l'équilibre conscient de nos idées de charges électriques transmises au monde invisible. Quelle magie et quelles merveilles la nature nous offre pour permettre le plus beau des voyages en nous-même à travers l'ensemble !

Il y a des jours où on se lève le matin rempli de bonnes idées ou parfois de mauvaises pensées. Eh bien, d'où nous vient donc tout cela ?

La continuité d'une communication intime avec nous-même et le reste de la vie qui nous insuffle des associations d'étincelles qui nous transportent, ont une bonne idée ou le contraire.

Rien n'est mauvais, rien n'est bon à 100 %. Nous pouvons créer un certain équilibre et comprendre le besoin d'équilibre que la vie et la société de demain ont besoin à travers nous-même et nos recherches personnelles à trouver notre être en nous.

La mesure d'une bonne recette se respire et se réalise dans nos pensées et dans nos créations d'images intérieures. Quelle image choisir, et avec quels mots et quels sentiments, ou encore quelle musique étudier ou quel chemin intérieur emprunter ?

Tout cela nous est transmis autour de nous à travers notre être à trouver et à réaliser. Faites-vous confiance : la recette se respire et se vit en vous chaque jour.

La prison

La prison du temps est en nous et dans les mots et nos sens qui crient au plus profond de nous-même, appelant un quelconque changement.

On se retrouve en prison en nous-même ou dans d'autres lieux qui marquent nos vies, simplement pour faire transcender en nous ce qu'il y a de plus complexe à libérer. Cela ne se passera pas toujours dans des lieux intérieurs où l'on se sent emprisonné, et pourrait continuer à nous gruger sur des plans psychiques que seul le temps nous expliquera.

Les esprits nous accompagneront, mais ne vous laissez pas mener par tout le monde. Reprenez un peu de contrôle sur votre propre monde d'emprisonnement, pour vous et la société.

Sauvez votre propre coeur et votre âme, car les gens qui vous entourent seront dans l'incapacité de comprendre votre fonctionnement. Nous sommes tous responsables les uns des autres. Nous étions cependant inconscients de notre réel fonctionnement.

Quel que soit notre éloignement, nous respirons et flottons dans une même matière qui crée des schémas de parcours pour l'ensemble. Il sera très difficile et même parfois impossible de tout changer. Notre seule mission en ces temps est d'atteindre notre être profond qui sera une voix et une direction pour les vies futures.

L'éternité nous habite comme une prison des temps à libérer peu à peu.

On ne peut effacer nos traces de colère et de noirceur, mais on peut éviter de reproduire en collectivité ce genre de système qui est loin de l'être à découvrir et à partager autour de nous.

Nous regarderons ensemble les lignes des barreaux des prisons qui représentent nos parents, les souches de départ que l'on recherche et où la forme est restée en ligne sans pouvoir s'unir dans le cœur de l'enfant en soi. Ce dernier se battra et commettra des crimes en vue de retrouver en lui un lien de satisfaction.

La prison de la drogue est une illusion et une contrainte des charges en nous. On ne veut pas et, grâce à cela, certains retrouvent le réconfort intérieur de leurs émotions perturbées par les cœurs des êtres qui ne savent pas encore voir le chemin de la vie qui est écrite et celui à écrire pour le futur des vies armé de métal et d'armes qui est chaque fois prêt pour le combat.

Votre armure est là, en vous, pour se défendre contre vos propres interprétations de la vie. La puissance en vous sera toujours à force égale avec votre armure de chevalier qui rééquilibrera vos forces grâce au cycle de l'énergie qui circule autour de vous. La puissance générée par le monde entre vos deux oreilles vous soulèvera toujours plus fort à travers les autres êtres.

La prison de mensonges et d'ognons d'une mauvaise recette d'opinion. Une mission en prison le sera de nos passions pour les mondes de la compréhension !

Permettez-vous de vous faire votre opinion concernant votre propre prison, et voyez comme il est simple de s'enfermer soi-même et d'enfermer vos semblables dans des ognons de jugements qui demandent seulement un peu de temps pour améliorer le temps futur de leur être, et permettre l'ouverture de la vie et la compréhension d'une réalité temporelle qui flotte en vous et qui demande une nouvelle vision de ce que l'on porte en soi-même.

Les saisons passent et la construction des ponts est toujours en chantier.

Les portes nous aident à nous rendre tous les jours sur l'immense chantier de notre vie, et nous faisons de notre mieux pour la finition de ses structures et fondations.

Voulons-nous réellement emprunter le même pont que tout le monde, surtout si les ponts ne tiennent pas toujours et que les portes ne s'ouvrent pas tout le temps ?

Propulsion

Démarrage de vos SUES.

Des équations hallucinantes qui n'arrivent pas toujours justes, mais que vous suivez pour un équilibre des charges absorbées depuis votre naissance.

La partie a commencé, nos yeux sont vifs et nos perceptions propulsent des idées dans la formation de nos vies dans une succession de réactions. Chaque fréquence qui se rencontre dans nos relations forme une étoile de SUES qui suscite un intérêt et une interrogation en nous sur la vie et nos échanges réels.

Nous absorbons et faisons absorber des jeux extrêmement fascinants pour nos SUES. Une force incroyable existe en nous, en notre être. La façon de le travailler sera toujours collective et notre unité sera maitre de vos décisions.

Les fréquences créées autour de nous imposent bien souvent nos prises de décisions.

La fatigue mentale et du cœur et de l'esprit peut enfin respirer et se dire, tous les matins : « O.K., je vais faire de mon mieux parce qu'après celle-ci, mes charges d'énergie poursuivent leur voyage. »

Tout le monde connait vraiment bien l'effet des aimants et de leur force. Voilà ce que votre propulsion dans l'espace vide autour de vous et, à force d'y penser, vous formerez des fréquences de communications par vos sens, surtout par ce qui vous ferait le plus plaisir en vous et en votre cœur.

Chaque communication, qu'elle soit octave ou autre, relève d'une immense force inexpliquée d'équations ressenties par notre cœur et notre esprit.

La science des mots nous guide, nous inspire, nous affaiblit. La grande danse de notre monde de charge EIUS nous pousse par la propulsion de nos sens à prendre régulièrement de ceux qui nous ont été interdits, mais pour lesquels notre soif d'énergie nous pousse et nous transforme constamment dans nos réalisations nouvelles et qui empêche les choses par la puissance des êtres qui flottent avec nous dans la masse électromagnétique et qui interagiront toujours avec nous. Eh oui, les religions fanatiques n'ont pas encore compris le sens du bon sens humain ! Sans oublier les génies du monde qui travaillent sur nos interférences et qui sont suivis de près par les médias et la dictature publicitaire et de nos pollutions de mauvaises recettes en nous que nous apprendrons à modifier progressivement. Car le temps est avec nous dans la propulsion de nos sens par nos SUES.

Les fragmentations que vous découvrez seul en vous par vos nouvelles aptitudes sont des ports pour les autres du futur. Ne craignez pas vos perceptions sensorielles. Parlez-en et encouragez la communication de vos expériences.

La propulsion psychique : conscience, inconscience, pensée, émotion, etc.

La composition est cruciale de la pensée à l'émotion qui habitent chaque exploration de nos sens. Elle se passe dans les temps passés, présents et futurs de nos accords.

Croire uniquement à ce qui nous fait du bien et si cela peut faire du bien autour de nous. Nous y croirons, car nous le ressentons à travers nous-même et les autres, donc nous choisissons la direction à prendre. En premier lieu, toujours à travers notre être qui navigue et se propulse dans ses perceptions.

La vitesse est raccordée à nos liens physiques de sensations que vous ne voyez pas mais que vous sentez. Elle se programme grâce à nos formules influencées par notre entourage et notre héritage. Force et sentiments profonds sont bien ressentis en nous par nos perceptions.

La culotte psychique, puissance immense qui détruit rapidement vos directions de vie pour une meilleure réévaluation et compréhension de votre être et de ce que vous pourriez faire vous-même pour améliorer votre équilibre psychique. Transmission psychique des médias et de l'industrie qui chante en nous comme des paraboles où nous n'avons plus droit à la pensée libre, mais plutôt au capitalisme des gens riches.

Le plus grand système psychique du monde, c'est la religion. Elle procède comme l'industrie ; elle nous prend par nos sens émotionnels et elle nous présente des schémas précis à suivre. Comme si le vrai et la puissance de la création n'avaient pas fait en sorte que le bien et l'équilibre se retrouvent dans notre être naturellement, comme chaque création sur terre dotée de sens.

Chaque proposition de notre psychisme nous propose des formules de retenue ou d'exploration qui nous connectent à certaines autres, par besoin ou obligation, ou par choix intime qui nous relie à notre EIUS le plus profondément en nous-même qui se constitue en fonction de la matière émotionnelle dans laquelle nous baignons depuis notre conception.

Notre immense monde de l'inconscience nous donne des indices par nos intuitions sur des choix et des raccords d'émotions qui nous percutent et qui constitueront, au fil du temps, un Nouveau Monde, celui que chacun est en train de créer pour l'ensemble.

La réalité de nos sens intelligents qui demandent le droit en nous de prendre place pour enfin vivre le Nouveau Monde de la différence et qui ne peut plus se vivre dans l'indifférence de nos êtres.

Nos pensées se mélangent et ce que nous dégageons comme énergie se fracasse mutuellement. Nous sommes constamment en réaction avec les êtres autour de nous, mais nous devons nous rapprocher du psychisme de l'être que l'on cherche en nous pour notre développement sensoriel.

Il faut savoir se poser les questions suivantes :

- Quelle puissance je perçois en moi avec les mots, et à quel sens vont-ils se percuter ?

- Qu'est-ce que mon être cherche à faire avec ces percussions propulsées dans mon psychisme ?

Une vitre éclate en vous en milliers de propulsions qui ne tiennent plus la route pour votre cœur. Mais où était donc votre cœur ? Propulsé aussi loin de vos rapports avec la vie et le Nouveau Monde qui est en train de s'installer en vous.

Soyez assuré que vous êtes en train d'emmagasiner des fonctions qui vous seront éventuellement fort utiles.

Les confettis du psychisme

Enfin, la magie est parmi nous ! La fête des couleurs est enfin arrivée dans nos impressionnantes perceptions.

Détectez les signes et les fréquences qui se manifestent avec votre être et vos valeurs vous apportera un nombre étonnant de confettis de l'esprit à assembler pour une recette équilibrée de notre racine à l'éclosion de notre fleur qui habite un mécanisme de survie en nous et qui nous lie aux autres.

Ne pas pouvoir constater et sentir, ni entendre, ni écouter. Le gout des nations est devenu fade et amer, par simple manque de saveur. Nous chanterons ensemble et nous retrouverons le gout et le sens de réécrire les futures fréquences des nations.

Nous apprécions vivre ensemble et nous aimons évoluer librement dans un respect de communication et d'action.

L'action est un acte qui demande courage et force, pour s'engager dans les torrents des courants populaires et pour remonter les contre-courants actuels.

Mais il s'avère que la fréquence se réinvente et nous permet de comprendre comment suivre un courant et de quelle manière aller vers les mécanismes d'adaptation à la nouveauté.

Nous aimons le vieux en nous pour son sens du rassemblement en nos mondes de connexion en tant qu'êtres appartenant à d'anciennes nations qui ont jadis peuplé la terre. Certaines de nos émotions bloquent notre croissance à l'acceptation du changement dans notre monde intérieur, traces d'énergie qui devront bouger à travers nos transformations à créer et à aider pour se soutenir dans des liens d'échanges d'énergies que nos éléments en suspension comprennent autour de nous et guident nos instincts à être développés pour l'appréciation d'une énergie qui circule en continuité. Si nous ne saisissons pas cela, notre être profond le comprendra pour nous et nous le fera sentir de différentes façons.

Chaque nouveau regard, chaque nouvelle interférence nous entraine dans nos formes intérieures que nous partagions et où les forces jaillissent pour l'ensemble du dépassement de chacun.

Vos valeurs se feront ressentir en vous, car vous ne pouvez voir le parcours de vie de votre énergie, donc tout sera perçu autour de vous dans différentes formes de sens auxquelles vous êtes attaché par votre mental.

La transparence de vos valeurs sera toujours un jeu pour vous ! Comprenez bien que si elle explose en une bombe atomique en vous et vous fait sauter toutes vos capsules, ce sera toujours dans le but de vous préparer aux nouvelles fréquences qui surgissent en lien avec votre énergie pour la collectivité de l'univers que vous partagez avec chacun.

Nous avons contribué à l'ascension de valeurs sans voir avec transparence les lignes autour de nous, donc on a du mal à connecter dans ce Nouveau Monde nos vrais ressentis et nos sens réels.

On a volé nos propres mondes. On a du mal à le comprendre aujourd'hui dans notre nation de voleurs. Le voleur s'emparera des éléments des sentiments qui, progressivement, modifieront sa vie. Nous sommes faits de transparence et nous avons besoin de bonnes fréquences nationales.

N'oubliez jamais que les fréquences nationales ne sont pas éternelles, mais ce que vous ressentirez et transformerez en vous le sera toujours davantage. L'important est votre rapport avec ces fréquences et votre compréhension en votre être.

Survolons trois fréquences nationalistes d'énergie :

- Les milieux sportifs : football, hockey, tennis, jeux olympiques, etc. Les jeux interactifs de réseaux amusants qui allument progressivement les champs d'échanges et d'acceptations personnelles de contact entre les jeux et votre être profond.

Mouvement de l'énergie : toucher – *touch* – lien - Dans notre temps, on doit toucher ou se faire toucher, pour commencer à sentir graduellement et collectivement les choses de l'intérieur vers l'extérieur, et de l'extérieur vers l'intérieur. Il s'agit d'un besoin fondamental de notre intérieur : être touché et se faire toucher dans un atmosphère de respect et de valeurs, pour être entendu et écouté.

- Médias publicitaires et finances économiques avec manipulation de nos mouvements émotionnels.

Mouvement de l'énergie : danser – *dancing* - courbe - Le fait de bouger guide nos choix et favorise les prises de bonnes décisions dans la circulation de notre corps, libération de charges, activation de charges. Il s'agit d'un besoin essentiel pour l'ensemble de redéfinir nos vies et les sens qui prennent place dans ceux qui apprendront à lire le vrai monde entre leurs deux oreilles, et d'agir différemment pour provoquer le changement.

- L'histoire de nos civilisations et les époques qui relient nos comportements des temps dans nos valeurs.

Mouvement de l'énergie : marcher – walk - forme - Le chemin a été emprunté pour nous permettre de voir nos formes dans l'échange et dans notre évolution. Il s'agit du besoin d'oxygène de la vie différemment dans nos formes du temps ou les formes des temps qui ont été transmises et qui sont à modifier dans le mouvement de la marche des nouveaux chemins à franchir.

Vos rapports ont plusieurs points dans vos prismes d'énergie. Le point de l'être qui s'accorde comporte des rapports développés ou à développer.

Quelques points de similarités familiales qui fournissent quelques lignes d'exemples :

- Mes parents ont divorcé quand j'étais jeune et cela a affecté leur énergie, et j'ai baigné dans leurs émotions qui ont marqué mon être.
- Ma mère ou mon père est décédé quand j'étais jeune et son absence a marqué mon univers.
- Ma mère ou mon père a toujours été gravement malade et cela a modifié mon univers.
- Je n'ai pas eu de parents et cela m'a causé de la souffrance.
- Mes parents étaient toujours très occupés ou ils me couvaient trop, et cela a touché mon univers.
- Mon frère ou ma sœur est décédé dans un accident et cela a affecté mon univers.
- Ma famille est très unie ou, au contraire, ma famille a explosé et personne ne se parle.

Toutes ces situations se dessinent dans notre être et peuvent se comprendre et faire sentir certains points d'associations de prismes de charges émotionnelles développées en nous.

Dans les échanges de nos relations, on se partage nos charges positives et négatives d'émotions. Cela crée en nous un lien de rapport intérieur qui nous réconforte et nous met en confiance. Mais cela peut aussi activer des besoins d'échange plus profonds, comme si on voulait se sentir en l'autre par des actes sexuels ou des liens profonds d'amitié qui soudent les gens dans des relations durables de l'existence. Cela peut se présenter sous forme d'aventure et de passage psychique qui contrôlent nos actions en nous mettant au défi.

Faites un choix, car là, nous sommes à la recherche de notre EIUS. Nous voulons le toucher et le partager en communion avec notre conscience.

Tant de points essentiels au développement de notre être qui constituent ce qui se trouve aujourd'hui dans nos prismes d'énergie qui peuvent nous surprendre toujours, car beaucoup d'êtres ont trouvé une force incroyable en eux pour surpasser la vie dans laquelle ils devaient transformer le mal en bien.

Chaque prisme familial se développe pour les rencontres des sens et des charges positives ou négatives de diverses situations.

La vie peut faire pousser des arbres, des plantes, etc., en fonction de l'environnement qu'on lui donne pour son évolution. Eh bien, notre environnement a créé des êtres tous très différents, comme la vie nous le montre avec nos yeux et nous le fait découvrir à travers nos échanges et nos différences.

Les prismes d'énergie qui se sont construits en nous avec les années se connectent entre eux pour la confiance, le cœur, l'harmonie. Ils peuvent aussi se connecter en vue de la destruction, si leur forme n'est pas assez solide et que cela ne conduit pas vers des prismes nouveaux dans l'esprit collectif.

L'expérience dans les prismes d'énergie constitue notre être dans la vie qui est déjà écrite. Ils ont été écrits pour nous faire découvrir les faces cachées de la vie et les possibilités qui y règnent. Aujourd'hui, vous pouvez réécrire votre être par la plus belle façon, de cœur et d'entraide, dans la compréhension de la différence et de la quête de la vérité.

La vérité sera individuelle ou collective. Comprenez que vous serez toujours avec cet être en vous qui a besoin de liens solides et vrais. Ressentez, voyez, entendez, comprenez, touchez et recherchez dans vos couleurs des sens associés à vos valeurs.

Point par point, les formes se sont dessinées dans vos comportements et vos directions. Vous pouvez toujours vous orienter vers des éléments qui influenceront la richesse de vos accords.

Il sera important de dessiner vous-même vos liens de la naissance à aujourd'hui, et de comprendre que les éléments émotionnels font partie, à parts égales, des pensées et des idées mentales ou intuitives que vous avez développées seul ou que vous avez recopiées à partir de votre entourage.

Nous sommes tous en lien avec les autres sur certains points de nos prismes à développer pour le futur.

Chaque point de vos prismes se manifestera par des frémissements de votre être. Ils ne sont pas tous de forme ronde et parfaite comme un triangle ou un cube. La vie se manifeste en nous pour exprimer sa différence.

Alors, pourquoi cherchons-nous à être tous pareils intérieurement ?

Pourquoi avons-nous besoin de nous voir à travers les miroirs des autres êtres ?

La seule explication sera le temps et les épreuves de nos charges d'énergies. Si vous ne croyez pas en l'énergie, vous ne la verrez pas.

Vous pourrez tout de même voir et observer votre corps et les formes biologiques de la vie qui flottent dans une science physique qu'il faudra comprendre avec vos sens et avec votre cœur.

Le temps et ses formes de mots et celles de nos sens sont des traces du temps qui nous indiqueront aujourd'hui un nouveau sens à tout ce qui doit être créé dans nos nouvelles formes selon une certaine orientation, parce que vous voyez les lignes, les points et les symboles qui parlent à votre être.

Le monde nouveau

Symbole – signe – écriture – direction d'énergie dans les nouveaux besoins de la vie.

Cela constitue une base à développer et à écrire ensemble. La direction du mouvement des lettres nous indique un réseau d'énergie électrique qui nous transforme et modifie les besoins de la vie.

Avant, nos écritures étaient classiques, de formes romantiques, et se tenaient en lettres en écoulement. Ce temps peut un jour refaire surface. C'est comme un mode d'utilisation qui constitue un besoin collectif de créativité à travers le passé et qu'il faut réadapter au temps présent.

Je vous demande d'avoir l'esprit ouvert comme un enfant pour comprendre certaines forces de l'énergie.

Les lettres de l'alphabet portent une force en charge d'énergie qui, en fonction du mouvement individuel de chaque lettre, prend un nouveau sens.

Ces évènements se traduisent par leurs formes, leurs couleurs et de nouveaux sens aux lettres et à l'écriture déjà déterminés par l'ensemble de la collectivité. Il se passe actuellement une transformation par nos systèmes intérieurs qui seraient en train de recréer un nouveau mode de communication pour réadapter le passé de nos sens au monde actuel.

A : Centrer les choses. Besoin en tout temps d'équilibre à travers les autres dans une pensée partagée.

B : Protégés pour la manipulation de son for intérieur en lien avec l'univers.

C : Non directs, réflexion et opinion en contrôle d'acquisition.

D : Proviennent d'en haut et d'en bas, vers la droite, et nous permettent de protéger le mental à l'intérieur d'un sentiment infecté.

E : Héritage des formes de pensées du temps en évolution.

F : Accrochés dans des racines, mais animés vers la liberté d'échange dans la nouveauté.

G : Retiennent l'énergie pour le partage et la communication de la connaissance.

H : Déterminés et fixes, mais ouverts à tout en soi-même et en lien avec la source.

I :   S'harmonisent dans nos formules intérieures et font ce que l'on pense.

J :   Reviennent chaque fois vers le mental du passé.

K :   Savent comprendre les autres par le passé des temps.

L :   Grande décision, savoir prendre sa place par la force et la justesse dans la vie.

M :   Monter et descendre comme un battement cardiaque intense et des nerfs d'acier recherchant l'équilibre, et le trouver pour les autres.

N :   Recherchent le changement et l'amélioration profonds de nos racines pour nous guider en général jusqu'au nirvana de ce qu'il y a de plus profond en soi et au-dessus de nous.

O :   En continu, fidèle à soi-même et assuré d'être heureux une fois bien ancré en soi.

P :   Responsable de sa croyance du haut et prenant forme dans ses racines.

Q :   Une chance de recommencer chaque fois à la base de soi-même le bonheur à chaque fois présent. Il suffit de savoir le voir.

R :   Du début des temps en vous règnera la fidélité de votre cœur. Apprendre tout par l'observation des éléments du haut et les réintégrer vers le bas : rationnel, malin, spirituel et intuitif.

S :   Le haut et le bas sont importants dans la vie et la mort. Cela ne s'arrête jamais et vous le savez bien. L'infini.

T :   Au centre de vos racines familiales, il vous faudra trouver un point semblable pour être équilibré dans vos charges d'énergies pour être en mesure de bien avancer. Recherche perpétuelle.

U :   Le ciel parlera toujours en vous et sera votre meilleur allié au cours de votre vie, la tête dans les nuages.

V :   Force d'un point de croyance ou de jugement qui gardera en vous l'équilibre de votre centre

W :   Descend calmement et remonte très rapidement. Acquérir, posséder, contrôler, diriger, orienter.

X :   Le centre de votre vie vous apportera toujours ce dont vous avez besoin.

Y :   Vous travaillerez toujours très fort et vous récolterez le fruit de votre travail plus ouvert vers les chemins de l'invisibilité. Intuition et croyance, mais avec un pied solidement fixé au sol.

Z :   De gauche à droite, de droite à gauche, vous trouverez réconfort en vous-même, du passé vers le futur.

Le paysage cosmique

Paysage aux effets bleus composés d'eau cristalline qui véhiculent votre pouvoir en vous-même.

Effet bleu : grand porteur de création pour aider le corps et l'esprit dans le développement de la vie.

L'eau à travers tout coule de source. Une libération de nos ressources en nous-même à travers les liquides des corps et des espaces qui nous entourent.

Voilà les liens de nos communications par nos ondes, nos charges.

Les particules d'eau sont là pour nous aider afin de dessiner une conscience collective.

Entendre du coeur et de la conscience notre action en nous-même et pour le passage du bleu en nous qui ne demande qu'à être développé pour les années à venir et les grands changements des temps nouveaux.

Enfin, nous voilà tous ensemble dans cette activité de réorganisation de nos mondes intérieurs pour libérer cette force qu'on pourra apprendre à développer pour chacun et la continuité de l'être en nous.

Un ciel plus beau pour tout le monde. Une eau propre commencera par la connaissance de ces éléments dans notre propre système et le monde entre nos deux oreilles dans la grande roue de nos vies.

Nous tournerons nos yeux et percevrons enfin avec nos sens les couleurs de la vie que l'on dégage et que la nature dégage autour de nous.

Le paysage cosmique n'est pas un rêve, mais bien un apprentissage des sens à développer et à accepter naturellement. Il faudra l'accepter comme une petite porte de vérité qui vous permettra de plus en plus de vous connecter à la multiplicité de vos actions mentales et de vos interactions émotionnelles, pour simplement réaliser le bien et le bon des relations humaines dans le respect du courant bleu qui nous dirigera toujours de l'intérieur vers l'extérieur.

Le paysage cosmique est l'ensemble de ce que l'on voit et avec lequel on connecte avec nos sens. Cela est fort différent pour tous et permet un équilibre de la diversification des mouvements des circuits cosmiques en nous qui nous libèrent à travers nos différentes visions.

Le cerveau communiquera de plus en plus avec nous et nous dévoilera ce que l'on appellera le paysage cosmique. Des couleurs dans nos échanges de communications verbales ou non verbales, notre être nous apprendra à ne pas avoir peur. Il nous guidera pas à pas vers la découverte des couches qui nous entourent et nous relient.

L'apprentissage et le calme seront des illusions à adopter pour comprendre cet effet naturel de notre être qui se dévoile à nous. À quoi cela va-t-il nous servir de découvrir pas à pas ce monde cosmique ? En premier lieu, on aura un état d'esprit plus ouvert et davantage émerveillé sur nos vies et l'importance de nos partages. De plus, cela nous éveillera à nos compositions dans la vie que l'on dégage. Le jugement sera toujours un réel apprentissage vers le développement de notre être avec cœur et force.

Le dévoilement progressif de vos fonctions cérébrales vous permettra tranquillement de retourner vers une force en vous : la croyance. Celle-ci sera ouverte vers toutes les croyances de la fonction magique de croire et de voir enfin la vraie nature de vos circuits de pensées émotionnelles, tout en apprenant par vos expériences qui se feront souvent la guerre en vous.

Ne vous laissez pas faire ; apprenez à voir en vous et dans vos temps passés et orientez-vous vers un temps futur où la pierre en vous se transformera par votre folie de créer.

Les étoiles en vous sont magiques et se forment, si vous le voulez et si vous avez franchi les murs et les barrières que vous-même avez choisi de franchir, car vous êtes unique et extraordinaire.

O.K.

Vous avez encore plus de doutes ; vous ne vous trouvez pas extraordinaire.

Vous n'imaginez même pas à quel point vous pouvez briller et combien vous rayonnez bien des fois, pour le partage de l'énergie de la bonne volonté autour de vous.

O.K.

Il peut arriver que vous partagiez aussi l'énergie de la mauvaise volonté, mais soyez compatissant envers vous-même et donnez-vous du temps pour rétablir les bons mécanismes en vous. Surtout qu'aujourd'hui plus qu'hier, vous savez qu'il existe une grande partie de vous qui contribue au futur et à un avenir meilleur pour tous. Cet avenir voué au changement commencera par vous et votre connaissance de votre énergie propre.

L'énergie de chacun est propre et se partage dans toutes nos interactions. Notre évaluation en pourcentage vous aidera à mieux vous comprendre et prendre conscience de votre aspect.

Votre cercle de vie se divise par le mental et les sens qui s'unissent et voyagent dans des mondes différents de conscience et d'interactions temporelles et inconscientes. Il cherchera toujours par votre mental et votre intuition, ou encore par vos sens, les chemins à suivre qui sont déjà écrits en vous et qui pourront bientôt s'écrire grâce à vous.

Doit-on fermer la porte aux perceptions de nos projections de croyances quand on le ressent ?

Cette situation intérieure n'est pas évidente à comprendre, car on croit davantage à l'émotion qui aurait explosé à travers nos sens. Un nouveau développement en nous écrit de nouvelles histoires de compréhension que l'ensemble pourrait ne pas comprendre, mais qui nous satisfait pleinement et qu'on voudrait partager.

Nos histoires qui se forment en nous sont l'équation d'informations qui permettent au corps de se maintenir loin des maladies, ou bien elles devraient nous informer au sujet des dimensions de l'être qui nous emmènent toujours dans un plus vaste sujet de recherche et correspondent mieux à notre époque d'ouverture sur la modernité de la pensée.

Le mental nous explique que nous avons disjoncté de ce qui est acceptable de penser dans des sociétés fermées qui n'ont pas le temps de penser, mais ont le temps de faire de l'argent et de regarder uniquement son être qui est dans cette situation grâce aux autres et à leur acceptation de cette situation de vie.

Le combat est encore lancé, car nous avons jadis toujours cru à des choses qui n'étaient pas tangibles ni mesurables. Nous acceptons les idées de ceux qui ont une vie afin de penser pour les autres.

Aujourd'hui, par contre, on pourrait mesurer et définir les renseignements des gens qui partent dans des délires avec des formes de vérités. Le grand problème est que l'être est isolé en lui-même dans des paramètres qui ressemblent plus à de la folie. Il révèle ses secrets d'associations tangibles d'un point de vue dimensionnel des émotions temporelles. Votre être est une énergie extraordinaire qui cherche son chemin de vérité pour lui et l'ensemble. Nous sommes tous en liens constants. Chaque être est une réalisation de la compréhension de la vie sous des formes dimensionnelles.

Les psychologues ou médecins sont disponibles pour les êtres qui parcourent en eux des chantiers qu'ils devraient travailler, car le temps a construit en eux des objectifs atomiques d'émotions à comprendre pour l'ensemble par nos sens.

La provocation des éléments chimiques nous apporte la fragilité de notre corps et de notre esprit, et la grande importance de sauvegarder nos richesses sur terre.

Être de la terre, vous faites partie de cette richesse à protéger.

Vos forces immenses présentes en vous ainsi que dans votre cœur, vous aideront à vous entraider pour le futur de ce que vous avez déjà créé.

Chaque mot et chaque direction de langue en vous parleront à des principes de construction et d'efforts à déployer.

Il existe tant de chemins à prendre aujourd'hui pour la simple compréhension de nos liens puissants dans nos sociétés.

Devez-vous croire ou pourriez-vous simplement sentir en vous le vrai et le voir de vos propres yeux, et l'entendre résonner dans les recherches scientifiques ?

Notre science à chacun et à tous aujourd'hui et pour demain de notre être et les charges féminine et masculine en notre EIUS, guideront notre mental, nos recherches, nos intuitions, nos pensées, nos émotions et nos sens, le centre de nos perceptions.

Les courants de société ressemblent à un cours d'eau où nous sommes comme des saumons. Nous ressentons tous la vibration du courant et nous communiquons pour survivre.

Très peu de saumons pourront remonter le courant, donc la force se portera dans chaque élément naturel qui vous entoure. Les forces sont à votre portée, avec vous ou contre vous.

Tout ne sera plus vraiment perçu comme cela dans le futur. Vous comprendrez l'importance de la pression de groupe et vous procéderez à un détachement en petits groupes qui amènera le changement au sein d'un groupe qui contaminera les autres.

L'influence pourrait très bien émaner de vous et de votre nouvelle prise de conscience en vos charges d'énergies.

La vie est chaque fois en processus de recyclage. Nous tirons trop rapidement et sans aucune connaissance sur des anneaux collectifs d'énergie, et la vie casse.

Comment créer sa propre destruction collective ? Eh bien, comme un enfant, simplement en disant : «Oups! Je ne le savais pas.»

Nos savons trop bien les choses en nous. Nous avons la grande aptitude de sentir, de voir et d'utiliser les différents sens de notre énergie pour comprendre les superpositions d'histoires et de vies qui, jusqu'ici, nous ont formés comme nous sommes.

Le plus particulier, c'est que nous savons très bien que, comme nous, la vie ne peut pas tout recycler et qu'il faut, par moments, procéder à une ou à plusieurs modifications. Ces dernières sont là, en nous, à la recherche perpétuelle du bien et du bon sens.

Vous créerez en vous des réflexions de miroir et vous demanderez et manipulerez ce que vous ressentez, car ce courant de développement pourra enfin changer la vie de tous.

En parler, en rire et étudier chacun sa provenance à partir de nous-même en lien avec tout le monde qui commencerait à voir la vie comme un paysage cosmique.

La vue cosmique

Cet univers de couleurs qui réagit avec votre monde intérieur et qui vous dévoilera progressivement les éléments de vos pensées et de vos émotions en lien avec votre système, est un nouveau chemin à emprunter et à écrire pour les êtres à venir.

Voyez les liens qui s'animeront par des étincelles de couleurs qui éveilleront la curiosité de vos charges d'énergies dans cette matière qui vous porte et vous entoure. Pour plusieurs d'entre vous, cela ne sera pas évident au début.

Vous vous demanderez « suis-je en train de rêver ? » ou « cela s'apparente à l'ouverture de mon être sur les zones énergétiques à voir pour concentrer mes forces sur mes aptitudes ».

Cette matière cosmique dans laquelle vous nagez depuis votre naissance et où vous poursuivrez votre chemin dans les univers mécaniques de l'énergie magnétique et ses champs de variation avec tous ces ponts et ces portes à découvrir.

L'intérieur des êtres actuels se plonge dans la peur pour provoquer en groupes de masse une charge d'énergie qui a un lien avec ce que vous ne voyez pas.

Il se pourrait qu'un bon matin, dans les temps à venir, les gens s'éveillent et entendent et sentent cette activité en lien avec leur être. Progressivement, un travail s'opérera directement avec le monde en lien avec les connaissances à développer de bonnes recettes à saisir. Pour cette fois, comprendre les besoins de l'être a créé une charge d'énergie qui lui est propre.

La chimie du monde se crée essentiellement par les réactions. Le monde vous demande de réagir pour le voir, par vos sentiments profonds et les ordres et directions de vos pensées. Observez bien vos premières lueurs de réaction quand vous serez calme et conscient que vos chemins en vous sont longs et infinis dans la collectivité du monde cosmique.

Des milliers de kilomètres de charges d'énergies sont en vous par le biais de nos contacts à distance. Nous pourrons actionner des mécanismes de compréhension visuelle dans l'écoute de notre être et dans les liens de la balance entre le corps et l'être d'énergie.

Au départ, vous voudrez voir les choses autour de vous qui connectent avec votre être, ce qui vous permettra de vous charger de craintes et de questionnements. Une charge incroyable qui passe de l'imagination, et du rêve jusqu'à la réalité d'une vie étonnante dont nous faisons partie.

Des bulles d'énergie, que l'on appelle orbes, se déplacent avec nous, par nous, et autour de nous. Les portes et les ponts sont en nous et pour nous. Chaque interférence ouvre automatiquement les portes, et l'échange d'énergie se produit quotidiennement.

Par vos sens et votre monde intérieur, vous parviendrez à comprendre certains liens. D'autres seront en suspens pour un chemin qui ne se termine jamais, mais qui anime les gens les uns avec les autres dans la recherche du comment vivre mieux.

La première face de la vue cosmique

En ce qui a trait aux esprits et aux phénomènes des champs magnétiques, une vaste recherche vous attend en vous-même pour élucider les choses en vous et accepter la réalité des nouvelles recherches à ce sujet : l'énergie des mondes dimensionnels de la physique naturelle de la vie. Il s'agit particulièrement de vous et de vos réactions dans un contexte d'émotions et de compréhension relativement à la réalité de l'énergie dans laquelle vous nagez. Étudiez et recherchez avec attention les sens qui vous transmettront la vérité de cœur à cœur.

La deuxième face de la vue cosmique

Votre approche d'observation dans votre pensée, à force de rester attentif à vous-même et à vos interactions mentales dans la charge d'énergie qui reflètera vos idées dans un champ de couleurs et de formes qui se matérialiseront devant vous dans vos déplacements physiques, dans vos échanges et dans vos moments de réaction personnelle avec les idées et la matière qui vous entourent.

Au début, cela ressemblera à des tâches et de toutes petites étincelles apparaitront. Vous aurez besoin d'une adaptation psychique, émotionnelle et mentale. Prenez le temps de vous former à cette nouvelle réalité qui commencera prochainement pour tout le monde. Parlez-en et amusez-vous à créer des charges qui permettront de vous éblouir dans la découverte du paysage cosmique environnant.

La troisième face de la vue cosmique

Un ordre établi de la pensée qui nous permet de voir les interactions de nos relations et échanges dans la matière électromagnétique. La force de nos émotions libérée avec notre mental en acceptation de ces nouvelles perceptions du monde cosmique nous apportera les messages de nos comportements intérieurs collectifs.

Chaque porte qui s'ouvrira dans votre nature sera l'un des ponts progressifs vers les nouveaux échanges auxquels vous devrez être réceptif et qu'il vous faudra d'abord avoir avec vous-même et votre être, puis avec l'énergie partagée.

L'énergie visuelle est propre à vous-même et à vos interprétations. Votre équilibre entre l'imagination et la réalité passera par vos ponts.

Vos SUES sont suspendues autour de vous et demandent un raccordement pour l'épreuve entre la matière et l'antimatière.

Chaque blocage dans vos SUES se décapsule par le cœur et le travail de chacun.

Votre énergie se concrétise dans votre propre forme qui peut se transformer dans n'importe quelle situation.

La vue cosmique ne se formule pas seulement dans des couleurs, mais bien dans tout ce que vous voyez au quotidien dans vos vies :

- Voiture, avion, motocyclette, vélo, etc.

- Nature, forêt, océan, île, montagne, falaise, etc.

- Immeuble, maison, cabane, chalet, abri, etc.

- Personne, enfant, vieux, jeune, ami, étranger, etc.

- Animation, cinéma, théâtre, dessin animé, etc.

- Forme, dessin, peinture, graphique, sculpture, etc.

- Animal, insecte, bactérie, etc.

Chaque observation et chaque image entrent en vous dans un champ de résonance qui offre des portes de réflexions ou d'idées grâce au mouvement de l'observation. Ce dernier est important pour comprendre les raisons de notre besoin de créer.

Où étiez-vous et dans quel paysage cosmique vous trouvez-vous actuellement ?

- Le cœur de tête

- Le corps

- La conscience

- L'inconscience

L'énergie et sa circulation occupent une place importante dans vos trois éléments de base pour simplifier votre vue cosmique.

Une grande sensibilité de vos formations peut susciter en vous une impression ou une interprétation en fonction d'une couleur.

Il existera toujours un centre dans nos sociétés où on a tous besoin de se retrouver pour ressentir à l'unisson la même perception.

Nos structures publicitaires, télévisées, technologiques, musicales, religieuses et le sens des vraies choses nous amènent à chaque fois dans une nouvelle structure pour voir et ressentir les mêmes aspects en collectivité.

Les traductions du temps dans vos cœurs et vos interprétations vont prendre place en chacun de vous dans l'évolution, pour enfin comprendre votre vue cosmique en relation avec votre mental.

L'intelligence de vos connexions comprendra chaque fois vers où vos pensées associatives peuvent vous conduire dans un pays cosmique.

L'animation du Nouveau Monde se construit actuellement par l'union des pensées et des sens. Voilà en somme pourquoi le chemin de la vie est écrit ! Et… L'être s'écrit !

Cela a pour but de renforcer votre faculté de créer la vérité et le mensonge pour une perception de survie ou un appel de votre être pour dénouer les situations dans des espaces temporels, familiaux ou autres.

La situation de votre eius

Un parcours dans votre cœur de tête où tout se lie par un besoin d'échange dans l'empathie et la confiance de votre énergie.

1. Le pont de la survie où l'on achète des principes ou des valeurs alimentaires juste pour la survie de l'environnement intérieur ou extérieur.
2. Le pont de l'écoute de votre propre énergie dans la survie de vos charges que la vie vous a attribuées.
3. Le pont a inspiré et expiré dans les temps de nos dimensions des temps. Acceptez le recyclage de vos vies ainsi que la grandeur de l'énergie que l'on partage tous.
4. Le pont pour les êtres qui acceptent la vie énergétique et qui comprend par l'esprit que tout se joue chaque jour autour de vous. Pour vous et les autres êtres qui veulent survivre.
5. Le pont du miroir : se voir et se sentir en l'autre.

Entendre l'autre en soi en comprenant les besoins de l'énergie partagée et les schémas d'énergie qui sont déjà dessinés autour de vous. Ne pas juger et comprendre dans une harmonie parfaite des cœurs de tête, les reflets que nous avons les uns sur les autres.

La vie de l'énergie à écrire.

Les questions à se poser dans vos mécanismes d'interprétation. Restez simple et orientez-vous vers la transformation en vous qui vous occasionne certaines difficultés dans vos formules de voir le monde en vous qui ne vous faites pas du bien. Sauriez-vous lier ces questions avec vos ponts ?

Votre choix se base-t-il sur votre survie ? Existerait-il d'autres choix ?

Pouvez-vous vraiment changer vos décisions ? Avez-vous bien écouté votre énergie ? En êtes-vous certain ? Avez-vous appris l'écoute des autres autour de vous et leurs besoins ? Correspondent-ils à vous et à vos besoins et synchronisations conscientes ou inconscientes ? Connaissez-vous le pouvoir de la respiration et de vos mécanismes de respiration avec votre entourage ? Comprenez-vous les détails de votre oxygénation dans les dimensions de vos vies intérieures ? Cela doit se sentir dans vos racines ! (Instinct-intuition)

Actuellement, vous savez où est situé votre cœur de tête, et constatez l'importance qu'il revêt en faveur de votre énergie. Pourrez-vous l'utiliser convenablement ? Savez-vous transformer vos mécanismes ? Savez-vous les accepter sans trop vous juger ni juger les autres ? Le tout est pour le développement et la survie de votre EIUS.

Leçon 1 : L'être et le courant de l'EIUS

Vous n'avez besoin de personne, actuellement, pour atteindre le contact avec vous-même. Calme et concentration sont de mise. Vous devrez ressentir un sentiment de légèreté et de confiance en vous-même. Soyez heureux et libérez enfin votre potentiel. L'écoute de la formation en vous de votre premier prisme.

Vous devez d'abord voir la forme de votre situation. Vous ne serez sans doute pas d'accord et vous vous montrerez rebelle. Excellent ! Si c'est le cas, l'être en vous est vrai et fort, animé de multiples connaissances qu'il pourra enfin déployer. Si le calme est resté en vous, cela signifiera que vous êtes rempli de sagesse ou simplement endormi.

Nous commencerons par visualiser le ou les triangles.

La première composition du premier triangle que vous allez visualiser sera très rapide. Il s'agit de votre naissance, tandis que le deuxième triangle représente vos liens de croissance actuelle.

Comprenez vos constructions entamées et acceptez ce qui ne fonctionne pas. Travaillez dans l'optique de visions différentes pour que cela fonctionne en harmonie avec votre cœur de tête. Ce sera certainement l'un des meilleurs points de départ de cette leçon.

Une fois que vous êtes vraiment à l'aise et prêt, vous pouvez commencer à ressentir trois choses :

- Un point de bouillonnement rempli de vives informations qui ne cessent de communiquer avec vous et tout autour de vous : le bourdonnement du futur.
- Un deuxième point en vous de sagesse, de connaissances et de grandeur, simplifie en ce monde le calme du temps du passé qui active les charges émotionnelles du mental.
- Un troisième point important : la réflexion - soit vous voulez dormir, soit vous souhaitez changer de lecture ; cela n'a aucun sens. Vous n'avez plus de patience pour vous-même et le monde qui vous habite, où vous êtes enfin prêt à dessiner en vous l'être du présent.

Sentir chaque point du triangle et son importance devra prendre plus de temps pour chacun d'entre nous. L'important est avant tout de comprendre le courant d'énergie que nous fabriquons par nos points de forces et nos points de faiblesses.

Il faudra tirer sur la corde et garder une tension raisonnable pour chaque association de points, et éviter qu'elle ne casse. Cela peut tirer vers maman ou vers papa, en fonction de vos idées et visions de la vie. Savoir chaque fois se justifier à soi-même : le pourquoi de nos distances de pensées.

La pensée, mesurée par l'émotion, vous dirige vers une recette. La valeur de la pensée, la valeur de l'émotion et la valeur de la recette.

Voir ce que l'on pense à travers les miroirs que l'on rencontre vous fournira des valeurs sur vos pensées qui ont un reflet, mais pas encore de forme. Votre catalyseur, mécanisme chimique qui réagit à la pensée jusqu'à la matière et à tous vos sens ; une valeur de vos émotions intelligentes.

La valeur de la recette ne prend forme que si vous l'étudiez. Le temps de vos pensées et les réactions catalysées par votre corps dans le temps, et vous comprenez en vous-même la longueur des liens en vous.

Chaque point court dans un anneau autour de vous. Si le point qui s'associe à vos émotions et à votre mental par une simple pensée ne se solidifie pas, la corde de l'anneau se casse, car vous n'êtes pas en accord total. La recherche de l'EIUS se poursuivra, d'où la guerre intérieure avec notre monde extérieur. Les capsules sautent et les explosions atomiques du cœur nous percutent.

Nous avons besoin de retenir dans notre être des points et des cordes qui se tiennent.

Vous pourrez reprendre et reformer cet anneau avec des mécanismes de réparation, mais il faut s'assurer d'avoir suffisamment d'énergie. Cette énergie, vous la retrouvez autour de vous avec des personnes qui ont du cœur. Si vous ne trouvez personne, regardez attentivement la nature et ses mécanismes. L'observation vous sera toujours bénéfique.

Nos formes sont constituées de quelques-uns des reflets des miroirs de nos parents. Nous recherchons la similarité ou le sens contraire pour se résigner dans la contrariété de notre être.

Formons et créons des sentiments qui se sentiront et seront ressentis dans nos mouvements d'énergies. Faites des mouvements de votre corps qui assoupliront votre vie intérieure.

Le but de la leçon est de rester soi-même et de favoriser vos plaisirs de créer, et non pas de recopier ce qui vous est véhiculé par les étincelles des miroirs de vos charges mentales et émotionnelles.

Prendre sa place et comprendre qu'entrer en trois points de formation triangulaire demande un désir de plaisir à long terme.

Ne pas se laisser affaiblir par les autres et savoir que ceux-ci suivront un être dans un développement différent s'ils ressentent le plaisir qui s'y rattache.

Apprendre et actionner sa dévotion, sa foi et sa contribution énigmatique de la vie et de ses dimensions scientifiques.

Prendre par la main un ami éveillé, simplicité et confiance naturelles de nos sens. Les gestes les plus simples nous confortent dans un ensemble de ce qui vit intérieurement, au plus profond de nous.

Liste des liens qui modifient l'orientation que prend la vie dans les ruptures des formes naturelles de rapports :

- Rupture de liens familiaux : ressentie comme une charge d'abandon.

- Rupture de liens professionnels : ressentie comme une charge d'émotion en étoile.

- Rupture de liens due à un accident : ressentie comme une charge temporelle.

- Rupture de liens personnels due à un malaise intérieur des sens écrit dans les formes : ressentie comme un vide profond.

- Rupture de liens par l'absorption d'autres formes : ne plus rien ressentir de son être.

- Rupture de liens par le corps physique en raison d'un accident ou d'un problème de santé : ressentir l'injustice, la solitude, l'indifférence, le vrai visage de la vie.

Il existe tant de formes associatives dans les ruptures avec vos sentiments et vos connaissances intellectuelles qu'on ne peut toutes les citer car elles sont déjà écrites, ou sur le point de l'être. Dans la création des formes de dualité et de contrariété dans les dessins de l'être en lien avec les autres.

Leçon 2 : Le tailleur des formes de votre EIUS

La naissance de nos formes émotionnelles se loge dans notre héritage. Pourquoi ?

Chaque charge ne sera jamais identifiée jusqu'au moment où elle fera apparition de façon progressive dans notre vie, et qu'elle changera notre façon de créer nos idées sur l'existence et sur ce qui l'influencera.

Nos racines seront une suite de réactions de ce que nous avons fait et comment nous avons agi avec nous-même dans la construction des liens avec les autres.

Nous n'avions jamais considéré nos sens avec importance. Pourtant, cela est le mécanisme ultime de notre développement conscient et inconscient.

L'énergie est un royaume du cœur et dans ce royaume, une justice des temps règne dans nos échanges et les charges d'énergie veillent à nous le faire ressentir.

D'après le sens des mots que nous avons crus en nous par des émotions fortes, nous avons tracé dans notre être une route à suivre.

Il existe malgré cela des directions novatrices que nous n'acceptons pas dans notre énergie de racines.

Le manque de compassion et le manque d'acceptation de la réalité de nos sens et de notre être nous percutent chaque fois comme une bombe qui se prépare dans nos racines.

Nous recherchons encore notre EIUS. Nous nous demandons s'il ne s'est pas joué de nous comme nous nous jouons de lui.

L'accident était en dehors de notre possibilité de réagir. Nous sommes des tailleurs à travers les temps. Nous avons réagi et façonnons chacun une façon de vivre la vie en lien les uns avec les autres.

Cela n'a pas à être toujours évident, une fois que les charges du temps remontent dans nos liens pour nous faire ressentir le vrai bon sens de nos rapprochements qui se basent sur des champs d'énergies qui s'aident et se respectent par le cœur.

Votre propre cœur accepte les charges temporelles en reliant les accords pour des liens solides à jamais dans les vies futures. Cela peut engendrer un vide immense à remplir par la suite.

Le tube : longueur et force

Forme de libération qui demande beaucoup de temps pour enfin faire synchroniser deux cœurs pour la transformation du lien de la forme du tube.

Chacun expérimentera des formes différentes en eux. Ils sont uniquement raccordés par un point puissant qui pourra toutefois se décrocher ou encore emprunter une fréquence de changement, pour deux êtres ou une centaine, ou encore des millions de personnes qui se sont associées sur ce point d'impulsion de la pensée des cœurs avec la conscience et l'inconscience.

Il se passe plus de choses dans votre être que dans votre vie, ou encore il se passe plus de choses dans votre vie que dans votre être. On vide une partie du tube en continu ou on le remplit encore et encore. Toujours envie de deux directions, toujours prêt à tout changer autour de soi ou intérieurement.

L'équilibre entre être et avoir se retrouvera dans une forme de balancement très particulier. Avoir veut, et être est !

L'éducation continue et se transforme. Qui veut prendre le bus ?

Vous y êtes déjà par l'avoir de l'énergie actuelle du « quibus », dans le sens du verbe « avoir » dans le présent vers le latin. Elle suit l'EIUS dans sa construction de l'avoir : argent et fortune. Cette énergie devra s'écouler comme une fontaine à partager collectivement.

Leçon 3 : La composition des tubes et des triangles dans un cube

Chaque forme est attirée l'une par l'autre. Cela ne va jamais plus loin pour une raison de non-sens et une raison de pensées qui n'acceptent pas le contact de l'être par la contrariété des temps. Pourtant, les charges positives et négatives que nous déployons autour de nous provoquent des étincelles de connexions et des formes d'étoiles qui nous amènent dans la possibilité de tout changer pour la survie de notre être. Ce dernier redessinera des lignes pour le cœur et l'entraide. Le développement des ponts par les tubes et l'ouverture des portes initient la formation des triangles du cube de vos perceptions associatives et sensorielles.

Trouvez le cube de l'équilibre de vos SUES par l'ensemble de vos connexions. La recherche se déroule dans l'interphase et produit une multitude de créations pour parvenir au développement de sa propre longévité. L'action prend forme dans nos sens. Écoutez ce que vous ne voyez pas et interprétez ce que vous voyez.

Huit points dansent dans leurs anneaux atomiques qui rêvent de continuité. Le cube demeure la vie uniquement grâce à chacune des structures qui l'habite avec une charge d'amour suffisamment importante pour se transformer ou non ; il n'en tient qu'à vous de l'interpréter avec votre cœur de tête. Votre cœur de tête constituera les neuf points de la communication à distance par l'énergie.

Les nouveaux cœurs de tête.

Quand les cœurs de tête s'éveillent à leur être profond, nous sommes amenés à la conscience et à virevolter entre nos rêves et notre réalité.

Peu à peu, on découvre que nos rêves peuvent se vivre et que notre réalité peut être un rêve dessiné par nous-même en lien avec les autres, ce qui a pour but de nous freiner un peu pour nous permettre de retrouver le calme en nous.

Notre propre voyage physique qui parcourt la vie comme un véhicule de plaisance nous allume à chaque instant à nous alimenter en informations. On reste pourtant longtemps pensif à des relations empruntées à notre imagination qui nous emmènent dans des mondes très distancés de notre réalité. On aime sentir cette force qui attire nos pensées de l'autre côté du monde qui nous aide à apaiser nos cœurs séparés de la réalité intérieure du monde que l'on combat en nos cœurs. Il s'agit du même monde que l'on a laissé pousser en nous par la nature de nos formes. On tournoie dans des histoires de passion qui nous habitent et qui réaniment en nous des énergies auxquelles nous avons permis de s'éteindre en nous par préoccupation ou par confort.

La passion de l'amour libre équilibre nos êtres dans notre imagination qui se veut extrêmement importante pour nos charges d'énergies émotionnelles. Un schéma qui revêt un certain mystère qui se dessine avec nos charges bioélectriques et qui nous parle et nous amène à comprendre que nous sommes beaucoup plus que le personnage du cœur. Nous englobons le temps de la vie en nous et des idées de connexions précises. Nous avons besoin d'associations de charges d'échanges à travers le temps réel de nos pensées. Une continuité du passé en nous et de cette énergie partagée dans le présent, pour le futur et sur les chemins du passé de nos pensées et de nos émotions.

Les jours du Souvenir pour tout le monde où les guerres et les batailles persistent toujours.

Être, êtes-vous au fait de la charge de travail qui vous attend et du souvenir de vos vies d'ici ou d'ailleurs et les libérations d'amour des énergies qui vous ont un jour méprisé et qui résonnent en vous aujourd'hui, comme un nouveau cœur d'amour pour accéder au changement ?

L'amour et le mépris, c'est la même chose : un attachement, une éduction de soudure des êtres de l'amour à comprendre et à travailler !

Nous avons tout de même un devoir à accomplir pour libérer les âmes qui se sont attachées à nous dans nos liens qui ont jadis provoqué de la violence. Voilà une des clés de la balance de la vie et du besoin qu'a la nature de rééquilibrer les êtres voulant circuler sur terre. Les formes de l'inconscience, les formes cachées de la vie.

Quand nous échangeons nos corps, on provoque un échange de charges électriques pour redessiner les formes dans le respect et l'amour. Quand on ne sent plus rien en soi dans cet échange, on doit écouter notre cœur, le laisser murir et grandir ! La patience est une charge de compréhension d'éducation de nos êtres intérieurs. Cette force qui nous habite fera bientôt surface dans le respect du temps des nouveaux cœurs de tête du monde qui est à la fois loin et si près de nous.

Comme un phare au bord de l'océan, votre cœur s'éclairera de sa bienveillance, avec la connaissance de cet amour des sens des temps en vous.

On sera tous dotés de phares qui s'éclairent mutuellement pour être en mesure de voir dans la nuit de nos univers obscurcis par nos batailles sur la vérité du sens de la vie. Nos énergies se fondent les unes dans les autres pour la grande réanimation de nos cœurs de tête.

Les nouveaux maitres des cœurs de tête sont en vous et pour nous tous. On doit apprendre à freiner par moments nos nouveaux cœurs. Si on a des freins, il faut les utiliser avec notre tête responsable des cœurs des autres.

Vivre selon le concept que votre corps est comme une voiture qui dessine les formes de la vie pour le futur vers l'équilibre.

Si les freins commencent à bruler à cause d'une pente trop prononcée, prenez garde au précipice au bas de la montagne. Il faut veiller à utiliser les freins moteurs et jouer avec les vitesses. Il est parfois ardu, sur les routes de montagnes, de ne pas profiter des dénivelés pour se laisser bercer dans les méandres des courbes si harmonieuses et délicieuses.

Si nous roulons doucement, il y a moyen de se balader et de profiter du paysage. Le magicien qui est vous-même arrivera à écrire avec bonne mesure ces sens de son cœur de tête. Mais voilà, nous aimons tous les précipices qui éveillent en nous les sens profonds de nos êtres. C'est pourquoi on a installé des coussins gonflables dans nos véhicules ! Effectivement, nous sommes dangereux et nous apprécions le danger qui nous *électrophyse* (électrophysiologie) et cela nous amène à mieux comprendre les traces de temps dans nos cœurs.

L'horizon se modifiera toujours pour ceux qui recherchent le changement. Pour ceux qui aiment contempler le même horizon sans le voir changer en eux, ils seront contraints à continuer sur cette note-là et ils feront chanter leur cœur pour comprendre la raison pour laquelle ils n'arrivent pas à guérir de leurs maux intérieurs. Le temps arrivera à eux à un moment précis. Un point particulier sur lequel il faut travailler en lien avec la puissance de l'univers des nouveaux cœurs en ce monde.

Comprenez bien que vous ne serez pas seul ; on vous aidera au moment critique de votre vie si l'univers le veut. Par exemple, il pourra s'agir d'une personne de votre entourage. L'univers peut décider que vous serez seul durant cette épreuve. C'est que l'univers entre vos deux oreilles devait activer votre cœur du passé pour entreprendre le changement du présent en vous.

Avec calme et conscience, nous ouvrirons nos cœurs à la compréhension de notre être qui est énergie de communication par le cœur de tête et nos créations en formation par nos sentiments partagés.

On peut accélérer et rouler rapidement dans notre inconscience. Le juste équilibre est un choix personnel ou une capacité qui nous a été léguée de comprendre la position de nos charges bioélectriques. L'univers entre vos deux oreilles et vos pieds sur terre vont vous conduire en ces lieux où la route vous attend en vous dans vos efforts et votre détermination du juste.

Réalisez et écrivez ce que vous avez composé dans vos vies avec des formules et des recettes à chacun bien différentes, dans le but de se différencier dans nos fonctions. C'est un peu le portrait du tableau à écrire à partir d'ici et maintenant.

Votre EIUS se découvrira dans ces tensions et ces ruptures par vos étoiles, un couloir de sens dans les temps de vos tubes.

Le pouvoir de ressentir et d'utiliser vos intuitions et vos capacités à la différence seront là pour vous différencier encore une fois ou pour vous unir dans des miroirs de complicité d'auxilium (ressource – aide – antidote [remède]).

À plusieurs reprises vous verrez dans vos semblables, à partir de vos miroirs, et voilà par où vous commencerez par vous écrire et vous redéfinir dans vos objectifs de vie en perpétuelle transformation à l'intérieur de vous-même.

Retracez vos lignes linguistiques et vos lignes historiques, culturelles et religieuses pour enfin dessiner le vrai de vos désirs et le vrai de l'équilibre des cœurs qui est déjà en formation autour de vous en prévision du futur dans une énergie en lien avec les autres cœurs de tête.

La vie est puissante et elle verra tout à travers vous-même et vos centres de conscience pour vous diriger, non sans difficulté, mais avec l'envie de sentir ces êtres qui feront circuler la vie du juste des nouveaux cœurs de tête.

Le point de l'énergie de votre cœur de tête est formé en absorption avec les autres points des êtres.

Réorganisons notre vie pour bien comprendre, et écrivons ensemble le vrai de chacun de notre propre énergie dans les échanges à fournir et le dépassement de soi vers cet être qui dessine vos liens à travers vous.

La direction des langues

Nous parlons et écrivons depuis longtemps de la communication de nos compréhensions et de nos échanges.

Ici, je présenterai une version de l'énergie des langues qui consiste à regarder les formes écrites des écritures qui, en passant, symbolisent de nombreuses choses et plusieurs directions à prendre.

Nous allons simplement rester l'observateur du monde intérieur de notre cœur de tête, car chaque point ou ligne se trace en nous comme un schéma d'électricité qui s'accorde avec notre être.

Cette section est davantage dédiée à la personne qui pourra voir notre monde différemment.

La fenêtre des schémas de nos vies partagés sur différents plans qui demeurent dans le même but la circulation de l'énergie libre qui nous traverse tous. La simplicité de l'enfant doit se révéler en vous.

On n'invente rien dans ce chapitre ; on ne fait que regarder et suivre les traces du monde entre nos deux oreilles.

Le champ de l'énergie bleue de notre courant possède une direction dans chaque langue de chacun des pays du monde.

Je vous rappelle que le monde et l'univers se situent entre le monde de vos deux oreilles. Par conséquent, nous sommes tous responsables.

Le français, l'anglais qui nous vient de notre latin. Une transformation de nos moyens de communication pour engendrer une plus grande découverte de la matière et de notre être à la recherche de notre EIUS.

Nous partons de gauche vers la droite, en direction de notre courant premier !

Notre courant suit le sens et l'impact de nos cinq sens dans l'écoute de la langue qui nous permet de faire circuler des idées différentes, car nous sommes tous uniques. Nous avons toutefois besoin de nous raccorder pour vivre et survivre.

Les formes des lettres, images qui définissent dans notre être des aptitudes différentes à chacun pour une orientation collective, symbole de charge qui s'exprime sous divers sens à notre vie !

De l'écriture accordée par le trait de nos plumes et de nos stylos, nous sommes passés au détachement par l'imprimerie et le Web.

Nous sommes prêts à restructurer notre monde pour le voir à travers l'œil averti d'un enfant. La simplicité volontaire de l'esprit et du cœur nous amènera vers des recherches plus personnelles à la poursuite de l'écoute de notre être, notre EIUS.

Nous comprendrons avec facilité le mouvement des signes et des symboles qui s'harmonisent avec notre être.

La présence en notre pouvoir de direction linguistique nous permettra de comprendre par fragmentations tout ce qu'il y aura à retraduire dans la langue de l'observation. C'est amusant et rempli de surprises pour ceux qui verront et entendront en eux le principe des formes qui parcourent le temps et nous dirigent vers un travail de collectivité, surtout une très grande compassion pour nous-même et tous ceux qui nous entourent.

Le royaume des langues

Les directions des langues qui ont une influence, comme des schémas bioélectriques et électromagnétiques autour de nous et en nous dans l'absorption.

L'énergie, l'écriture qui part de gauche à droite ou dans le sens contraire, de droite à gauche, ou encore de bas en haut ou de haut en bas. Existe-t-il un sens précis ? Eh oui !

Nos deux hémisphères cérébraux gauche et droit, et le cervelet de bas en haut, la partie frontale du cerveau. Dans quelle butte la nature aurait-elle développé plusieurs directions du langage ?

L'énergie bioélectrique nécessite un développement. Les réactions des mouvements des circuits du langage permettent de nombreuses choses dans le royaume du langage. Le premier se passe dans l'inconscience des formes des lettres et les sens qui nous animent d'objectifs collectifs de pensées et nous dirigent vers un centre de communication pour nous permettre de communiquer sur les mêmes fréquences.

Le groupe des Français, le groupe des Anglais, le groupe des Italiens, le groupe des Russes, le groupe des Espagnols, le groupe des Arabes, le groupe des Chinois, etc.

Avoir une appartenance à un groupe, se sentir en contact ! (Revoir le chapitre consacré au contact.)

Agir en action, voilà l'énergie des directions du langage.

Nous avons besoin de réactions, de stimulations et, surtout, de connections les uns avec les autres. En premier lieu, le but est d'entrer en contact avec notre être. Il fait souvent bien des manœuvres pour entrer à l'intérieur de nos racines profondes de vie. Le but est chaque fois de trouver un effet de plaisir, de rechercher une communion avec nous-même grâce au contact des autres et de nos langages partagés.

À travers l'aspect noir et blanc, des charges de notre EIUS nous guident dans la vie et l'amour en nous.

On se développe par des points extrêmes en nous, comme si l'aspect cérébral n'avait pas encore compris les risques de certaines résistances à la pensée mentale. Comme des enfants qui n'avaient pas su voir auparavant le royaume du langage comme des directions d'un circuit que l'on doit démêler en chacun de nous. Il ne faut pas s'arrêter ! L'être vous arrêtera lui-même à chaque capsule à faire sauter.

Écouter – *Listen* = être et avoir ou *be* et *have* = charge à trouver en vous, votre EIUS, la base de votre sens de l'écoute.

EIUS, du latin des temps – *time* = recherche d'équilibre, besoin d'énergie à trouver son équilibre – charges masculine et féminine.

Par notre aptitude à imaginer en nous le dessin d'un arbre – *tree* – nous tirerons des fonctions importantes d'échanges de l'énergie associée à nous-même et en relation avec les autres.

Dans le tronc – *trunk* : de cet arbre en vous, un triage des temps, se fera naturellement par ce qu'il y a de plus fort – *strong* – en vous, pour vous mettre au défi du changement entre le monde du passé et le monde du futur en réalisation dans votre présence. Les choses pourraient entrer en guerre.

La force qui vous aidera à travers ces batailles d'énergies intérieures est détenue dans vos racines – *roots*. Ce sont les formulations des temps qui vous ont donné aujourd'hui cette force que vous sentez en vous. Par des éléments alchimistes du mental que vous avez sélectionnés inconsciemment en vous au cours de vos différentes vies pour vous souvenir et soutenir une force en vous incroyable qui recherche l'équilibre dans vos liens de l'énergie humaine.

Par la respiration de chaque évènement présent, chaque cycle se transforme et s'actionne comme le mécanisme d'une marche - *walk* – naturelle, un mouvement qui confectionne une aide pour l'énergie nouvelle.

Tant de directions mécaniques qui apprendront à faire des ondulations par la danse – *dancing* – un mouvement qui peut nous donner des liens par le toucher – *touch*. Ce moule vous habille – *dress* – intérieurement et extérieurement de la tête aux pieds, et comprend le rôle de pouvoir se déshabillant– *undressed* – par ce qui doit briller en vous. Un point de départ – le sexe – *sex* – revivra dans les mêmes formes et transmettra par l'écoule le diagramme avoir – *have* – et être – *be* pour le futur de votre vie.

La recherche de l'EIUS chargé de l'équilibre se sentira en vous à chaque fois avec ses lots d'erreurs et de mauvais jugements. Mais, je vous le dis, le jugement est une éducation de nos charges d'échanges dans nos relations.

Explication sur l'énergie

Cette énergie est simple ; elle suit des routes mentales et des chemins du cœur. Un mélange de connaissances et de foi où elle-même s'amusera à remettre en cause cette foi qu'elle ne comprend pas encore.

Énergie, du français vers le latin, nous donne : *vis*.

Cela nous percute. On pense à la vie et à ses vices.

Cela nous indique également que l'énergie vit.

Donc, inversement, pour comprendre davantage, si je pars du latin « *vis* » et que je vais vers le français, cela nous donne : force.

Quand les éléments atomiques de votre énergie proviennent des traces du temps du passé et s'accordent en une circulation du temps présent, cela favorise votre être et vous accumulez une grande quantité d'énergie. Nous sommes tous chaque fois à la recherche de l'énergie de l'EIUS du plus et du moins, du yin et du yang.

Un sens est doté de son miroir des temps inversés, donc en opposition.

Par exemple : je t'aime – je ne t'aime plus.

Les atomes parleront à travers votre langage rationnel ou irrationnel.

L'inversion est un besoin dans la nature, un sens, une fraction des sens, mais pas un tout. Une combinaison de fractions de sens pour trouver des accords du cœur et de la compréhension ainsi que de la compassion.

De nos pulsions des expulsions d'atomes qui nous parlent, on peut écouter ou comprendre le pourquoi du choix de l'unité de votre être et de vos valeurs.

L'important, c'est l'unité qui vit en groupes atomiques d'émotions et de connaissances des langages de forces et de puissances qui transforment vos âmes qui s'éduquent et s'élèvent de votre être.

Le courant passe ; on est sur la même longueur d'onde.

En autobus ou quand on emprunte un quelconque transport en commun, on se laisse flotter et conduire pour avoir plus de temps en nous-même et dans nos pensées à cheminer vers soi-même.

La perte de temps n'existe pas. Le développement de chacun a bel et bien lieu. Nous sommes porteurs d'une énergie conductrice qui s'empare de nous avec cœur et de façon mentale, nous devons équilibrer en nous les instruments de pensées et de connaissances pour finalement obtenir ce que l'on appellerait l'intelligence qui devient périmée quand s'annonce un changement. Excitation quand on ressent un futur changement ou encore une ancienne idée qui se développe vers une autre façon de voir celle-ci. La transformation des pensées se rattache à nos sens. On le sent très bien.

Blocage et mal de tête. Notre propre énergie nous amène à nous poser de nouvelles questions sur la façon dont on a organisé toutes nos idées et pensées. Celles-ci peuvent être enregistrées dans la section appartenant au passé de nos vies ou dans le présent, ou encore ne se formatent pas pour les éléments futurs de nos vies.

La recherche de notre être EIUS
Le pouvoir de l'être est une charge incroyable et remplie de possibilités. Une étincelle d'action émanant de votre cœur.

Dans le blanc et le calme de votre être, vous trouverez l'équilibre, la ferveur et l'immensité de votre art infiniment incroyable et recréé. Chaque tube de conception de la vie vous transmet plus que la vie ; elle vous transmet la continuité de la vie pour tous les éléments. En tant qu'éléments, vous pouvez toujours régénérer en vous des principes de force et d'esprit et amplifier une force par les sens et les mots.

Croyez en votre être suprême et appréciez la sublime force des individus qui font partie de votre entourage. La puissance se mesure dans l'entraide, et l'harmonie de votre être et des autres se mesure dans un juste équilibre pour tous.

Le respect des jeux de la vie qui influencent votre être constitue aussi une aide pour arriver à retrouver la vérité en vous et dans votre cœur. Comprenez la dualité et saisissez qu'il y en aura toujours dans votre tête.

Comprenez que cela relève d'un circuit extrêmement puissant et que pour vous différencier des autres, il faudra agir avec le sens de l'écoute, et surtout de votre développement.

Ne restez pas seul avec vos peurs. La vie est difficile et complexe, que ce soit ou non dans la crainte. Elle demeure un passage éprouvant pour l'être qui vous habite et qui ressent toutes les transformations de votre corps et vos différents états d'esprit qui changent au gré du courant de vos pensées créatrices.

L'être comprend davantage de choses que vous, et la première chose que l'être veut, c'est la circulation équilibrée de l'échange. Laissez l'état de vos intuitions et de vos impressions prendre la route pour enfin vous permettre de changer quand il le faut.

Accordez-vous un instant pour fermer les yeux quand vous vous sentez perdu ou tendu, et répétez-vous :

« Où es-tu, être ? » Redites-le deux à quatre fois. Visualisez-le à proximité de vous et en vous, et observez l'énergie bleue presque turquoise de cet être qui ne fait qu'un avec vous et qui peut varier de couleur. À chaque changement d'orientation de vie, permettez-vous un moment pour respirer calmement, et voyez l'enfant qui demeure en vous et qui vous fait souvent défaut. Appelez-le encore et demandez-lui de reprendre place dans une atmosphère de relaxation et de vide total par rapport à ce que vous avez visualisé comme existence qui était jusque-là la vôtre.

Continuez de visualiser toute cette activité d'énergie qui sort de vous, qui circule en vous et qui ne communique plus avec vos pensées, vos angoisses, vos problèmes. Faites le vide et prenez le temps de vous voir au calme.

Parlez-vous.

Dites-vous : « Être, reviens en position de contrôle. »

À chaque phrase construite en vous avec vos nouveaux sens de réalisation, accordez-vous le temps de prendre de grandes respirations.

Faites revenir à vous l'amour et l'équilibre. Croyez en eux, à la façon dont ils permettent de vous sentir. Voyez et entendez. Écoutez et goutez la vie.

Demandez à votre être de continuer à vous faire ressentir des choses auxquelles vous ne croyez pas dans le but de vous soutenir et de vous relier à votre être, à ces choses que vous ne connaissez pas et qui sont pourtant présentes en vous. Demandez-lui de vous permettre d'adopter un comportement juste et bon pour l'ensemble dans les dimensions que vous ne pouvez comprendre mais que vous percevrez par le cœur et la chaleur de votre être dans le calme et la compréhension des tempêtes qui soulèvent en vous de nombreux questionnements et, par moments, un certain chaos.

Chaque direction est différente. La vie le requiert, la terre le nécessite, mais uniquement dans l'amour du cœur de tête qui cherche l'équilibre pour l'ensemble de la charge unique en lui et pour les autres à travers le temps de nos échanges, au loin, là-bas…

REMERCIEMENT

Merci à toute ma famille.

À tous ceux qui me connaissent de près ou de loin. Votre contact et nos liens précieux mon vraiment aidé beaucoup.

Et à tous mes amis et clients VIP qui se reconnaîtront.

Merci à celle qui a vraiment été le rayonnement final.
Luisa Capogreco : réviseur en langue française.

Merci pour son talent et sa patience.
Raphaël Labrecque : infographiste

www.ingramcontent.com/pod-product-compliance
Lightning Source LLC
Chambersburg PA
CBHW050129170426
43197CB00011B/1768